Die zwangsweise Durchsetzung des Anspruchs auf Arbeitsleistung

Europäische Hochschulschriften
Publications Universitaires Européennes
European University Studies

Reihe II
Rechtswissenschaft

Série II Series II
Droit
Law

Bd./Vol. 3308

PETER LANG
Frankfurt am Main · Berlin · Bern · Bruxelles · New York · Oxford · Wien

Matthias Zieres

Die zwangsweise Durchsetzung des Anspruchs auf Arbeitsleistung

PETER LANG
Europäischer Verlag der Wissenschaften

Die Deutsche Bibliothek - CIP-Einheitsaufnahme

Zieres, Matthias :

Die zwangsweise Durchsetzung des Anspruchs auf Arbeitsleistung / Matthias Zieres. - Frankfurt am Main ; Berlin ; Bern ; Bruxelles ; New York ; Oxford ; Wien : Lang, 2001
(Europäische Hochschulschriften : Reihe 2, Rechtswissenschaft ; Bd. 3308)
Zugl.: Saarbrücken, Univ., Diss., 2001
ISBN 3-631-38102-6

D 291
ISSN 0531-7312
ISBISBN 3-631-38102-6

www.peterlang.de

Meinen Eltern

Vorwort

Die vorliegende Arbeit wurde im Wintersemester 2000/2001 von der Rechts- und Wirtschaftswissenschaftlichen Fakultät der Universität des Saarlandes als Dissertation angenommen.

Meinem Doktorvater Herrn Professor Dr. Dr. h.c. Gerhard Lüke, auf dessen Anregung die Arbeit zurückgeht und der mich stets in verständnisvoller Weise gefördert hat, danke ich für seine große Gesprächsbereitschaft und engagierte Betreuung.

Herrn Professor Dr. Stephan Weth schulde ich Dank für die Erstellung des Zweitgutachtens.

Saarbrücken, im April 2001 Matthias Zieres

Inhaltsverzeichnis

Einleitung

Nach § 611 Abs. 1 BGB ist der Arbeitnehmer dem Arbeitgeber zur Leistung der versprochenen Dienste verpflichtet. Kommt der Arbeitnehmer dieser Verpflichtung nicht nach, indem er vertragswidrig seine Arbeitsstelle gar nicht erst antritt oder vor ordnungsgemäßer Beendigung des Arbeitsverhältnisses verläßt, stellt sich für den Arbeitgeber die Frage, welche Mittel ihm die Rechtsordnung zur Durchsetzung seiner Ansprüche bereitstellt. Ohne eine Möglichkeit der Rechtsverwirklichung mit Hilfe staatlicher Gerichte ist das subjektive Recht wertlos[1].

In den 50'er und 60'er Jahren, in denen eine große Nachfrage nach Arbeitskräften bestand, hatten die Arbeitsgerichte erster und zweiter Instanz häufig über Probleme der Durchsetzung des Anspruchs auf Arbeitsleistung zu entscheiden[2]. Trotz einem Bestand von ca. 4,1 Mio. Arbeitslosen in der Bundesrepublik Deutschland im Januar 2001 kommt der Abklärung von Möglichkeiten der zwangsweisen Durchsetzung des Anspruchs auf Arbeitsleistung aber auch heute eine praktische Bedeutung zu. Dies gilt insbesondere dann, wenn der vertragsbrüchige Arbeitnehmer eine wichtige Schlüsselposition für den Betriebsablauf innehat oder wenn die Nichtleistung der Arbeit einen Lieferverzug verursacht, der laufende Geschäftsbeziehungen gefährdet oder zur Verwirkung von Konventionalstrafen führt. Die Schließung der durch den Vertragsbruch des Arbeitnehmers entstehenden Lücken im Betriebs- und Produktionsablauf durch Ableistung von Überstunden der übrigen Arbeitnehmer, die rechtlich und tatsächlich nicht immer möglich sind, führt zu zusätzlichen Kosten und ist arbeitsmarktpolitisch unerwünscht[3].

Die Frage nach der zwangsweisen Durchsetzung des Anspruchs auf Arbeitsleistung wirft zudem zahlreiche dogmatische Probleme auf, an deren Klärung auch ein theoretisches Interesse besteht. Bei der Untersuchung, ob Arbeitsleistungen existieren, die im Sinne des § 887 ZPO durch einen Dritten vorgenommen werden können, fällt eine erhebliche Diskrepanz zwischen den beiden hierzu in Literatur und Rechtsprechung vertretenen Grundauffassungen auf: Der überwiegende Teil des arbeitsrechtlichen Schrifttums und der Rechtsprechung der Arbeitsgerichte hält jede Arbeits-

---

1 MünchKommZPO-Lüke, Einl RdNr. 7.

2 LAG Hannover, BB 1953, 889; LAG Bremen, BB 1955, 1089; LAG Düsseldorf, BB 1958, 82; ArbG Gelsenkirchen, BB 1958, 159; LAG Baden-Württemberg, BB 1958, 521; LAG Hamburg, BB 1959, 198; ArbG Essen, BB 1961, 48; LAG Frankfurt, BB 1961, 678; LAG Bremen, BB 1962, 1000; LAG Bremen, BB 1964, 1486; LAG Berlin (23.09.1965), AP Nr. 6 zu § 888 ZPO.

3 G. Lüke, in: FS E. Wolf, S. 459.

leistung für eine unvertretbare Handlung und verneint demzufolge wegen § 888 Abs. 3 ZPO die Vollstreckbarkeit eines auf Erbringung der Arbeitsleistung gerichteten Urteils[4]. Demgegenüber wird in der zivilprozessualen Literatur überwiegend die Auffassung vertreten, daß eine Vollstreckung nach § 887 ZPO möglich sei, falls eine vertretbare Handlung geschuldet werde[5]. Einer näheren Überprüfung bedarf insbesondere der zur Begründung der arbeitsrechtlichen Auffassung teilweise vertretene Ansatz, von einem personenrechtlichen Charakter des Arbeitsverhältnisses könne auf eine generelle Personengebundenheit der Arbeitsleistung und auf eine Unvertretbarkeit i.S.d. § 888 ZPO geschlossen werden. Es stellt sich die Frage, ob materiellrechtliche Gesichtspunkte bei der Abgrenzung von vertretbaren und unvertretbaren Handlungen i.S.v. §§ 887, 888 ZPO Berücksichtigung finden können.

---

4 Hueck/Nipperdey, Lehrbuch des Arbeitsrechts, 7. Aufl. (1963), § 33 VII; Hueck/Nipper-dey, Grundriß des Arbeitsrechts, § 19 7; Söllner, § 29 I 1; Kaskel, Arbeitsrecht, 1. Aufl. (1925), S.78, bis Kaskel/Dersch, 4. Aufl. (1932), S.173; Nikisch, Arbeitsrecht, 3. Aufl. (1961), § 26 IV 1; Dietz/Nikisch, § 62 VII 1, RdNr. 28; Dersch/Volkmar, ArbGG § 61 RdNr. 104; Götz, Grundzüge des Arbeitsrechts, RdNr. 59; Palandt-Putzo, § 611 RdNr. 19; Staudinger-Richardi, § 611 RdNr. 350, 306; MünchKommBGB-Müller-Glöge, § 611 RdNr. 420; MünchKommBGB-Schaub, § 613 RdNr. 9; Schaub, DB 1966, 1191, vgl. aber Schaub, Arbeitsrechts-Handbuch, § 45 VII 1, wohl etwas einschränkend dahingehend, daß der Arbeitnehmer die Arbeitsleistung grundsätzlich in Person zu leisten habe und sie daher nahezu immer unvertretbar sei; Heinze, NZA 1994, 249; ders., RdA 1986, 280; Kraft, NZA 1989, 778; Wenzel, DB 1966, 2027; ders., JZ 1962, 591; Isele, Anm. SAE 1963, 164; Gumpert, BB 1955, 965; Savaète, AuR 1956, 6; Bobrowski, Arbeitgeber 1956, 747; ders., BB 1956, 1200; Essling, DB 1955, 1188; Rewolle, BB 1955, 1031; LAG Hannover, BB 1953, 889; LAG Bremen, BB 1955, 1089; LAG Düsseldorf, BB 1958, 82; LAG Baden-Württemberg, BB 1958, 521; LAG Hamburg, BB 1959, 198; ArbG Essen, BB 1961, 48; LAG Frankfurt, BB 1961, 678; LAG Bremen, BB 1962, 1000; LAG Bremen, BB 1964, 1486; LAG Hamburg, AuR 1971, 29; LAG Frankfurt, NZA 1990, 614; ArbG Frankfurt, NZA 1995, 552.

5 G. Lüke, in: FS E. Wolf, S. 459 ff.; ders. in: Lüke-Prütting, S. 490; ders., Zwangsvollstreckungsrecht, S. 316 f.; Bruns/Peters, § 44 I 1; Jauernig, Zwangsvollstreckungs- und Insolvenzrecht, § 27 II 1; Baur/Stürner, RdNr. 40.3; Brox/Walker, RdNr. 1066; Rosenberg/Gaul/Schilken, § 71 I 1; Grunsky, Grundzüge des Zwangsvollstreckungs- und Insolvenzrechts, RdNr. 49; Grunsky, ArbGG, § 62 RdNr. 13; Germelmann/Matthes/Prütting, § 62 RdNr. 48; MünchKommZPO-Schilken, § 887 Rdnr. 7, § 888 RdNr. 10; Baumbach/Lauterbach-Hartmann, § 887 RdNr. 20; Musielak-Lackmann, § 887 RdNr. 9; Wieczorek-Storz, § 887 RdNr. 17, § 888 RdNr. 30; Stein/Jonas-Brehm, § 888 RdNr. 39, 41, Stein/Jonas-Grunsky, Vor § 935 RdNr. 66; Soergel-Kraft, § 611 RdNr. 78; Dütz, § 5 II 1 a aa (RdNr. 185); Zöllner/Loritz, § 12 V; Schwerdtner, in: FS Hilger-Stumpf, S. 648 ff.; Stoffels, S. 58 ff.; Geißler, JuS 1988, 456; Jauernig, ZZP 79 (1966), 345; Baur, BB 1964, 613; M. Wolf, JZ 1963, 434 ff.; Marienhagen, BB 1961, 757; ArbG Gelsenkirchen, BB 1958, 159; LAG Berlin (23.09.1965), AP Nr. 6 zu § 888 ZPO.

Ist eine Vollstreckung nach § 887 ZPO grundsätzlich möglich, so ergeben sich bei deren Durchführung zahlreiche Einzelprobleme. Etwa bedarf es einer Überprüfung, ob sich eine Ermächtigung gemäß § 887 ZPO auf künftig vorzunehmende Handlungen des Schuldners erstrecken kann. Weiterhin ist zu klären, wie sich die Zwangsvollstreckung nach § 887 ZPO auf die Rechtsbeziehungen zwischen dem Arbeitgeber und dem vertragsbrüchigen Arbeitnehmer auswirkt.

Trotz der kurzfristigen Terminierung im arbeitsgerichtlichen Urteilsverfahren[6] besteht insbesondere bei kürzeren Kündigungsfristen die Gefahr, daß die Klage eines Arbeitgebers auf Arbeitsleistung nicht den erstrebten Erfolg hat, weil im Verlauf des Prozesses die Kündigungsfrist abläuft und das Arbeitsverhältnis damit wirksam beendet wird. Der Arbeitgeber hat aber auch bei längeren Kündigungsfristen ein Interesse an einer raschen gerichtlichen Entscheidung, auf die er sein weiteres Verhalten einstellen kann; in der Regel wächst mit jedem Tag der Nichterbringung der geschuldeten Arbeitsleistung der Schaden des Arbeitgebers. Es ist daher notwendig, zu untersuchen, ob dem vertragsbrüchigen Arbeitnehmer im Wege der einstweiligen Verfügung aufgegeben werden kann, die geschuldete Arbeitsleistung zu erbringen. Dabei ist vor allem auf die Zulässigkeit einer auf Anspruchsbefriedigung gerichteten einstweiligen Verfügung und auf die Vereinbarkeit der im Anwendungsbereich des § 888 Abs. 3 ZPO fehlenden Vollstreckbarkeit mit dem Wesen der einstweiligen Verfügung näher einzugehen.

Sowohl bei vertretbaren als auch bei unvertretbaren Arbeitsleistungen kann der Arbeitgeber mit der Klage auf Erfüllung der Arbeitsverpflichtung nach § 61 Abs. 2 Satz 1 ArbGG beantragen, den Arbeitnehmer für den Fall, daß die geschuldete Arbeit nicht binnen einer bestimmten Frist geleistet ist, zur Zahlung einer vom Arbeitsgericht nach freiem Ermessen festzusetzenden Entschädigung zu verurteilen. Geprüft werden soll unter anderem die Frage, ob der Antrag nach § 61 Abs. 2 ArbGG auch im Verfahren der einstweiligen Verfügung gestellt werden kann. Art und Umfang der festzusetzenden Entschädigung bedürfen ebenfalls einer näheren Überprüfung.

Häufig wird die Ursache dafür, daß ein Arbeitnehmer ein Arbeitsverhältnis unter Verstoß gegen seine arbeitsvertraglichen Pflichten nicht antritt oder sich ohne Einhaltung der Kündigungsfrist aus dem bestehenden Arbeitsverhältnis löst, darin liegen, daß der Arbeitnehmer ein neues Arbeits-

---

6 Zu weiteren Besonderheiten der Arbeitsgerichtsbarkeit gegenüber der ordentlichen Zivilgerichtsbarkeit Weth, NZA 1998, 680 ff.

verhältnis eingegangen ist. Daher liegt die Frage nahe, ob ein Anspruch des Arbeitgebers gegen den Arbeitnehmer besteht, daß dieser die Tätigkeit bei dem neuen Arbeitgeber unterläßt. Wird diese Frage bejaht, so ist zu prüfen, ob der Unterlassungsanspruch gerichtlich geltend gemacht werden kann und eine Vollstreckung nach § 890 ZPO zuläßt. Bezüglich der Vollstreckbarkeit verdichtet sich die Fragestellung darauf, ob das Vollstreckungsverbot des § 888 Abs. 3 ZPO entsprechend anwendbar ist.

Außer den Möglichkeiten eines Vorgehens gegen den vertragsbrüchigen Arbeitnehmer ist zudem zu klären, ob auch ein gerichtlich durchsetzbarer Unterlassungsanspruch gegen den dritten Arbeitgeber, bei dem der vertragsbrüchige Arbeitnehmer eine neue Tätigkeit aufnehmen will oder bereits aufgenommen hat, gegeben ist. Da häufig keine vertraglichen Beziehungen zwischen dem verlassenen und dem neuen Arbeitgeber bestehen werden, ist hier insbesondere auf mögliche gesetzliche Anspruchsgrundlagen näher einzugehen.

Die einleitenden Ausführungen zeichnen den Gang der Arbeit vor: Dem 1. Kapitel zu Grundfragen der Vollstreckung eines Titels, der zur Arbeitsleistung verurteilt, schließt sich das 2. Kapitel über Einzelprobleme der Zwangsvollstreckung nach § 887 ZPO an. Das 3. Kapitel setzt sich mit der Verurteilung zur Erbringung der Arbeitsleistung im Wege der einstweiligen Verfügung auseinander. Es folgt das 4. Kapitel über das Vorgehen nach § 61 Abs. 2 ArbGG. Die Arbeit schließt mit der Untersuchung der gerichtlichen Durchsetzung von Unterlassungsansprüchen des Arbeitgebers gegen den vertragsbrüchigen Arbeitnehmer und dritte Arbeitgeber im 5. Kapitel.

1. Kapitel

Grundfragen der Vollstreckung eines Titels, der zur Arbeitsleistung verurteilt

§ 1 Die Klage auf Leistung von Arbeit als Ausgangspunkt

I. Das Rechtsschutzinteresse im Falle fehlender Vollstreckbarkeit

Sachurteils- und damit Prozeßvoraussetzung für eine Klage auf Arbeitsleistung ist, wie für jede Leistungsklage, daß ein Rechtsschutzinteresse besteht[1]. Die Klage ist als unzulässig abzuweisen, wenn das erforderliche Rechtsschutzinteresse fehlt. Grundsätzlich bedarf es für eine Leistungsklage nicht der Darlegung eines besonderen Interesses an der Verurteilung des Beklagten[2]. Wird ein fälliger Anspruch oder - unter den Voraussetzungen der §§ 257 – 259 ZPO - ein künftiger Anspruch geltend gemacht, so besteht hierfür im allgemeinen ein Rechtsschutzbedürfnis[3].

Das Rechtsschutzinteresse kann ausnahmsweise fehlen, wenn der Kläger sein Rechtsschutzziel auf einfacherem und billigerem Wege erreichen kann[4]. So kann der Gesellschafter und Geschäftsführer einer GmbH seinen Mitgesellschafter und Mitgeschäftsführer nicht im Klagewege auf Einsicht in die Geschäftsunterlagen der GmbH in Anspruch nehmen. Die §§ 51a, 51b GmbHG eröffnen dem Gesellschafter nämlich den im Verhältnis zum normalen Klageverfahren einfacheren, schnelleren und billigeren Weg, eine gerichtliche Entscheidung durch Beschluß im Verfahren der freiwilligen Gerichtbarkeit herbeizuführen[5].

Dem Arbeitgeber, der eine gerichtliche Entscheidung anstrebt, die dem Arbeitnehmer die Erbringung der geschuldeten Arbeitsleistung aufgibt, steht eine solche Alternative nicht zur Verfügung. Das von ihm angestrebte Rechtsschutzziel kann der Arbeitgeber nicht auf einem einfacheren oder billigeren Weg als durch Erhebung einer Leistungsklage auf Erfüllung der Arbeitspflicht erreichen.

---

1 MünchKommZPO-Lüke, Vor § 253 RdNr. 10; Rosenberg/Schwab/Gott-wald, § 92 IV 1; Buß, NJW 1998, 338.

2 Rosenberg/Schwab/Gottwald, § 92 IV 1.

3 Rosenberg/Schwab/Gottwald, § 92 IV 1; BGH, NJW 1996, 2036.

4 BGH, NJW 1996, 2036; 1994, 1351; 1990, 2061; OLG Saarbrücken, NJW-RR 1994, 498.

5 OLG Saarbrücken, NJW-RR 1994, 497 f.

Das Rechtsschutzbedürfnis für ein Klagebegehren besteht auch dann nicht, wenn die Klage objektiv schlechthin sinnlos ist, weil der Kläger unter keinen Umständen mit seinem prozessualen Begehren irgendeinen schutzwürdigen Vorteil erlangen kann[6]. Die Gerichte dürfen nicht unnütz bemüht, ein gerichtliches Verfahren darf nicht zur Verfolgung nicht schutzwürdiger Ziele ausgenutzt werden[7]. Obwohl das Rechtsschutzinteresse inhaltlich in erster Linie an den staatlichen Rechtspflegeinteressen auszurichten ist, darf es nicht dazu eingesetzt werden, dem Kläger den Rechtsschutz zu nehmen[8]. Dem Rechtssuchenden kann nur unter ganz besonderen Umständen der Zugang zu einer sachlichen Prüfung durch die Gerichte verwehrt werden; grundsätzlich hat er einen aus dem Rechtsstaatsprinzip abzuleitenden Anspruch darauf, daß die staatlichen Gerichte sein Anliegen nach Maßgabe der Prozeßordnung sachlich prüfen und darüber entscheiden[9]. Eine unnütze Inanspruchnahme der Gerichte kann nicht ohne weiteres bereits deshalb angenommen werden, weil die begehrte Leistung sicher nicht vollstreckbar ist[10]. Auch ein Urteil, das keinen vollstreckungsfähigen Inhalt hat, kann dem primären Zweck des Zivilprozesses, nämlich der Feststellung und Durchsetzung subjektiver Rechte des Einzelnen[11], dienlich sein. Ein Rechtsschutzinteresse kann sich ohne Rücksicht auf die Vollstreckbarkeit des Urteils schon im Hinblick auf die Regelung des § 283 BGB ergeben[12]. Ist der Schuldner rechtskräftig verurteilt, so kann der Gläubiger ihm im Anwendungsbereich des § 283 BGB nach Abs. 1 Satz 1 der Vorschrift zur Bewirkung der Leistung eine angemessene Frist mit der Erklärung bestimmen, daß er die Annahme der Leistung nach Ablauf der Frist ablehne. Nach Ablauf der Frist kann der Gläubiger dann gemäß § 283 Abs. 1 Satz 2 BGB Schadenersatz wegen Nichterfüllung verlangen, soweit nicht die Leistung rechtzeitig bewirkt wird.

Wenn ein Arbeitgeber seinen vertragsbrüchigen Arbeitnehmer im Wege der Leistungsklage auf Erfüllung seiner Arbeitspflicht in Anspruch nimmt, kann das Rechtsschutzinteresse hierfür ebenfalls nicht mit der Begründung verneint werden, eine derartige Klage sei im Falle fehlender Vollstreckbarkeit objektiv sinnlos[13]. Das Urteil führt auch im Falle fehlender Vollstreckbarkeit ähnlich wie ein Feststellungsurteil zu einer Klärung der Rechtslage und weist den Arbeitnehmer auf seine Arbeitspflicht

---

6 BGH, NJW 1996, 2037; MünchKommZPO-Lüke, Vor § 253 RdNr. 10 f.; Thomas/Putzo-Thomas, Vor § 253 RdNr. 27.

7 OLG Saarbrücken, NJW-RR 1994, 498.

8 MünchKommZPO-Lüke, Vor § 253 RdNr. 10.

9 BGH, NJW 1996, 2037.

10 So aber Rosenberg/Schwab/Gottwald, § 92 IV 2 a.

11 Dazu G. Lüke, in: MünchKommZPO, Einl RdNr. 7.

12 BGH, NJW 1986, 1677; Palandt-Heinrichs, § 283 RdNr. 1 m.w.N.

13 So aber ArbG Stade (09.10.1953), AR - Blattei, ES, Arbeitspflicht Entsch 1.

hin[14]. Auch aus § 61 Abs. 2 ArbGG ergibt sich, daß das Rechtsschutzinteresse für eine Klage gegen den Arbeitnehmer nicht von der Vollstreckbarkeit abhängig sein kann[15]. Die Regelung des § 888 Abs. 3 ZPO betrifft nach ihrer systematischen Stellung ausschließlich die Zwangsvollstrekkung aus einem *bereits vorliegenden* Titel. Die Vorschrift verbietet nicht die Verurteilung, sondern setzt eine solche - ebenso wie die Möglichkeit einer Klage auf Herstellung der ehelichen Lebensgemeinschaft (§ 1353 Abs. 1 Satz 2 BGB) - gerade voraus[16].

Mit der ganz überwiegenden und zutreffenden Meinung ist danach ein Rechtsschutzinteresse für eine Klage auf Arbeitsleistung unabhängig von der Vollstreckbarkeit eines stattgebenden Urteiles gegen den Arbeitnehmer zu bejahen[17].

II. Die Klage auf Leistung zukünftig zu erbringender Arbeit als Unterfall des § 259 ZPO

Sofern der Arbeitgeber beantragt, den Arbeitnehmer zu verurteilen, die Arbeit (wieder) aufzunehmen und die ab diesem Zeitpunkt geschuldete Arbeitsleistung zu erbringen, ist zu berücksichtigen, daß die Klage damit auf eine künftige Leistung gerichtet ist[18]. Die Zulässigkeit einer Klage auf eine künftige Leistung richtet sich nach §§ 257 bis 259 ZPO, die gemäß § 46 Abs. 2 ArbGG auch im arbeitsgerichtlichen Verfahren anwendbar sind.

Da § 258 ZPO den § 257 ZPO ergänzt, setzt er wie dieser eine *einseitige*, anders als bei § 259 ZPO nicht bzw. nicht mehr von einer Gegenlei-

---

14 G. Lüke, in: FS E. Wolf, S. 460; Baumbach/Lauterbach-Hartmann, § 888 RdNr. 26; Schaub, Arbeitsrechts-Handbuch, § 45 VII 1; Hueck-Nipperdey, Grundriß des Arbeitsrechts, § 19 7.

15 G. Lüke, in: FS E. Wolf, S. 460, unter Hinweis auf die entsprechende Regelung in § 510 b ZPO.

16 G. Lüke, in: FS E. Wolf, S. 460; Schaub, Arbeitsrechts-Handbuch, § 45 VII 1.

17 G. Lüke, in: FS E. Wolf, S. 460; Stein/Jonas-Brehm, § 888 RdNr. 42; Baumbach/Lauterbach-Hartmann, § 888 RdNr. 26; Schaub, Arbeitsrechts-Handbuch, § 45 VII 1; Hueck/Nipperdey, Grundriß des Arbeitsrechts, § 19 7; Arand/Faecks, NZA 1998, 283; Kraft, NZA 1989, 778; LAG Hamburg (24.09.1955), AP Nr. 1 zu § 611 BGB - Anspruch auf Arbeitsleistung; LAG Baden-Württemberg, BB 1958, 521; ArbG Frankfurt a.M., NZA 1995, 552; a.A. ArbG Stade (09.10.1953), AR - Blattei, ES, Arbeitspflicht Entsch 1.

18 Ebenso handelt es sich beim umgekehrten Fall, der Klage des Arbeitnehmers gegen den Arbeitgeber auf Weiterbeschäftigung, um eine Klage auf künftige Leistung, dazu Löwisch, VersR 1986, 405; BAG, NZA 1998, 329; BAG (10.08.1994), AP Nr. 162 zu § 620 - Befristeter Arbeitsvertrag.

stung abhängige Leistung voraus[19]. Im Falle einer künftig zu erbringenden Arbeitsleistung kommt daher lediglich eine Anwendung des § 259 ZPO in Betracht. § 259 ZPO setzt voraus, daß den Umständen nach die Besorgnis gerechtfertigt ist, daß der Schuldner sich der rechtzeitigen Leistung entziehen werde. Es handelt sich hierbei um eine besondere Prozeßvoraussetzung, die das Gericht von Amts wegen zu prüfen hat[20]. Fehlt die Voraussetzung beim Schluß der letzten Tatsachenverhandlung, so ist die Klage durch Prozeßurteil als unzulässig abzuweisen[21]. Der Kläger trägt die Darlegungs- und Beweislast für die Besorgnis[22]. Der Arbeitgeber muß also Umstände darlegen und gegebenenfalls beweisen, die die Besorgnis rechtfertigen, der Arbeitnehmer werde (auch) in Zukunft seiner Arbeitsverpflichtung nicht nachkommen. Ausreichend ist, wenn aus dem Gesamtverhalten des Arbeitnehmers darauf geschlossen werden kann, daß er den Anspruch des Arbeitgebers nicht erfüllen will[23]. Dies ist etwa der Fall, wenn der Arbeitnehmer pflichtwidrig seinem Arbeitsplatz fernbleibt. Die Nichterfüllung des Anspruchs auf Arbeitsleistung bis zur Klageerhebung legt den Schluß nahe, daß der Arbeitnehmer diesen auch in Zukunft nicht erfüllen will[24]. Auch genügt für die Besorgnis der Nichterfüllung, daß der Schuldner Anspruch oder Leistungspflicht ernstlich bestreitet[25]. Ausreichend ist, wenn der Arbeitnehmer zu einem bestimmten Zeitpunkt die Kündigung erklärt, um bei einem anderen Arbeitgeber eine Tätigkeit aufzunehmen, ohne daß ihm ein Kündigungsrecht zu diesem Zeitpunkt zusteht.

III. Klageantrag

Aus den 50'er und 60'er Jahren - als die Nachfrage nach Arbeitskräften besonders groß war - stammen viele in einstweiligen Verfügungsverfahren ergangene Gerichtsentscheidungen, die vertragsbrüchigen Arbeitnehmern aufgegeben haben, ihrer Arbeitspflicht beim Arbeitgeber nachzukom-

---

19 Baumbach/Lauterbach-Hartmann, § 258 RdNr. 3; MünchKommZPO-Lüke, § 258 RdNr. 9; Thomas/Putzo-Thomas, § 258 RdNr. 2; Stein/Jonas-Schumann, § 258 RdNr. 3.

20 Baumbach/Lauterbach-Hartmann, Einf §§ 257-259 RdNr. 6 m.w.N.

21 Baumbach/Lauterbach-Hartmann, Einf §§ 257-259 RdNr. 6 m.w.N.

22 MünchKommZPO-Lüke, § 259 RdNr. 12.

23 BAG (10.08.1994), AP Nr. 162 zu § 620 BGB - Befristeter Arbeitsvertrag, BAG (29.07.1960), AP Nr. 2 zu § 259 ZPO.

24 Zum umgekehrten Fall des Weiterbeschäftigungsanspruch des Arbeitnehmers gegen den Arbeitgeber Löwisch, VersR 1986, 405.

25 BAG, NZA 1998, 329; BGH, NJW-RR 1992, 567; MünchKommZPO-Lüke, § 259 RdNr. 13; Thomas/Putzo-Thomas, § 259 RdNr. 2; Baumbach/Lauterbach-Hartmann, § 259 RdNr. 5 m.w.N.

men[26]. Hierbei wurden Anträge für zulässig erachtet und bei der Abfassung der Urteils- bzw. Beschlußformel übernommen, die Arbeitnehmer zu verurteilen oder ihnen aufzugeben, "ihre Dienste bei der Klägerin unverzüglich wieder aufzunehmen"[27], "unverzüglich die Arbeit wiederaufzunehmen"[28] oder "die ... aus dem Arbeitsverhältnis mit der Antragstellerin obliegende Arbeit sofort wieder aufzunehmen"[29]. Eine genauere Beschreibung der zu leistenden Arbeit wurde dabei nicht gefordert.

Das vom Arbeitgeber in diesen einstweiligen Verfügungsverfahren angestrebte Rechtsschutzziel, nämlich die Verurteilung des Arbeitnehmers zur Arbeitsleistung, unterscheidet sich insoweit nicht von dem mit einer Klage im Urteilsverfahren bezweckten Erfolg. Daher läge es nahe, auch im Urteilsverfahren einen Antrag auf Verurteilung "zur (Wieder-)Aufnahme der Arbeit beim Arbeitgeber" ausreichen zu lassen. Gegen eine solche Formulierung des Klageantrages bestehen aber im Hinblick auf § 253 Abs. 2 Nr. 2 ZPO Bedenken. Gemäß § 253 Abs. 2 Nr. 2 ZPO muß die Klageschrift außer der bestimmten Angabe des Gegenstandes und des Grundes des erhobenen Anspruchs einen bestimmten Klageantrag enthalten. Dieser Antrag ist zur Festlegung des Streitgegenstandes und des Umfangs der Prüfungs- und Entscheidungsbefugnis des Gerichts (§ 308 Abs. 1 ZPO), zur Erkennbarkeit der Tragweite der beantragten Verurteilung und der Grenzen ihrer Rechtskraft erforderlich[30]. Mit dem Klageantrag bestimmt der Kläger Art und Umfang des von ihm begehrten Rechtsschutzes. Der Antrag darf nicht derart undeutlich gefaßt sein, daß erst in einem sich anschließenden Zwangsvollstreckungsverfahren, sofern eine Vollstrekkungsmöglichkeit besteht, zu entscheiden wäre, wozu die beklagte Partei verurteilt wurde[31].

Ein Antrag auf "(Wieder-)Aufnahme der Arbeit" läßt den Umfang des begehrten Rechtsschutzes nicht hinreichend bestimmt erkennen. Zur genauen Festlegung des Streitgegenstandes, der Entscheidungsbefugnis des Gerichts, der Tragweite der beantragten Verurteilung und der Grenzen ihrer Rechtskraft ist eine genauere Beschreibung der vorzunehmenden Arbeit

---

26 LAG Frankfurt a.M., BB 1964, 639; LAG Baden-Württemberg (09.04.1963), AP Nr. 5 zu § 940 ZPO; ArbG Detmold, BB 1961, 901; LAG Frankfurt a.M., BB 1961, 678; LAG Frankfurt a.M., BB 1956, 853; LAG Bremen (09.11.1955), AP Nr. 3 zu § 611 BGB - Anspruch auf Arbeitsleistung.

27 LAG Baden-Württemberg (09.04.1963), AP Nr. 5 zu § 940 ZPO.

28 ArbG Detmold, BB 1961, 901; ähnlich auch LAG Frankfurt a.M., BB 1961, 678.

29 LAG Bremen (09.11.1955), AP Nr. 3 zu § 611 BGB - Anspruch auf Arbeitsleistung.

30 BGH, NJW-RR 1993, 937.

31 BGH, a.a.O.

zu fordern. Zu einer im Sinne des § 253 Abs. 2 Nr. 2 ZPO hinreichend bestimmten Umschreibung der Art der Arbeitsleistung können - soweit vorhanden - die entsprechenden Formulierungen eines schriftlichen Arbeitsvertrages[32] und einer nach § 2 NachwG[33] erstellten Niederschrift über die wesentlichen Vertragsbedingungen herangezogen werden. Nicht gefordert werden kann hingegen, daß der Arbeitgeber die Art der Arbeitsleistung im Klageantrag näher beschreibt und festlegt, als es nach dem Inhalt des Arbeitsvertrages vorgesehen ist. Meist steht dem Arbeitgeber aus dem Arbeitsvertrag ein Direktionsrecht zu, das ihm die Möglichkeit eröffnet, fortwährend nach billigem Ermessen (§ 315 BGB) Einzelheiten der zu erbringenden Tätigkeit festzulegen[34]. Diese vertraglich bestehende Befugnis, dem Arbeitnehmer nach Bedarf unterschiedliche Aufgaben zuzuweisen, darf dem Arbeitgeber nicht durch eine zu enge Fassung des Klageantrages genommen werden.

Bezüglich der Dauer der Arbeitsleistung genügt, wenn lediglich die zukünftig geschuldete Arbeitsleistung eingeklagt werden soll, bei unbefristeten Arbeitsverträgen der Antrag auf Wiederaufnahme und künftige Fortführung der Tätigkeit in dem im Arbeitsvertrag festgelegten Umfang, der im Klageantrag zu nennen ist. Zu beachten ist dabei, daß in den Antrag der Zeitpunkt der ordnungsgemäßen Beendigung der Arbeitsverpflichtung, sofern dieser Zeitpunkt bereits feststeht, aufgenommen wird. Dies ist insbesondere der Fall, wenn in dem vertragswidrigen Verhalten des Arbeitnehmers zugleich eine Kündigung zum nächstmöglichen Zeitpunkt zu sehen ist.

---

32 In Deutschland werden die meisten Arbeitsverhältnisse durch schriftlichen Arbeitsvertrag begründet. Der Gesetzgeber ging beim Erlaß des NachwG vom 20.07.1995 davon aus, daß bereits 84% der Arbeitsverträge in den westlichen und 88% der Arbeitsverträge in den östlichen Bundesländern schriftlich abgeschlossen werden und daß die Quote in Betrieben mit mehr als 100 Beschäftigen sogar weit über 90% liegt (BT-Drucksache 13/668, S. 8), dazu Preis, in: ErfKommArbR, Einf NachwG RdNr. 2.

33 Mit dem Nachweisgesetz wurden die Vorgabe der Richtlinie 91/533/EWG (AblEG 1991 Nr. L 288, S. 32 v. 18.10.1991) über die Pflicht des Arbeitgebers zur Unterrichtung des Arbeitnehmers über die für seinen Arbeitsvertrag oder sein Arbeitsverhältnis geltenden Bedingungen (Nachweis-Richtlinie) im wesentlichen inhaltsgleich umgesetzt. Das Gesetz soll durch die Verpflichtung zur schriftlichen Fixierung der wesentlichen Arbeitsbedingungen mehr Rechtssicherheit und Rechtsklarheit im Arbeitsverhältnis schaffen (BT-Drucksache 13/668, S. 8); dazu ausführlich Preis, in: ErfKommArbR, Einf NachwG RdNr. 1 ff.

34 Zum Direktionsrecht Schaub, Arbeitsrechts-Handbuch, § 45 IV 1 m.w.N.

Der Arbeitgeber kann ein erhebliches Interesse daran haben, daß der Arbeitnehmer, der vertragswidrig seiner Arbeitsstelle fernbleibt, nicht nur die Arbeit wieder aufnimmt, sondern auch die bereits versäumte Arbeit nachholt. Dies gilt insbesondere dann, wenn dem Arbeitgeber in dem Tätigkeitsbereich des vertragsbrüchigen Arbeitnehmers entsprechend qualifizierte Ersatzkräfte nicht zur Verfügung stehen und sich durch das Fernbleiben des Arbeitnehmers noch auszuführende Arbeiten ansammeln. Zusätzlich ist die drohende Nachleistung mit dem damit verbundenen Freizeitopfer für den Arbeitgeber ein wirksames Mittel, die Arbeitsdisziplin zu wahren[35]. Wird dementsprechend (auch) eine Nachleistung bereits versäumter Arbeit gefordert, so ist für eine genügende Bestimmtheit des Klageantrages und damit für die Zulässigkeit der Klage erforderlich, daß der Umfang der begehrten Nachleistung hinreichend genau im Klageantrag festgelegt wird. Erhöht sich die Zahl der versäumten Arbeitsstunden während des Prozesses, so kann der Klageantrag gemäß § 264 Nr.2 ZPO entsprechend erweitert werden.

IV. Begründetheit einer Klage auf Nachleistung versäumter Arbeit

1. Problemstellung und Streitstand

Die Frage, ob dem Arbeitgeber gegen den vertragsbrüchigen Arbeitnehmer ein Anspruch auf Nachleistung versäumter Arbeit zusteht, wird in Literatur und Rechtsprechung nicht einheitlich beantwortet. Zum Teil wird die Auffassung vertreten, daß bei vorübergehender Nichterfüllung der Arbeit die Arbeitsleistung nicht unmöglich werde und daher nachholbar sei[36]. Die h.M. geht davon aus, daß die Nachleistung in der Regel unmöglich sei, und verneint dementsprechend einen Nachleistungsanspruch[37]. Die Vertreter der h.M. begründen ihre Auffassung damit, daß die Arbeitspflicht eine Fixschuld sei[38]. *Schaub* bezeichnet dabei die Verpflichtung

---

[35] Beuthien, RdA 1972, 21.

[36] Z.B. BAG (17.03.1988), AP Nr. 99 zu § 626 BGB.

[37] Schaub, Arbeitsrechts-Handbuch, § 51 II 1; MünchHdbArbR-Boewer, § 78, RdNr.1; Zöllner/Loritz, § 18 I 1; Söllner, § 29 I 2; Hanau/Adomeit, G V 3; MünchKommBGB-Schaub, § 615 RdNr. 4; Kasper, NJW 1994, 2984; Hanau, JuS 1975, 506; Beuthien, RdA 1972, 22 a.E. ; Beuthien/Häuser, JuS 1971, 479; LAG Berlin (20.07.1978), AP Nr. 6 zu § 611 BGB - Beschäftigungspflicht.

[38] Schaub, Arbeitsrechts-Handbuch, § 51 II 1; MünchHdbArbR-Boewer, § 78, RdNr.1; ErfKomm-Preis, § 615 BGB RdNr. 4; Zöllner/Loritz, § 18 I 1; Söllner, § 29 I 2; MünchKommBGB-Schaub, § 615 RdNr. 4; Beuthien/Häuser, JuS 1971, 479; Beuthien, RdA 1972, 22 a.E.; so wohl auch Hanau/Adomeit, G V 3.

zur Arbeitsleistung als Fixschuld i.S.d. § 361 BGB[39]. § 361 BGB trifft aber nur eine Regelung für *relative Fixgeschäfte*, bei denen gerade nicht mit der Versäumung des vereinbarten Zeitpunkts die Leistung unmöglich wird, sondern nachholbar bleibt[40]. Nur beim *absoluten Fixgeschäft*, auf das die Regelung des § 361 BGB keine Anwendung findet, ist die Leistungszeit so wesentlich, daß die Fristversäumung die Leistung unmöglich macht[41]. Der h.M.[42] kann nur dann zugestimmt werden, wenn unter Zugrundelegung der maßgeblichen öffentlich-rechtlichen Vorgaben und vertraglichen Regelungen die Verpflichtung zur Arbeitsleistung regelmäßig nicht eine relative, sondern eine absolute Fixschuld darstellt.

2. Die Begrenzung der Nachleistungsmöglichkeiten durch den öffentlich-rechtlichen Arbeitszeitschutz

Hat ein vollbeschäftigter Arbeitnehmer über einen längeren Zeitraum unter Verletzung seiner vertraglichen Verpflichtungen die von ihm geschuldete Arbeitsleistung nicht erbracht, so ist die Möglichkeit des Arbeitgebers, diese versäumte Leistung nachzufordern, bereits durch das Arbeitszeitschutzrecht begrenzt. Einschränkungen der täglich zulässigen Arbeitszeit für Arbeitnehmer über 18 Jahre (vgl. § 18 Abs. 2 ArbZG) finden sich z.B. in den Vorschriften des Arbeitszeitgesetzes[43]. So sind in § 3 ArbZG gesetzliche Höchstarbeitszeiten, in § 4 ArbZG Mindestruhepausen, in § 5 ArbZG Mindestruhezeiten und in § 6 ArbZG Nachtarbeitsbeschränkungen geregelt. An Sonn- und Feiertagen darf grundsätzlich nur nach Maßgabe der §§ 9 bis 11 ArbZG gearbeitet werden. Die werktägliche Arbeitszeit des Arbeitnehmers darf nach § 3 Satz 1 ArbZG acht Stunden nicht überschreiten. Sie kann nach § 3 Satz 2 ArbZG auf bis zu zehn Stunden verlängert werden, wenn innerhalb von sechs Kalendermonaten oder innerhalb von 24 Wochen im Durchschnitt acht Stunden werktäglich nicht überschritten werden. Der gesetzliche Höchstrahmen für die Arbeitszeit beträgt daher 6 x 8 Stunden = 48 Stunden x 48 Wochen (52 Jahreswochen minus 4 Wochen gesetzlicher Urlaub) = 2304 Arbeitsstunden; die Arbeitszeit kann bis zu 60 Stunden wöchentlich erhöht werden, wenn innerhalb des gesetzlich festgelegten Ausgleichszeitraums von 6 Monaten bzw. 24

39 Schaub, Arbeitsrechts-Handbuch, § 51 II 1.

40 Palandt-Heinrichs, § 361 RdNr. 1; MünchKommBGB-Janßen, § 361 RdNr. 2 u. 4 m.w.N.

41 Palandt-Heinrichs, § 361 RdNr. 1; MünchKommBGB-Janßen, § 361 RdNr. 4 m.w.N.

42 FN 37.

43 Weitergehende Einschränkungen finden sich etwa für Jugendliche im Jugendarbeitsschutzgesetz (z.B. § 8 JArbSchG).

Wochen die Arbeitszeit von acht Stunden werktäglich nicht überschritten wird[44]. Gemäß § 16 Abs. 2 ArbZG ist der Arbeitgeber verpflichtet, die über die werktägliche Arbeitszeit des § 3 Satz 1 ArbZG hinausgehende Arbeitszeit der Arbeitnehmer aufzuzeichnen und die Aufzeichnungen mindestens zwei Jahre aufzubewahren. Eine Kontrolle erfolgt durch die Aufsichtsbehörde (§ 17 ArbZG). Verstöße gegen die Arbeitszeitschutzbestimmungen werden nach Maßgabe der §§ 22, 23 ArbZG als Ordnungswidrigkeiten bzw. Straftaten geahndet. Da die vorstehend genannten Vorschriften im wesentlichen Sicherheit und Gesundheit der Arbeitnehmer schützten sollen (vgl. § 1 Nr. 1 ArbZG), beschränken sie die zulässige Arbeitszeit grundsätzlich unabhängig von dem Grund des Arbeitsbedarfs. Dies gilt im Normalfall selbst dann, wenn der Arbeitnehmer unter Verletzung seiner vertraglichen Verpflichtungen der Arbeit ferngeblieben ist[45]. Nur wenn etwa gerade durch das unvorhersehbare Fernbleiben des Arbeitnehmers ein außergewöhnlicher Fall i.S.d. § 14 ArbZG eintritt, sind ausnahmsweise längere Arbeitszeiten zulässig.

Sofern der Arbeitgeber mit dem Arbeitnehmer eine Tätigkeit in einem zeitlichen Umfang vereinbart hat, der bereits den Rahmen des nach dem ArbZG Zulässigen voll ausschöpft, bleibt rechtlich kein Raum für eine Nachleistung der versäumten Arbeit. In diesem Fall tritt mit Versäumung der Arbeit Unmöglichkeit der jeweiligen (Teil-)Leistung ein; eine absolute Fixschuld ist insoweit zu bejahen. Eine derartig umfangreiche Verpflichtung des Arbeitnehmers ist aber häufig bereits aufgrund bestehender Tarifverträge nicht möglich und wird nur ausnahmsweise vereinbart sein.

3. Bedeutung von Tarifverträgen und Betriebsvereinbarungen für die Nachleistungspflicht

Regelungen über die Arbeitszeit des Arbeitnehmers gehören zum typischen Inhalt von Tarifverträgen[46]. Die Rechtsnormen des Tarifvertrages, die den Inhalt von Arbeitsverhältnissen ordnen, gelten gemäß § 4 Abs. 1 Satz 1 TVG zwischen beiderseits Tarifgebundenen, die unter den Gel-

---

44 Schaub, Arbeitsrechts-Handbuch, § 156 IV 1 b.

45 Daß die Rechtsprechung zu der früher geltendenden AZO teilweise von der Nachholbarkeit schuldhaft versäumter Arbeitszeit ausging, ohne dabei eine Überschreitung der regelmäßigen Arbeitszeit als Mehrarbeit i.S. des damaligen § 15 AZO anzusehen (BAG, Urteil v. 25.7.1957, AP Nr. 1 zu § 4 AZO; LAG Hamm, BB 1980, 1858), besagt nichts über die Zulässigkeit von Arbeitszeiten, die über den gesetzlichen Rahmen hinausgehen. Vielmehr betraf diese Rechtsprechung nur die Frage, ob für die Mehrarbeit eine zusätzliche Vergütung zu zahlen ist.

46 BAG (18.08.1987), AP Nr. 23 zu § 77 BetrVG 1972; Schaub, Arbeitsrechts-Handbuch, § 200 I 1 b; ErfKommArbR-Schaub, § 1 TVG RdNr. 92.

tungsbereich des Tarifvertrages fallen, unmittelbar und grundsätzlich auch zwingend[47]. Bei der Normsetzung durch die Tarifvertragsparteien handelt es sich um Gesetzgebung im materiellen Sinn[48].

Ob sich im Falle der Tarifgebundenheit der Parteien des Arbeitsvertrages die Unmöglichkeit der Nachleistung versäumter Arbeit aus den tarifvertraglichen Regeln ergibt, ist unter Berücksichtigung des konkreten Tarifvertrages und des konkreten Arbeitsverhältnisses zu beurteilen. Bestimmt etwa ein Tarifvertrag, daß sich die Arbeitszeit teilzeitbeschäftigter Arbeitnehmer „nach dem Arbeitsanfall" richtet, ohne zugleich eine bestimmte Dauer der Arbeitszeit festzulegen[49], so kann aus dieser tarifvertraglichen Regelung nicht abgeleitet werden, daß die geschuldete Arbeitsleistung eine absolute Fixschuld ist, die im Falle nicht rechtzeitiger Erbringung unmöglich wird.

Hingegen enthalten Tarifverträge häufig detailliertere Regelungen über die Arbeitszeit. Der Manteltarifvertrag für die gewerblichen Arbeitnehmer der Papier, Pappe und Kunststoffe verarbeitenden Industrie in der Bundesrepublik vom 27.05.1991 enthält z.B. folgende Bestimmungen:

„§ 2. Arbeitszeit

(1)Die regelmäßige wöchentliche Arbeitszeit beträgt ausschließlich der Pausen 37 Stunden, ab dem 01.07.1996 36 Stunden ... .
(2) Die Arbeitszeit ist für den einzelnen Arbeitnehmer auf 5 Tage zu verteilen. Sie ist auf die Wochentage Montag bis Freitag zu legen, sofern nicht zwingende technische Arbeiten (nicht Produktionsarbeiten), Instandhaltungs- und Wartungsarbeiten eine andere Regelung erfordern. Die regelmäßige wöchentliche Arbeitszeit kann ungleichmäßig auf einen Zeitraum bis zu 8 Wochen verteilt werden. ... Soweit Betriebe drei oder mehr Schichten verfahren, ist in diesen Bereichen eine ungleichmäßige Verteilung der regelmäßigen Arbeitszeit auf einen Zeit-

---

47 Eine Ausnahme von der zwingenden Wirkung besteht nur, wenn der Tarifvertrag eine Öffnungsklausel enthält (§ 4 Abs. 3 1. HS. TVG), nur nachwirkt (§ 4 Abs. 5 TVG) oder wenn eine Änderung der Regelungen des Tarifvertrages zugunsten des Arbeitnehmers erfolgt (§ 4 Abs. 3 2. HS. TVG).

48 BVerfG, NJW 1981, 215.

49 Das BAG hat mit Urteil vom 12.03.1992 (NJW 1993, 348 f.) entschieden, daß die entsprechende Bestimmung in dem Tarifvertrag über die Regelung der Rechtsverhältnisse der nicht vollbeschäftigten amtlichen Tierärzte und Fleischkontrolleure in öffentlichen Schlachthöfen und in Einfuhruntersuchungsstellen vom 01.04.1969 nicht wegen Verstoßes gegen zwingende Vorschriften des Kündigungs- und Kündigungsschutzrechts unwirksam ist.

raum bis zu 18 Wochen zulässig. ... Die tägliche Arbeitszeit darf 10 Stunden nicht übersteigen. ...“ [50]

Diese detailliertere Regelung ist wegen der Zulässigkeit einer ungleichmäßigen Verteilung der Arbeitszeit flexibel genug, in einem gewissen Umfang die Nachleistung versäumter Arbeit im Anschluß an ein unberechtigtes Fernbleiben des Arbeitnehmers zu ermöglichen, ohne daß von den Bestimmungen des Tarifvertrages abgewichen werden muß. Es besteht aber auch keine Veranlassung, im Interesse des Arbeitnehmers zu fordern, daß die wegen der Nachleistung erforderliche vorübergehende Erhöhung der wöchentlichen Arbeitszeit binnen des tarifvertraglich vorgesehenen Zeitraums von 8 bzw. 18 Wochen durch Wochen mit einer unterdurchschnittlichen Wochenarbeitszeit ausgeglichen wird. Der Arbeitnehmer kann nicht selbst seine (tarif-)vertragliche Verpflichtung zur Arbeitsleistung im Umfang der regelmäßigen wöchentlichen Arbeitszeit verletzen und dann unter Berufung auf den Tarifvertrag als Ausgleich für die von ihm nachzuleistenden Stunden weitere Freizeit beanspruchen. Es fehlt ein schutzwürdiges Interesse des vertragsbrüchigen Arbeitnehmers daran, daß seine Verpflichtung zur Nachleistung der versäumten Arbeit durch die Arbeitszeitregelung des Tarifvertrages begrenzt wird. Die Normen des öffentlich-rechtlichen Arbeitszeitschutzes sind als Grenze der Nachleistungspflicht ausreichend. Nichts anderes kann für Arbeitszeitregelungen in Betriebsvereinbarungen gelten[51].

4. Unmöglichkeit der Nachleistung durch die betriebliche Organisation

Häufig ergibt sich eine tatsächliche Unmöglichkeit der Nachleistung durch die betriebliche Organisation[52]. Insbesondere die weitgehende Arbeitsteilung in modernen Produktionsprozessen und die Verpflichtung zur Einhaltung von Lieferterminen gegenüber Abnehmern, aber auch sonstige betriebliche Gegebenheiten, wie etwa Öffnungszeiten, können die spätere Nachholung einer nicht rechtzeitig erbrachten Arbeitsleistung ausschließen. So muß etwa der Fließbandarbeiter, der ein kleines Teilstück zu einem Produktionsablauf beizutragen hat, die geschuldete Leistung zur vor-

---

50 Dazu BAG, NJW 1998, 2075.

51 Unerheblich ist dabei, ob Betriebsvereinbarungen als privatrechtlicher Normenvertrag, autonome Satzung oder durch parallel laufende Willenserklärungen zustandekommende rechtssetzende Vereinbarung angesehen werden (Nachweise zum Streitstand bei Schaub, Arbeitsrechts-Handbuch, § 231 II 1).

52 Zöllner/Loritz, § 18 I 1; Dütz, Arbeitsrecht, § 5 II 1 b, RdNr. 187.

herbestimmten Zeit erbringen[53]. Auch der Bankkassierer und die Telefonistin können die am Tag zuvor versäumte Dienstleistung nicht mehr nachholen[54]. Das Fehlen des vertragsbrüchigen Arbeitnehmers muß vielmehr sofort durch Mehrarbeit der anderen Arbeitnehmer bzw. durch die Beschäftigung von Aushilfskräften ausgeglichen werden. Ist dies geschehen, so kann die vom vertragsbrüchigen Arbeitnehmer nicht erbrachte Arbeit nicht mehr nachgeleistet werden. Die für jeden einzelnen Arbeitstag bzw. während des Arbeitstages für jeden einzelnen Zeitabschnitt geschuldete Arbeitsleistung ist in diesem Fall eine absolute Fixschuld. Die Einhaltung der Leistungszeit ist nach dem Vertragszweck und der gegebenen Interessenlage für den Arbeitgeber so wesentlich, das eine Nachleistung keine Erfüllung mehr darstellt[55]. Wegen der Unmöglichkeit der Nachleistung kann kein Nachleistungsanspruch bestehen. Dem Arbeitgeber verbleibt in den Fällen der tatsächlichen Unmöglichkeit der Nachleistung lediglich die Möglichkeit der Geltendmachung von Sekundäransprüchen, sofern deren weitere Voraussetzungen vorliegen und gegebenenfalls beweisbar sind.

5. Nachleistungspflicht in sonstigen Fällen

Ist die Nachleistung weder durch öffentlich-rechtliche Regelungen ausgeschlossen noch aus Gründen der betrieblichen Organisation unmöglich, so erscheint die Einordnung der Arbeitsverpflichtung als absolute Fixschuld zweifelhaft. Zwar heißt es in den Motiven zu § 615 BGB, daß dem Dienstvertrag "regelmäßig die Eigenschaft einer Art von Fixgeschäft" zukomme[56]. Die Regelung des § 615 S. 1 BGB setzt aber gerade eine Nachleistungsmöglichkeit voraus, an der es im Falle einer absoluten Fixschuld fehlt[57].

Die Einordnung einer sowohl nach öffentlich-rechtlichen Regelungen als auch nach der betrieblichen Organisation nachholbaren Arbeitspflicht als absolute Fixschuld läßt sich auch nicht auf das Argument stützen, die meisten Arbeitnehmer seien angesichts ihres gesteigerten Freizeitbewußtseins kaum zur Nachleistung bereit; im Falle einer Geltendmachung eines Nachleistungsanspruchs sei nahezu stets eine Verschlechterung des Ar-

---

53 Dütz, Arbeitsrecht, § 5 II 1 b, RdNr. 187.

54 Von Stebut, RdA 1985, 67.

55 Palandt-Heinrichs, § 271 RdNr. 16; Dütz, Arbeitsrecht, § 5 RdNr. 187; Zöllner/Loritz, § 18 I 1; Nikisch, Arbeitsrecht, § 26 II 1.

56 Mugdan, Die gesamten Materialien zum Bürgerlichen Gesetzbuch, Bd. II, 1899, S. 257; vgl. hierzu auch Beuthien, RdA 1972, 22.

57 ErfKommArbR-Preis, § 611 BGB RdNr. 962.

beitsklimas zu erwarten[58]. Ob rechtlich eine Verpflichtung des Arbeitnehmers zur Nachleistung versäumter Arbeit besteht, kann nicht von der Bereitschaft des Arbeitnehmers zur Nachleistung abhängen. Auch die Auslegung des Arbeitsvertrages kann nicht dazu führen, daß die Unmöglichkeit der Nachleistung durch die fehlende Bereitschaft des Arbeitnehmers begründet wird. Hierzu müßte nämlich beim Abschluß des Arbeitsvertrages für den Arbeitgeber erkennbar gewesen sein, daß sich der Arbeitnehmer selbst dann nicht zu einer Nachleistung verpflichten will, wenn er vertragswidrig seine Arbeitsleistung nicht erbracht hat. Dies kommt aber nicht allein durch ein angeblich gestiegenes Freizeitbewußtsein zum Ausdruck, sondern bedürfte vielmehr einer ausdrücklichen Erklärung des Arbeitnehmers. Auf der anderen Seite kann auch die Erklärung des Arbeitgebers beim Vertagsschluß nicht in dieser Weise ausgelegt werden. Mit dem Vertragsschluß bringt der Arbeitgeber sein Interesse an der Arbeitsleistung des Arbeitnehmers zum Ausdruck. Sofern überhaupt die Bereitschaft des Arbeitgebers erkennbar ist, wegen des Arbeitsklimas auf Nachleistungen zu verzichten, gilt dies nicht für den Fall des vertragsbrüchigen Arbeitnehmers. Eine Verschlechterung des Arbeitsklimas wird hier gerade durch das vertragswidrige Verhalten des Arbeitnehmers verursacht. Die Forderung der Nachleistung ist hingegen nur die Konsequenz des vertragswidrigen Verhaltens.

Eine absolute Fixschuld liegt dann vor, wenn die Einhaltung der Leistungszeit nach dem Zweck des Vertrages und der gegebenen Interessenlage für den Gläubiger derart wesentlich ist, daß eine verspätete Leistung keine Erfüllung darstellt[59]. Sofern die Nachleistung aber nicht öffentlichrechtlich unzulässig oder aus betrieblichen Gründen unmöglich ist, stellt nach dem Zweck des Vertrages und der gegebenen Interessenlage eine Nachleistung durchaus eine (verspätete) Erfüllung der vertraglichen Verpflichtung dar[60]. Zweck des Arbeitsvertrages ist für den Arbeitgeber primär, daß der Arbeitnehmer die vertragliche Arbeitsleistung erbringt. Das Fehlen einer Nachleistungsverpflichtung ist gerade nicht vertragstypisch[61].

Die Arbeitsverpflichtung stellt demnach keine absolute Fixschuld dar, sofern ihre Nachholung öffentlich-rechtlich und betrieblich möglich ist. Hierdurch wird auch das zweifelhafte Ergebnis vermieden, daß sich der vertragsbrüchige Arbeitnehmer durch Nichtstun von seiner Arbeitspflicht befreien kann, obwohl die Nachleistung möglich und für den Arbeitgeber

---

58 Beuthien/Häuser, JuS 1971, 479; Beuthien, RdA 1972, 22.

59 Palandt-Heinrichs, § 271, RdNr. 16; BGHZ 60, 16; BGH, NJW 1974, 1047.

60 Von Stebut, RdA 1985, 68.

61 So aber Beuthien/Häuser, JuS 1971, 479; Beuthien, RdA 1972, 22.

sinnvoll ist[62]. Stattdessen liegt bei öffentlich-rechtlicher und betrieblicher Nachholbarkeit der Arbeitsleistung i.d.R. eine relative Fixschuld i.S.d. § 361 BGB vor[63]. § 361 BGB setzt voraus, daß eine Leistung genau zu einer festbestimmten Zeit oder innerhalb einer festbestimmten Frist erbracht werden soll. In Arbeitsverträgen wird regelmäßig eine bestimmte Arbeitszeit festgesetzt oder aber, z.B. bei Gleitarbeitszeit, ein bestimmter zeitlicher Rahmen, innerhalb dessen die Arbeit zu leisten ist. Die Einhaltung der Leistungszeit muß nach dem Parteiwillen derart wesentlich sein, daß mit der zeitgerechten Leistung das Geschäft stehen und fallen soll[64]. Wegen der Besonderheit des Dauerschuldverhältnisses muß nicht der gesamte Arbeitsvertrag mit der zeitgerechten Leistung stehen und fallen, sondern nur die für den konkreten Zeitabschnitt zu erbringende Arbeitsverpflichtung. Dies ist bei Arbeitsverträgen, die nachholbare Leistungen des Arbeitnehmers zum Gegenstand haben, i.d.R. der Fall. Beim Abschluß eines Arbeitsvertrages ist regelmäßig für den Arbeitnehmer erkennbar, daß nach dem Willen des Arbeitgebers dieser berechtigt sein soll, die Arbeit des säumigen Arbeitnehmers sofort durch die Mehrarbeit anderer Arbeitnehmer bzw. durch eine Ersatzkraft erbringen zu lassen, sobald der Arbeitnehmer nicht zur Arbeit erscheint. Die Arbeitsleistung hat daher i.S.d. § 361 BGB genau zu einer festbestimmten Zeit zu erfolgen. Das oben dargelegte Interesse des Arbeitgebers an der Nachholung steht dem nicht entgegen. Die Vorschrift des § 361 BGB spricht nur von einer Rücktrittsberechtigung, d.h. dem Gläubiger wird ein Gestaltungsrecht eingeräumt. Hat er weiterhin ein Interesse an der Erfüllung des Vertrages, so kann er diese verlangen und gegebenenfalls gleichzeitig einen Verspätungsschaden (§ 286 BGB) geltend machen, statt von dem Vertrag zurückzutreten oder gegebenenfalls Schadensersatz wegen Nichterfüllung (§ 326 BGB) zu fordern. Aus der besonderen Natur des Arbeitsvertrages als Dauerschuldverhältnis ergibt sich lediglich die Notwendigkeit, die Regelung des § 361 BGB für den Arbeitsvertrag dahingehend zu modifizieren, daß der Arbeitgeber anstelle des zweckwidrigen Rücktritts ein Gestaltungsrecht zusteht, die Unmöglichkeit der Nachleistung herbeizuführen[65]. Zur Ausübung genügt etwa, daß der Arbeitnehmer die Arbeit auf einen anderen Arbeitnehmer überträgt[66]. Diese Lösung bietet den Vorteil, daß dem Arbeitgeber die

---

62 Beuthien, RdA 1972, 21.

63 ErfKommArbR-Preis, § 611 BGB RdNr. 962; MünchHdbArbR-Blomeyer, § 57 RdNr. 11; BAG (17.03.1988), AP Nr. 99 zu § 626 BGB; vgl.a. Schaub, Arbeitsrechts-Handbuch, § 51 II 1, der allerdings nicht klar genug zwischen Unmöglichkeit und relativem Fixgeschäft i.S.d. § 361 BGB unterscheidet.

64 RGZ 51, 348; BGHZ 110, 96.

65 BAG (17.03.1988), AP Nr. 99 zu § 626 BGB; MünchHdbArbR-Blomeyer, § 57, RdNr. 11.

66 BAG (17.03.1988), AP Nr. 99 zu § 626 BGB.

Wahl bleibt, auf eine Erfüllung zu bestehen und Schadensersatz wegen Verzuges des Arbeitnehmers aus § 286 BGB zu verlangen oder durch Gestaltungserklärung die Unmöglichkeit herbeizuführen[67]. Besteht der Arbeitgeber auf einer Nachleistung, ist dem Arbeitnehmer zuzumuten, im Rahmen der nach den Vorschriften des Arbeitszeitschutzes zulässigen Arbeitszeit die geschuldete Arbeit nachzuholen und hierfür seine Freizeit einzubringen. Denn der Arbeitnehmer hat zuvor eigenmächtig Arbeitszeit zur Freizeit gemacht[68]

§ 2 Die Vollstreckbarkeit eines Titels, der zur Arbeitsleistung verurteilt

I. Streitstand

Zu der Frage, ob Arbeitsleistungen existieren, die im Sinne des § 887 ZPO durch einen Dritten vorgenommen werden können, werden in Literatur und Rechtsprechung zwei deutlich voneinander abweichende Grundauffassungen vertreten[69]: Der überwiegende Teil des arbeitsrechtlichen Schrifttums und der Rechtsprechung der Arbeitsgerichte sieht jede Arbeitsleistung als unvertretbare Handlung an und verneint demzufolge die Vollstreckbarkeit eines auf Erbringung einer Arbeitsleistung gerichteten Urteils wegen der Regelung des § 888 Abs. 3 ZPO, die im Wortlaut mit § 888 Abs. 2 ZPO a.F. identisch ist[70]. Hingegen wird überwiegend in der

---

67 MünchHdbArbR-Blomeyer, § 57 RdNr. 11.

68 Beuthien, RdA 1972, 21.

69 In den 50'er und 60'er Jahren, d.h. zu Zeiten mit großer Nachfrage nach Arbeitskräften, hat sich eine Vielzahl von Gerichtsentscheidungen mit Fragen der zwangsweisen Durchsetzung des Anspruchs auf Arbeitsleistung auseinandergesetzt, wohingegen in jüngerer Zeit kaum noch Rechtsprechung zu dem Thema zu finden ist.

70 Hueck/Nipperdey, Lehrbuch des Arbeitsrechts, 7. Aufl., (1963)§ 33 VIII; Hueck/Nipperdey, Grundriß des Arbeitsrechts, § 19 7; Söllner, § 29 I 1; Kaskel, Arbeitsrecht, 1. Aufl. (1925), S.78, bis Kaskel-Dersch, 4. Aufl. (1932), S.173; Nikisch, Arbeitsrecht, 3. Aufl. (1961), § 26 IV 1; Dietz/Ni-kisch, § 62 VII 1, RdNr. 28; Dersch/Volkmar, ArbGG § 61 RdNr. 104; Götz, Grundzüge des Arbeitsrechts, RdNr. 59; Palandt-Putzo, § 611 RdNr. 19; Staudinger-Richardi, § 611 RdNr. 350; MünchKommBGB-Müller-Glöge, § 611 RdNr. 420; MünchKommBGB-Schaub, § 613 RdNr. 9; Schaub, DB 1966, 1191, vgl. aber Schaub, Arbeitsrechts-Handbuch, § 45 VII 1, wohl etwas einschränkend dahingehend, daß der Arbeitnehmer die Arbeitsleistung grundsätzlich in Person zu leisten habe und sie daher nahezu immer unvertretbar sei; Heinze, NZA 1994, 249; ders., RdA 1986, 280; Kraft, NZA 1989, 778; Wenzel, DB 1966, 2027; ders., JZ 1962, 591; Isele, Anm. SAE 1963, 164; Gumpert, BB 1959, 965; Savaète, AuR 1956, 6; Bobrowski, Arbeitgeber 1956, 747; ders., BB 1956, 1200; Essling, DB 1955., 1188; Rewolle, BB 1955, 1031; LAG Hannover, BB 1953, 889; LAG Bremen, BB 1955, 1089; LAG Düsseldorf, BB

zivilprozessualen Literatur die Auffassung vertreten, daß eine Vollstreckung nach § 887 ZPO möglich sei, falls eine vertretbare Handlung geschuldet werde[71].

1. Die arbeitsrechtliche Auffassung

Vom frühen arbeitsrechtlichen Schrifttum bis heute wurde und wird von einigen Vertretern der arbeitsrechtlichen Auffassung ohne weitere Begründung als selbstverständlich angenommen, daß die Vollstreckung eines auf Leistung von Arbeit lautenden Urteiles wegen § 888 Abs. 3 ZPO (§ 888 Abs. 2 ZPO a.F.) nicht in Betracht komme[72].

Im Lehrbuch des Arbeitsrechts von *Hueck/Nipperdey* wurde Anfang der 30'er Jahre noch eine Vollstreckung nach § 887 ZPO für denkbar, wenn auch nicht für sinnvoll gehalten[73]. In späteren Auflagen hingegen wurde nur unter Hinweis auf § 888 Abs. 2 ZPO a.F. festgestellt, daß die Arbeitsleistung im Wege der Zwangsvollstreckung weder unmittelbar noch mittelbar erzwungen werden könne[74].

1958, 82; LAG Baden-Württemberg, BB 1958, 521; LAG Hamburg, BB 1959, 198; ArbG Essen, BB 1961, 48; LAG Frankfurt, BB 1961, 678; LAG Bremen, BB 1962, 1000; LAG Bremen, BB 1964, 1486; LAG Hamburg, AuR 1971, 29; LAG Frankfurt, NZA 1990, 614; ArbG Frankfurt, NZA 1995, 552.

71 G. Lüke, in: FS E. Wolf, S. 459 ff.; ders. in: Lüke-Prütting, S. 490; ders., Zwangsvollstreckungsrecht, S. 316 f.; Bruns/Peters, § 44 I 1; Jauernig, Zwangsvollstreckungs- und Insolvenzrecht, § 27 II 1; Baur/Stürner, RdNr. 40.3; Brox/Walker, RdNr. 1066; Rosenberg/Gaul/Schilken, § 71 I 1; Grunsky, Grundzüge des Zwangsvollstreckungs- und Insolvenzrechts, RdNr. 49; Grunsky, ArbGG, § 62 RdNr. 13; Germelmann/Matthes/Prütting, ArbGG, § 62 RdNr. 48; MünchKommZPO-Schilken, § 887 Rdnr. 7, § 888 RdNr. 10; Baumbach/Lauterbach-Hartmann, § 887 RdNr. 20; Musielak-Lackmann, § 887 RdNr. 9; Wieczorek-Storz, § 887 RdNr. 17, § 888 RdNr. 30; Stein/Jonas-Brehm, § 888 RdNr. 39, 41, Stein/Jonas-Grunsky, Vor § 935 RdNr. 66; Soergel-Kraft, § 611 RdNr. 78; Dütz, § 5 II 1 a aa (RdNr. 185); Schwerdtner, in: FS Hilger-Stumpf, S.648ff.; Stoffels, S. 58 ff.; Geißler, JuS 1988, 456; Jauernig, ZZP 79 (1966), 345; Baur, BB 1964, 613; M. Wolf, JZ 1963, 434ff.; Marienhagen, BB 1961, 757; ArbG Gelsenkirchen, BB 1958, 159; LAG Berlin (23.09.1965), AP Nr. 6 zu § 888 ZPO.

72 Kaskel, Arbeitsrecht, 1. Aufl. (1925), S. 78, bis Kaskel/Dersch, 4. Aufl. (1932), S. 173; Dersch/Volkmar, § 61 10 d, RdNr. 104; Zöllner/Loritz, § 12 V, S.151; Palandt-Putzo, § 611, RdNr. 19; Götz, RdNr. 59; Bobrowski, BB 1956, 1200; Savaète, AuR 1956, 6; Gumpert, BB 1955, 965; Essling, DB 1955, 1188; Rewolle, BB 1955, 1031; so auch LAG Düsseldorf, BB 1958, 82; LAG Baden-Württemberg (27.01.1958), AP Nr. 5 zu § 611 BGB - Anspruch auf Arbeitsleistung.

73 Hueck/Nipperdey, Lehrbuch des Arbeitsrechts, 3.-5. Aufl. (1931), S. 160.

74 Hueck/Nipperdey, Lehrbuch des Arbeitsrechts, 7. Aufl. (1963), § 33 VII; s.a. Hueck/Nipperdey, Grundriß des Arbeitsrechts, 4. Aufl. (1968), § 19 7.

Viele Autoren gehen von der Personengebundenheit der Arbeitsleistung aus und schließen hieraus auf die Unvertretbarkeit der auf ihre Erbringung gerichteten Handlungen im Sinne des Vollstreckungsrechts[75]. Teilweise wird die Personengebundenheit dabei daraus hergeleitet, daß das Arbeitsverhältnis als ein personenrechtliches Gemeinschaftsverhältnis qualifiziert oder ihm zumindest ein stark personaler Einschlag zuerkannt wird[76].

Andere stützen ihre Auffassung von der fehlenden Vollstreckbarkeit auf § 613 Satz 1 BGB[77]. Aus dieser Vorschrift ergebe sich, daß die Pflicht zur Arbeitsleistung streng persönlich sei und nur vom Arbeitnehmer erfüllt werden könne.

Nach *Feller* stellt sich zwar eine Vielzahl der von Arbeitnehmern zu leistenden Dienste als vertretbare Handlungen im Sinn von § 887 ZPO dar. Bei einem Arbeitsverhältnis sei aber im Falle der Verurteilung zur Dienstaufnahme, unabhängig davon, ob sich die Arbeitsleistung als vertretbare oder unvertretbare Handlung darstelle, die Vollstreckung ein unzumutbarer Eingriff in den Persönlichkeitsbereich des Arbeitnehmers und müsse daher auch im Hinblick auf Art. 2 GG unterbleiben[78].

2. Die zivilprozessuale Auffassung

Die Vertreter der zivilprozessualen Auffassung[79] gehen übereinstimmend davon aus, daß bei der Frage nach der Vollstreckbarkeit eines auf die Erbringung einer Arbeitsleistung gerichteten Leistungsurteils zwischen vertretbaren und unvertretbaren Arbeitsleistungen zu unterscheiden sei. Das Vollstreckungsverbot des § 888 Abs. 3 ZPO betreffe nur unvertretbare

---

75 MünchKommBGB-Müller-Glöge, § 611 RdNr. 420; Söllner, § 29 I 1; Wenzel, JZ 1962, 591; Schaub, DB 1966, 1191, vgl. aber Schaub, Arbeitsrechts-Handbuch, § 45 VII 1, einschränkend dahingehend, daß der Arbeitnehmer die Arbeitsleistung grundsätzlich in Person zu leisten habe und sie daher nahezu immer unvertretbar sei; LAG Hamburg, BB 1959, 198.

76 Wenzel, JZ 1962, 591; Söllner, § 28 III 2, setzt sich zwar gegen die Bezeichnung des Arbeitsverhältnisses als personenrechtliches Gemeinschaftsverhältnis zur Wehr, sieht aber die Besonderheit des Arbeitsverhältnisses darin, daß der Arbeitnehmer mit seiner Person in die Erfüllung der Verpflichtung einbezogen werde. Dietz/Nikisch, § 62 VII 1, RdNr. 28, begründen die generelle Unvertretbarkeit der Arbeitsleistung damit, daß der Arbeitnehmer seine Arbeitskraft zur Verfügung zu stellen habe, die Teil seiner Persönlichkeit sei.

77 Staudinger-Richardi, § 611, RdNr. 350; Heinze, NZA 1994, 249; ders., RdA 1986, 280; Kraft, NZA 1989, 778; Wenzel, JZ 1962, 591.

78 Feller, RdA 1963, 129.

79 FN 71.

Handlungen, bei vertretbaren Arbeitsleistungen sei eine Vollstreckung nach § 887 ZPO möglich.

II. Die Rechtsnatur des Arbeitsverhältnisses als Ansatzpunkt

Soweit im arbeitsrechtlichen Schrifttum aus der Qualifikation des Arbeitsverhältnisses als "personenrechtliches Gemeinschafts-verhältnis"[80] oder aus der Zurechnung eines stark personalen Einschlags[81] auf die Personengebundenheit und fehlende Vollstreckbarkeit des Anspruchs auf Arbeitsleistung geschlossen wird, stellen sich zwei Fragen: Zunächst ist zu klären, ob der Ansatz zutreffend ist, das Arbeitsverhältnis als "personenrechtliches Gemeinschaftsverhältnis" oder zumindest als Rechtsverhältnis mit stark personalem Einschlag zu bezeichnen. Bejaht man diese Frage, ist weiterhin zu prüfen, ob hieraus auf die generelle Unvertretbarkeit jeder Arbeitsleistung geschlossen werden kann.

1. Die geschichtliche Entwicklung der Einordnung des Arbeitsverhältnisses

Im BGB ist der Dienstvertrag - und damit als ein Unterfall des Dienstvertrages auch der Arbeitsvertrag - im siebenten Abschnitt des Rechts der Schuldverhältnisse geregelt. Er steht in Parallele zu Kauf, Miete, Pacht und Werkvertrag und wird folglich nach der Systematik des BGB eindeutig zu den schuldrechtlichen Austauschverträgen gerechnet[82]. Diese Stellung im Gesetz entspricht der überwiegend bürgerlich-liberalen, romanistisch-individualis-tischen Grundauffassung des BGB-Gesetzgebers, von dem "die ganze Rechtswelt ... als ein Gewebe freiwillig eingegangener gegenseitiger Verpflichtungen freier Verträge aufgefaßt (wurde), als ein einziger großer Markt, auf dem alles zur Ware werden kann"[83].

Entgegen dieser Sicht des BGB-Gesetzgebers spricht *Otto von Gierke* bereits 1917 von einem personenrechtlichen Einschlag des Dienstvertrages[84]. Er betont den (angeblich) deutschrechtlichen Ursprung des Dienstvertrages und dessen Verwurzelung im Personenrecht[85]. Vorläufer und

---

80 Wenzel, JZ 1962, 591.

81 Söllner, Grundriß des Arbeitsrechts, § 28 III 2.

82 Hueck/Nipperdey, Lehrbuch des Arbeitsrechts (7. Aufl.), § 22 II 1.

83 Radbruch/Zweigert, Einführung in die Rechtswissenschaft, S. 101.

84 O. v. Gierke, Deutsches Privatrecht, Dritter Band (1917), S. 593 f. (von Gierke schließt hieraus nicht etwa auf die Unvertretbarkeit der Arbeitsleistung, sondern hält eine Zwangsvollstreckung nach § 887 ZPO für möglich, a.a.O. S. 609 FN 68).

85 O. v. Gierke, Deutsches Privatrecht, Dritter Band (1917), S. 593; Diesbezüglich stellt von Gierke auch fest, daß die Auffassung von der Dienstmiete als Unterfall

Keim des deutschrechtlichen Dienstvertrages sei der Treudienstvertrag gewesen, der kein Schuldvertrag, sondern ein personenrechtlicher Vertrag gewesen sei und die Selbsthingabe in fremde Macht unter Vorbehalt der Freiheit gegen Zusage dauernden Schutzes und Unterhalts zum Inhalt gehabt habe[86]. Ältester voll ausgeprägter Typus des deutschrechtlichen Dienstvertrages war nach Otto von Gierke seit dem 13. Jahrhundert der Gesindevertrag, der bereits in den mittelalterlichen Quellen die scharf ausgeprägte Gestalt eines entgeltlichen Arbeitsvertrages gehabt habe[87].

Nach dem Ersten Weltkrieg nimmt die Tendenz, dem Arbeitsverhältnis auch einen personenrechtlichen Einschlag zuzuerkennen, zu[88]. Zur Begründung eines personenrechtlichen Einschlags wird von *Hueck* der Ursprung des Arbeitsvertrages im deutschrechtlichen Treudienstvertrag herangezogen[89]. *Molitor* sieht eine personenrechtliche Seite des Arbeitsvertrages allein darin, daß die Arbeitsleistung durch die Arbeitskraft des Menschen bewirkt werden soll und folglich der Mensch mittelbar als Gegenstand des Schuldverhältnisses erscheint[90]. Hingegen wird trotz Anerkennung eines personenrechtlichen Einschlags wohl überwiegend noch nicht der schuldrechtliche Charakter des Arbeitsverhältnisses in Abrede gestellt[91].

Während der Zeit des Nationalsozialismus setzt sich in der Arbeitsrechtslehre die Auffassung durch, daß das Arbeitsverhältnis seinem Wesen nach ein "personenrechtliches Gemeinschaftsverhältnis" sei[92]. *Hueck* spricht 1938 davon, daß die zunächst nach dem Ersten Weltkrieg herrschende Lehre von dem Arbeitsverhältnis als Schuldverhältnis der "damaligen" gesetzlichen Regelung entsprochen habe, darin aber inzwischen ein grundsätzlicher Wandel eingetreten sei[93]. Das Einzelarbeitsverhältnis ver-

---

der mit der Rezeption in Deutschland aufgenommenen "locatio conductio" sich nicht habe durchsetzen können, a.a.O., S. 596, 597, 598.

86 O. v. Gierke, Deutsches Privatrecht, Dritter Band (1917), S. 593 f.

87 O. v. Gierke, Deutsches Privatrecht, Dritter Band (1917), S. 594f.

88 Molitor, Das Wesen des Arbeitsvertrages (1925), S. 13 ff.; Hueck/Nipper-dey, Lehrbuch des Arbeitsrechts, 3. - 5. Auflage (1931), S. 101.

89 Hueck/Nipperdey, Lehrbuch des Arbeitsrechts, 3. - 5. Aufl. (1931), S. 101.

90 Molitor, Das Wesen des Arbeitsvertrages (1925), S. 12f.

91 Molitor, Das Wesen des Arbeitsvertrages (1925), S. 14; Hueck/Nipperdey, Lehrbuch des Arbeitsrechts, 3. - 5. Aufl. (1931), § 20 III (S. 101).

92 Hueck, Deutsches Arbeitsrecht, Ein Grundriß (1938), § 14 I 1 u. 2; ebenso die 2. Aufl. (1944), § 14 I 1 u. 2; Nikisch, Zeitschrift der Akademie für deutsches Recht 1938, 41.

93 Hueck, Deutsches Arbeitsrecht, Ein Grundriß (1938), § 14 I 1 u. 2; ebenso die 2. Aufl. (1944), § 14 I 1 u. 2.

wirkliche sich im Rahmen der Betriebsgemeinschaft und erhalte durch die im Gesetz zur Ordnung der nationalen Arbeit (AOG) für die Betriebsgemeinschaft aufgestellten Grundsätze über die beiderseitige Treuepflicht und die soziale Ehre sein Gepräge. Damit sei auch das Einzelarbeitsverhältnis als Gemeinschaftsverhältnis charakterisiert, es sei eine persönliche Gemeinschaft zwischen dem einzelnen Gefolgschaftsmitglied und dem Unternehmer, eingegliedert in die größere Gemeinschaft des ganzen Betriebes[94]. Auch die Arbeitsverhältnisse außerhalb des Betriebes würden vom Gemeinschaftsgedanken beherrscht und seien deshalb ebenso zu behandeln wie die im Betrieb bestehenden Arbeitsverhältnisse[95]. Der Arbeitsvertrag sei nicht mehr vermögensrechtlicher Austauschvertrag, sondern auf Begründung einer personenrechtlichen Gemeinschaft gerichtet[96]. *Nikisch* hat hierzu ausgeführt, man habe erkannt, daß im Rahmen eines nationalsozialistischen Arbeitsrechts das Arbeitsverhältnis nicht mehr als Schuldverhältnis, sondern nur als ein die Personen verbindendes Gemeinschaftsverhältnis aufgefaßt werden könne, das auf Hingabe der Arbeitskraft des einen Teils an den anderen beruhe[97]. Etwas zurückhaltender formulierte das *Reichsarbeitsgericht*, das Arbeitsverhältnis stelle nach seiner festen Rechtsprechung ein Rechtsverhältnis von schuldrechtlichem Entstehungsgrund dar, welches aber nicht ausschließlich unter diesem Gesichtspunkt gewertet werden könne, sondern - weil es zugleich Träger und Verkörperung der Betriebsgemeinschaft sei - überwiegend von dieser Gemeinschaftsseite zu bestimmen sei. Insoweit weise das Arbeitsverhältnis unverkennbar personenrechtliche Züge auf[98].

Nach dem Ende des Zweiten Weltkrieges waren die Grundlagen für ein neues, einem freiheitlich demokratischen Rechtsstaat entsprechendes Arbeitsrecht herzustellen[99]. Im Schrifttum und in der Rechtsprechung wird wieder grundsätzlich angenommen, daß das Arbeitsverhältnis ein Dienstverhältnis nach §§ 611 ff. BGB sei[100]. Hingegen bleibt bis in die 60er Jah-

---

94 Hueck, Deutsches Arbeitsrecht, Ein Grundriß (1938), § 14 I 2; ebenso die 2. Aufl. (1944), § 14 I 2.

95 Hueck, Grundriß (1938), § 14 I 2; ebenso die 2. Aufl. (1944), § 14 I 2.

96 Hueck, Grundriß (1938), § 14 II 2; ebenso die 2. Aufl. (1944), § 14 II 2.

97 Nikisch, Zeitschriften der Akademie für deutsches Recht 1938, S. 41.

98 RAG (19.1.1938), ARS 33, 172 f.

99 E. Wolf, Das Arbeitsverhältnis (1970), S. 71.

100 Gumpert, BB 1955, 966; Feller, RdA 1963, 128; BGHZ 10, 190; vgl.a. E. Wolf, Das Arbeitsverhältnis (1970), S. 79.; Zweifel an der Einstufung des Arbeitsvertrages als *schuldrechtlicher* Vertrag klingen hingegen in einem Urteil des LAG Frankfurt a.M. v. 08.07.1953 (NJW 1953, 1607 f.) an, wo es heißt, daß die Vorschriften des BGB über die Anfechtung auf schuldrechtliche Verträge abgestellt, hingegen nicht auf Arbeitsverhältnisse anwendbar seien, die zum entscheidenden Teil perso-

re die Auffassung vorherrschend, die das Arbeitsverhältnis als ein personenrechtliches Gemeinschaftsverhältnis kennzeichnet[101]. Insbesondere *Hueck* setzt sich weiterhin für die Auffassung ein, daß das Arbeitsverhältnis personenrechtliche Elemente aufweise. Dies begründe sich darin, daß die vom Arbeitnehmer in Person zu erbringende und in persönlicher Abhängigkeit vom Arbeitgeber zu leistende Arbeit die Persönlichkeit des Arbeitnehmers in ganz anderer Weise als eine bloße Verpflichtung zur Sachleistung erfasse[102]. Wegen des den Arbeitgeber und den Arbeitnehmer verbindenden Treuebandes könne man das Arbeitsverhältnis auch als Gemeinschaftsverhältnis bezeichnen[103]. Ähnlich argumentiert *Nikisch*, für den "das Gemeinschaftsverhältnis als eine spätere Phase des schon mit dem Inkrafttreten des Arbeitsvertrages beginnenden Arbeitsverhältnisses anzusehen (ist)"[104]. Auch das Bundesarbeitsgericht bezeichnet das Arbeitsverhältnis zunächst als personenrechtliches Gemeinschaftsverhältnis[105]. In anderen Entscheidungen hebt es die "personale Struktur des Arbeitsverhältnisses" hervor[106]. Vor allem Anfang der 70er Jahre stößt die Bezeichnung des Arbeitsverhältnisses als ein personenrechtliches Gemeinschaftsverhältnis auf heftige Kritik[107]. Die neuere Rechtsprechung verwendet den Begriff nicht mehr[108]. Bis heute bleibt die Beantwortung der Frage nach der Rechtsnatur des Arbeitsverhältnisses, insbesondere nach einem personenrechtlichen, personalen und/oder gemeinschaftsrechtlichen Einschlag umstritten[109].

2. Die Rechtsnatur heutiger Arbeitsverhältnisse

Ob Bezeichnungen wie "personenrechtlich", "personaler Einschlag" und "Gemeinschaftsverhältnis" der Rechtsnatur moderner Arbeitsverhält-

---

nenrechtlichen Einschlag hätten und in dieser Ausprägung dem BGB unbekannt seien.

101 Hueck/Nipperdey, Lehrbuch des Arbeitsrechts (7. Aufl., 1963), § 22 II 1; Nikisch, § 25 I 3, S. 250; Mein, RdA 1956, 329; Wenzel, JZ 1962, 591; Jobs, ZfA 1972, 331; BGHZ 10, 190; LAG Frankfurt a.M., NJW 1953, 1607.

102 Hueck/Nipperdey, Lehrbuch des Arbeitsrechts (7. Aufl., 1963), § 22 II 1.

103 Hueck/Nipperdey, Lehrbuch des Arbeitsrechts (7. Aufl., 1963), § 22 II 1.

104 Nikisch, Arbeitsrecht, Vorwort S. VIII.

105 BAGE 3, 188 (22.11.1956).

106 BAGE 8, 6 (20.5.1959), vgl. auch BGHZ 10, 190 (11.7.1953).

107 E. Wolf, Das Arbeitsverhältnis (1970), S. 1 ff.; Schwerdtner, Fürsorgetheorie und Entgelttheorie im Recht der Arbeitsbedingungen (1970), 40 ff.; Fabricius, Leistungsstörungen im Arbeitsverhältnis (1970); Ballerstedt, RdA 1976, 9 f.; Weber, RdA 1980, 292 f.

108 Schaub, Arbeitsrechts-Handbuch, § 29 I 4.

109 Palandt-Putzo, Vor § 611 RdNr. 5; MünchKommBGB-Müller-Glöge, § 611 RdNr. 31, 127 f.; MünchKommBGB-Kramer, Einl Band 2 RdNr. 92 f., jeweils m.w.N.

nisses gerecht werden, hängt entscheidend davon ab, welcher Erklärungsinhalt mit diesen Begriffen verbunden wird. Die Begriffe werden im Schrifttum mit unterschiedlicher Bedeutung gebraucht und auch unterschiedlich begründet[110].

Nikisch und *Hueck* stützen ihre Einordnung des Arbeitsverhältnisses als ein Gemeinschaftsverhältnis auf eine "enge persönliche Verbundenheit zwischen Arbeitnehmer und Arbeitgeber"[111] beziehungsweise auf ein "den Arbeitgeber und den Arbeitnehmer verbindendes Treueband"[112]. Diese Einordnung entspricht weder den rechtlichen Merkmalen einer Gemeinschaft noch ist sie aus soziologischer Sicht haltbar[113]. Rechtlich liegt eine Gemeinschaft grundsätzlich dann vor, wenn mehrere Personen sich zur Verfolgung gemeinsamer Interessen zusammentun oder durch andere Umstände zu einer Interessengemeinschaft kommen[114]. Das BGB regelt die Gemeinschaft nach Bruchteilen allgemein in den §§ 741 ff. BGB und die besondere Bruchteilsgemeinschaft unter Miteigentümern in den §§ 1008 ff. BGB. Weiterhin sind im BGB die Gesamthandgemeinschaften[115] der Gesellschaft (§§ 705 ff. BGB), der ehelichen Gütergemeinschaft (§§ 1415 ff. BGB) und der Erbengemeinschaft (§§ 2032 ff. BGB) geregelt. An einer Interessengemeinschaft im Sinne der vorgenannten Vorschriften fehlt es beim Arbeitsverhältnis[116]. Auch rein tatsächlich entspricht die Bezeichnung "Gemeinschaft", die eine Interessenidentität oder doch -parallelität zum Inhalt hat, nicht den Interessengegensätzen der Arbeitsvertragsparteien, die im Arbeitskampfrecht ihren deutlichen Ausdruck gefunden ha-

---

110 Hueck selbst räumt ein, daß die Begriffe nicht eindeutig sind und daß die Bezeichnung "personenrechtliches Gemeinschaftsverhältnis" unbestimmt ist, Hueck/Nipperdey (7. Aufl.), § 22 II 2; vgl.a. Schaub, Arbeitsrechts-Handbuch, § 29 I 4.

111 Nikisch, Arbeitsrecht, S. 6 f.

112 Hueck/Nipperdey (7. Aufl.), 22 II 1.

113 Weber, RdA 1980, 293; Söllner, Grundriß des Arbeitsrecht, § 28 III 2, so wohl auch Schaub, Arbeitsrechts-Handbuch, § 29 I 3; Schwerdtner spricht sogar von einer "finalen Erfindung des Begriffes des personenrechtlichen Gemeinschaftsverhältnisses", bei dem es sich nicht um eine wissenschaftliche Begriffsbildung, sondern um eine "Begriffsdichtung" handele (Fürsorgetheorie und Entgeltbedingungen im Recht der Arbeitsbedingungen, S. 31 ff. u. 48).

114 Vgl. Palandt-Sprau, § 741 RdNr. 1.

115 Zum Begriff der Gesamthand MünchKommBGB-Ulmer, § 705 RdNr. 127 ff.

116 Söllner, Grundriß des Arbeitsrechts, § 28 III 2.; MünchKommBGB- Müller-Glöge, § 611 RdNr. 31, 127 ff.; Weber, RdA 1980, 293; Fabricius, Leistungsstörungen im Arbeitsverhältnis, S. 26; Hueck behauptet zwar, daß der Arbeitsvertrag als gemeinschaftsbegründender Vertrag seine Parallele im Gesellschaftsvertrag finde, bleibt aber den Beweis für diese Behauptung schuldig (Hueck/ Nipperdey, § 22 II 1).

ben[117]. Eine umfassende Interessenidentität beziehungsweise Parallelität ließ sich nur zur Zeit des Nationalsozialismus konstruieren, als dem Arbeitgeber und den Arbeitnehmern unterstellt wurde, daß sie sich nicht als Gläubiger und Schuldner von Leistungen gegenüberstünden, sondern in gemeinsamer Arbeit zur Förderung des Betriebes und zum gemeinsamen Nutzen von Volk und Staat tätig seien (§ 1 AOG). Arbeitgeber und Arbeitnehmer haben zwar ein gemeinsames Interesse an dem Wohlergehen des Unternehmens, von dem sowohl der Gewinn des Arbeitgebers als auch die Lohnhöhe und die Sicherheit der Arbeitsplätze abhängen[118]. Dieses gemeinsame Interesse ist aber nicht Gegenstand oder Zweck des Arbeitsverhältnisses und ist daher nicht geeignet, einen Rechtsbegriff der Gemeinschaft zu begründen[119]. Es sollte nicht überbetont werden, um nicht den die Rechtsbeziehungen zwischen Arbeitgeber und Arbeitnehmer in verschiedener Hinsicht kennzeichnenden Interessengegensatz zu verdekken[120].

Der Begriff "personenrechtlich" ist für sich betrachtet bei der Einordnung der Rechtsnatur des Arbeitsverhältnisses wenig hilfreich[121]. Ein "Personenrecht" mit einem festen Bestand von Rechtsnormen oder Grundsätzen, der für die Lösung arbeitsvertraglicher Probleme nützlich sein könnte, existiert nicht[122]. Beschreiben lassen sich mit der Bezeichnung „personenrechtlich“ allenfalls familienrechtliche Beziehungen zwischen durch Verlöbnis, Ehe, Verwandtschaft oder Schwägerschaft verbundenen Personen[123], etwa die Personensorge der Eltern für das minderjährige Kind (§§ 1626 Abs. 1, 1631 Abs. 1 BGB). Zwar kann und soll nicht geleugnet werden, daß auch dem Arbeitgeber über die Verpflichtung zur Lohnzahlung hinaus in gewissem Umfang Nebenpflichten (Fürsorge-

---

117 Weber, RdA 1980, 293; Schwerdtner, Fürsorgetheorie und Entgeltbedingungen im Recht der Arbeitsbedingungen, S. 145 ff.; vgl.a. Söllner, Grundriß des Arbeitsrecht, § 28 III 2.

118 Zöllner/Loritz, § 11 II 7 c.

119 Zöllner/Loritz, § 11 II 7 c; Soergel-Kraft, Vor § 611 RdNr. 25.

120 Zöllner/Loritz, § 11 II 7 c.

121 Staudinger-Richardi, Vor §§ 611 ff. RdNr. 760; Söllner, § 28 III 2, geht sogar so weit, den Begriff "personenrechtliches Gemeinschaftsverhältnis" als "Floskel" zu bezeichnen, mit der mehr verdunkelt als klargestellt werde.

122 MünchKommBGB-Müller-Glöge, § 611 RdNr. 127; Söllner, § 28 III 2.

123 So z.B. MünchKommBGB-Rebmann, Einl Band 7 RdNr. 5; BGH, NJW 1992, 428; LG Gießen, NJW-RR 1994, 1410. Entsprechend auf familienrechtliche Beziehungen begrenzt, werden auch von *Ernst Wolf* (BGB AT, 1. Aufl. (1973), § 5 B I b) "relative personenrechtliche Verhältnisse" definiert als "mit der menschlichen Geschlechtlichkeit zusammenhängende rechtliche Verhältnisse auf Lebenszeit oder solchen rechtlichen Verhältnissen inhaltlich entsprechende rechtliche Verhältnisse".

pflichten) obliegen, die vor allem dem Schutz des Arbeitnehmers dienen sollen[124]. Diese Nebenpflichten sind aber nicht mit der familienrechtlichen Personensorge vergleichbar. Insbesondere umfaßt die familienrechtliche Personensorge nicht nur eine Verpflichtung, sondern ebenso eine Berechtigung zur Personensorge (vgl. § 1631 Abs. 1 BGB). Eine vergleichbare Berechtigung steht hingegen dem Arbeitgeber gegenüber dem Arbeitnehmer nicht zu[125]. Das Arbeitsverhältnis ist kein personenrechtliches Verhältnis und sollte daher auch nicht als solches bezeichnet werden[126].

Erst recht kann die Rechtsnatur heutiger Arbeitsverhältnisse nicht wegen einer angeblichen Entwicklung aus dem deutschrechtlichen Treudienstvertrag als "personenrechtlich" bezeichnet werden[127]. Die Herstellung einer Verbindung heutiger Arbeitsverhältnisse zum deutschrechtlichen Treudienstvertrag ist der Sache nach verfehlt. Der BGB-Gesetzgeber ist vom Grundsatz des freien Arbeitsvertrages ausgegangen und hat daher das Arbeitsverhältnis als Erscheinungsform der Privatautonomie dargestellt[128]. Die heutige soziale Wirklichkeit, vor allem die Schutzbedürftigkeit des Arbeitnehmers, mag zwar Korrekturen an diesem Leitbild des Gesetzgebers erforderlich machen. Diese Korrekturen können aber nicht vom Gesindevertrag des 13. Jahrhunderts[129] aus unternommen werden. Jedenfalls kann keine historische Kontinuität trotz des Systembruchs von der feudalen Herrschaftsordnung zu einer marktmäßig-rechtsgeschäftlichen Ordnung des Arbeitslebens behauptet werden[130].

Hingegen kann dem Arbeitsverhältnis insofern ein "personaler Charakter" zuerkannt werden, als damit zum Ausdruck gebracht werden soll, daß nicht nur völlig isoliert die Arbeitsleistung als Vermögenswert, sondern ein Mensch als Person in besonderem Umfang von der Rechtsbeziehung ergriffen wird und daß gerade die Rücksicht hierauf für zahlreiche Nebenpflichten des Arbeitgebers maßgebend ist[131]. Auf einen so verstan-

---

124 Vgl. z.B. Soergel-Kraft, Vor § 611 RdNr. 24.

125 E.Wolf, Das Arbeitsverhältnis, S. 17; Weber, RdA 1980, 292.

126 MünchKommBGB-Müller-Glöge, § 611 RdNr. 31, 127 f.; E.Wolf, Das Arbeitsverhältnis, S. 17; Weber, RdA 1980, 292; Aus demselben Grund sollte auch der (BGB-)Gesellschaft kein personenrechtliches Element beigemessen werden.

127 Vgl. aber O. v. Gierke, Deutsches Privatrecht, Dritter Band (1917), S. 593 f. u. Hueck-Nipperdey, Lehrbuch des Arbeitsrechts, 3.-5. Aufl. (1931), § 20 III (S. 101).

128 Staudinger-Richardi, Vor §§ 611 ff. RdNr. 483, 485.

129 Vgl. aber O. v. Gierke, Deutsches Privatrecht, Dritter Band (1917), S. 594 f.

130 Staudinger-Richardi, Vor §§ 611 ff. RdNr. 485.

131 Zöllner/Loritz, § 11 II 7 b; MünchKommBGB-Müller-Glöge, § 611 RdNr. 127; Soergel-Kraft, Vor § 611 RdNr. 24 ff.; Lieb, § 1 II 2, RdNr. 38; vgl.a. Hueck/Nipperdey (7. Aufl.), § 22 II 2.

denen "personalen Charakter" ist z.B. die Verpflichtung zu menschengerechter und nicht alleine effizienter Arbeitsgestaltung zurückzuführen[132]. Der Ausdruck ist nicht etwa dahingehend zu verstehen, daß die Person des Arbeitnehmers selbst, entgegen der heutigen, freiheitlich demokratischen Grundordnung, Gegenstand des Arbeitsverhältnisses sein soll[133]. Der Arbeitnehmer wird nur insoweit in besonderem Umfang als Person von der Rechtsbeziehung ergriffen, daß er während eines großen Teiles der ihm zur Verfügung stehenden Zeit von seinem Arbeitgeber in Anspruch genommen wird und dabei grundsätzlich im Rahmen des Arbeitsvertrages dessen Weisungen Folge zu leisten hat, will er nicht seine vertraglichen Verpflichtungen verletzen. Die Rechtsnatur des Arbeitsverhältnisses als Schuldverhältnis wird durch diesen "personalen Charakter" nicht berührt. Das Arbeitsverhältnis ist schuldrechtliches Austauschverhältnis, durch das sich der Arbeitnehmer verpflichtet, Arbeit zu leisten, der Arbeitgeber, das vereinbarte Entgelt zu zahlen[134]. Diese beiden Hauptverpflichtungen stehen grundsätzlich in gegenseitiger Abhängigkeit voneinander[135]. Der Arbeitsvertrag ist ein Unterfall des Dienstvertrages im Sinn von § 611 BGB[136]. Er zeichnet sich in der Regel dadurch aus, daß der Arbeitnehmer zumindest in Hinblick auf Ort und Zeit der Arbeitsleistung fremdbestimmte Arbeit leistet[137]. Das Arbeitsverhältnis ist nicht lediglich auf einen einmaligen Leistungsaustausch gerichtet, sondern wird durch ein Zeitelement geprägt und ist deshalb ein Dauerschuldverhältnis[138]. Der "personale Charakter" des Arbeitsverhältnisses führt lediglich dazu, daß dem Arbeitgeber bestimmte Nebenpflichten auferlegt werden.

Will man hingegen aus dem personalen Charakter des Arbeitsverhältnisses darauf schließen, daß jede Arbeitsleistung personengebunden ist und nicht von einem Dritten erbracht werden kann, ohne daß sich der Leistungsinhalt ändert[139], wird damit der personale Charakter des Arbeitsver-

---

132 Zöllner/Loritz, § 11 II 7 b.

133 Während der Zeit des Nationalsozialismus wollte hingegen die durch das Gesetz zur Ordnung der nationalen Arbeit (AOG) bestimmte Arbeitsverfassung sowohl den Unternehmer als auch den einzelnen Beschäftigten "in ihrer ganzen Person" erfassen, Hueck/Nipperdey/Dietz, § 2 AOG RdNr. 16.

134 Soergel-Kraft, Vor § 611 RdNr. 22; Staudinger-Richardi, Vor §§ 611 ff. RdNr. 500 ff.; Schaub, Arbeitsrechts-Handbuch, § 29 I 3.; Söllner, § 28 III 2; Zöllner/Loritz, § 11 II 4, S. 138.

135 Soergel-Kraft, Vor § 611 RdNr. 31.

136 Schaub, Arbeitsrechts-Handbuch, § 29 I 3; Zöllner/Loritz, § 11 II 5; Palandt-Putzo, Vor § 611 RdNr. 4.

137 Soergel-Kraft, Vor § 611, RdNr. 7 ff.

138 Soergel-Kraft, Vor § 611 RdNr. 23; Söllner, § 28 III 2; Zöllner/Loritz, § 11 II 7 a.

139 Vgl. Schaub, DB 1966, 1191.

muß zunächst die Frage geklärt werden, ob und gegebenenfalls inwieweit diese materiellrechtlichen Gesichtspunkte im Zwangsvollstreckungsrecht zu berücksichtigen sind[150].

IV. Die Bedeutung materiellrechtlicher Gesichtspunkte bei der Abgrenzung zwischen vertretbaren und unvertretbaren Handlungen im Sinn von §§ 887, 888 ZPO

1. Abgrenzung nach rein tatsächlichen Gesichtspunkten

Die Begriffe vertretbare und unvertretbare Handlung sind eine Schöpfung von Rechtsprechung und Rechtswissenschaft und werden daher im Gesetz nicht genannt[151]. Nach dem Gesetzeswortlaut des § 887 ZPO ist eine Vollstreckung durch Ersatzvornahme bei Handlungen möglich, "deren Vornahme durch einen Dritten erfolgen kann". Dieser Wortlaut spricht zunächst dafür, eine Abgrenzung zwischen vertretbaren und unvertretbaren Handlungen allein danach vorzunehmen, ob rein tatsächlich, unabhängig von der materiellen Rechtslage, die Vornahme durch einen Dritten erfolgen kann, ohne daß der tatsächliche Erfolg verändert wird. Der Zweck des Zwangsvollstreckungsrechts liegt primär in der Befriedigung des Gläubigers, dessen beherrschende Stellung im Vollstreckungsverfahren sich daraus rechtfertigt, daß er durch den Vollstreckungstitel als Rechtsinhaber legitimiert ist[152]. Das Zwangsvollstreckungsrecht will den Gäubiger in die Lage versetzen, die für ihn bei ordnungsgemäßer Erfüllung durch den Schuldner bestehen würde[153]. Dementsprechend wird von einigen Autoren im zivilprozessualen Schrifttum eine Handlung dann als vertretbar angesehen, wenn sich für den Gläubiger die wirtschaftliche Bedeutung der Handlung nicht dadurch ändert, daß ein Dritter sie vornimmt[154].

2. Die Bedeutung der rechtlichen Zulässigkeit der Vornahme durch Dritte aus der Sicht des Gläubigers

Viele Autoren fordern neben der tatsächlichen Möglichkeit der Ersatzvornahme, daß es für den Gläubiger auch rechtlich gleichgültig ist, ob der

150 G. Lüke, in: FS E. Wolf, S. 463.
151 M. Wolf, JZ 1963, 434.
152 MünchKommZPO-Lüke, Einl. RdNr. 301.
153 M. Wolf, JZ 1963, S. 435.
154 Grunsky; § 62 ArbGG Rdnr.13; W. Lüke, § 85 I (RdNr. 700); Bruns/Peters, § 44 I 1, bejahen eine vertretbare Rechtshandlung sogar bereits dann, wenn deren Kern eine wirtschaftliche Leistung bildet.

Schuldner oder ein Dritter die Handlung vornimmt[155]. Die letztgenannte Definition wird dem Zweck des Zwangsvollstreckungsrechts besser gerecht. Nur wenn der Gläubiger durch die Handlung des Dritten wirtschaftlich und rechtlich zum selben Ergebnis wie bei der Erfüllung durch den Schuldner kommt, wird er so gestellt, als habe der Schuldner ordnungsgemäß erfüllt.

3. "Ergebnisorientiertheit" des Zwangsvollstreckungsrechts

Daß der Gäubiger die Leistung bekommen soll, steht im Zwangsvollstreckungsrecht im Vordergrund[156]. Dieses Ziel wird grundsätzlich nicht durch eine Verwirklichung des schuldnerischen Leistensollens erreicht, sondern durch eine Realisierung der Haftung[157]. Der Schuldner steht mit seinem Vermögen für den Erfolg ein. Man kann insofern die Betrachtungsweise des Zwangsvollstreckungsrechts als "ergebnisorientiert" bezeichnen. Es geht weniger darum, auf welchem Wege der Gläubiger befriedigt wird, als darum, daß er befriedigt wird. Daher ist es für die Zwangsvollstreckung gleichgültig, ob der Schuldner nach der materiellen Rechtslage berechtigt wäre, von sich aus so zu leisten, wie im Vollstreckungsverfahren der Leistungserfolg herbeigeführt wird. Im Zwangsvollstreckungsrecht ist es möglich, daß der Leistungserfolg mit Mitteln herbeigeführt wird, für dic im matcriellen Recht jede Grundlage fehlt[158]. Dies wird etwa bei der Zwangsvollstreckung wegen Geldforderungen (§§ 803 - 882a ZPO) besonders deutlich. Dabei besteht der herzustellende Erfolg darin, daß dem Gläubiger eine unkörperliche Vermögensmacht von bestimmter Größe eines Wertes verschafft wird[159]. Das Gesetz verhilft hier dem Gläubiger zu seinem Recht, indem es Vermögensgegenstände des Schuldners verwerten läßt. So wird etwa bei Versteigerung einer gepfändeten Sache nach § 814 ZPO und Auskehrung des Erlöses an den Gläubiger der herzustellende Erfolg durch einseitigen Hoheitsakt ohne Rücksicht auf materielle Aspekte herbeigeführt[160]. Der Geldschuldner wäre mangels entsprechender Vereinbarung mit dem Gläubiger nach der materiellen Rechtslage nicht berechtigt, diesen durch Überlassung von Vermögensgegenständen zur Verwertung zu befriedigen.

---

155 G. Lüke, Zwangsvollstreckungsrecht, S. 314; ders. in: Lüke/Prütting, Zivilverfahrensrecht, S. 488; Musielak-Lackmann, § 887 RdNr. 8; Jauernig, § 27 II 1; Brox/Walker, RdNr. 1065; Baur/Stürner, Zwangsvollstreckungs- und Insolvenzrecht, § 40 I 1 RdNr. 40.2; Baumbach/Lauterbach-Hartmann, § 887 RdNr. 6.

156 Siber, Der Rechtszwang im Schuldverhältnis, 1903, S. 160 f.

157 Kerwer, S. 228 m.w.N.

158 M. Wolf, JZ 1963, 435.

159 Kerwer, S. 50 m.w.N.

160 Kerwer, S. 52.

Eine Ausnahme von dem Grundsatz, daß in der Zwangsvollstreckung der geschuldete Erfolg ohne Verwirklichung des schuldrechtlichen Leistensollens erreicht wird, ist die Zwangsvollstreckung zur Erwirkung von unvertretbaren Handlungen, Duldungen und Unterlassungen nach §§ 888 - 890 ZPO. Wird diese Vollstreckungsart mit Erfolg durchgeführt, so erbringt der Schuldner selbst die Leistung. Die Aktivität ist hier ausnahmsweise für das Bekommensollen des Gläubigers wesentlich, weil dieses sich nicht auf anderem Wege als durch Ausübung unmittelbaren Zwangs auf den Willen des Schuldners verwirklichen läßt[161].

Hingegen kommt es bei der Vollstreckung nach § 887 ZPO nicht auf die Aktivität des Schuldners an. Die hierbei angestrebte Vornahme einer vertretbaren Handlung wird ohne eine Verwirklichung des schuldnerischen Leistensollens und ohne Berücksichtigung materieller Aspekte herbeigeführt. Es ist daher schon im Ansatz verfehlt, materiellrechtliche Gesichtspunkte aus dem einem Schuldtitel zugrundeliegenden Rechtsverhältnis zur Abgrenzung zwischen vertretbaren und unvertretbaren Handlungen in das Zwangsvollstreckungsrecht zu übertragen[162].

4. Die Berücksichtigung der Zulässigkeit der Ersatzvornahme auf Schuldnerseite

Die Frage danach, ob eine Handlung vom Standpunkt des Schuldners aus durch einen Dritten vorgenommen werden darf, kann insofern für die Entscheidung über die Vollstreckbarkeit nach § 887 ZPO von Bedeutung sein, als sonstige, z.B. gewerberechtliche Vorschriften die Vornahme durch einen Dritten verbieten[163]. Die Zwangsvollstreckung darf nicht zu unerlaubten Handlungen führen[164]. Darüber hinaus kann aber auch der Gesichtspunkt des sozialen Schuldnerschutzes der Vornahme der Handlung durch einen Dritten entgegenstehen. Die Zivilprozeßordnung ist in

---

161 Kerwer, S. 58.

162 G. Lüke, in: FS E. Wolf, S. 464; M. Wolf, JZ 1963, 435.

163 Stein/Jonas-Brehm, § 887 RdNr. 8. Betreibt etwa der Inhaber eines erlaubnisbedürftigen Gaststättengewerbes dieses Gewerbe durch einen Stellvertreter, bedarf er hierfür gem. § 9 GaststG einer Stellvertretungserlaubnis, die für einen bestimmten Stellvertreter erteilt wird. Nach § 28 Abs. 1 Nr. 4 GaststG handelt der Inhaber, der ein Gaststättengewerbe ohne die gem. § 9 GaststG erforderliche Erlaubnis durch einen Stellvertreter betreibt, ordnungswidrig. Auch der Stellvertreter selbst, der ohne die erforderliche Erlaubnis handelt, begeht eine Ordnungswidrigkeit i.S.d. § 28 Abs. 1 Nr. 4 GaststG. Insoweit kann ein Stellvertreter, dem die Erlaubnis erteilt wurde, rechtlich nicht durch einen Dritten, für den die erteilte Erlaubnis nicht gilt, ersetzt werden.

164 Stein/Jonas-Brehm, § 887 RdNr. 8.

der heutigen Fassung bemüht, einen gerechten Ausgleich zwischen den Interessen des Gläubigers an effektivem Rechtsschutz und dem Schutzbedürfnis des Schuldners zu finden[165]. Der Schuldnerschutz kommt im geltenden Recht in zahlreichen Vorschriften zum Ausdruck, z.B. in §§ 811 ff. ZPO (unpfändbare Sachen), §§ 850 ff. ZPO (Pfändungsbeschränkungen für Forderungen), § 765a ZPO[166] (allgemeine Härteklausel zugunsten des Schuldners) und §§ 813 a, 813 b ZPO[167] (zeitweilige Aussetzung der Verwertung)[168]. Auch die Vorschrift des § 887 ZPO berücksichtigt insofern Interessen des Schuldners, als bei vertretbaren Handlungen dem Schuldner die ihn grundsätzlich stärker belastende Vollstreckung durch Zwangsgeld und Zwangshaft (§ 888 ZPO) erspart bleibt[169]. Dies bedeutet nicht etwa, daß eine „Rangordnung" der Vollstreckungsmittel besteht[170]. Die deutsche Zivilprozeßordnung hat bewußt auf den gemeinrechtlichen *gradus executionis* verzichtet, um die Vollstreckung für den Gläubiger effektiver zu gestalten[171]. Zwar gilt für die Zwangsvollstreckung, wie allgemein für staatliche Hoheitsakte, der Verhältnismäßigkeitsgrundsatz[172]. Eine Rangordnung der Vollstreckungsmittel läßt sich hingegen hieraus bereits wegen der Parteidisposition und Parteiverantwortung auf seiten des Schuldners nicht begründen[173]. Sofern dem Gläubiger bzw. Vollstreckungsorgan die Wahl eines milderen Vollstreckungsmittels möglich wäre, läge es auch immer in der Hand des Schuldners, diesen Eingriff durch Erfüllung der titulierten Forderung abzuwenden[174]. Das Fehlen einer Rangordnung der Vollstreckungsmittel zeigt sich auch darin, daß umgekehrt der Gedanke des Schuldnerschutzes auch einer Vollstreckung gemäß § 887 ZPO entgegenstehen, ja sogar ausnahmsweise eine Entscheidung zugunsten der Vollstreckung nach § 888 ZPO erforderlich machen kann. Die Abgrenzung zwischen vertretbaren und unvertretbaren Handlungen danach, ob der Erfolg der Handlung wirtschaftlich und rechtlich für den Gäubiger gleich bleibt, bedarf einer Ergänzung. Es ist zusätzlich zu fragen, ob die Vornahme der geschuldeten Handlung durch einen Dritten vom

---

165 MünchKommZPO-Lüke, Einl RdNr. 329.

166 Die Vorschrift ist durch Art. 1 Nr. 9 2. ZwVollstrNov mit Wirkung ab 01.01.1999 mehrfach erweitert und geändert worden. Zu den Neuregelungen der 2. Zwangsvollstreckungsnovelle Funke, NJW 1998, 1029 ff.

167 § 813 a ZPO a.F. wurde durch Art. 1 Nr. 18 2. ZwVollstrNov zu § 813 b ZPO, § 813 a ZPO n.F. wurde neu eingefügt.

168 MünchKommZPO-Lüke, Einl RdNr. 330.

169 Brox/Walker, RdNr. 1065.

170 MünchKommZPO-Lüke, Einl RdNr. 370.

171 Stürner, ZZP 99 (1986), 301, 303 f.

172 BVerfGE 52, 220; 57, 358; 61, 134.

173 Stürner, ZZP 99 (1986), 305; a.A. Sondervotum Böhmer, NJW 1979, 535.

174 Stürner, ZZP 99 (1986), 305.

Standpunkt des Schuldners aus rechtlich zulässig ist[175]. Dies hat nichts damit zu tun, ob der Schuldner nach dem zugrundeliegenden Rechtsverhältnis berechtigt wäre, die Leistung durch einen Dritten zu erbringen. Die geschuldete Handlung ist nach diesem Kriterium vielmehr nur dann nicht vertretbar, wenn die Vornahme durch einen Dritten z.B. nach gewerberechtlichen Vorschriften unzulässig ist[176] oder aber wenn ausnahmsweise der Gesichtspunkt des Schuldnerschutzes der Vollstreckung nach § 887 ZPO entgegensteht.

Zur Verdeutlichung soll ein Beispiel aus der Rechtsprechung des BGH[177], auf die hier wesentlichen Gesichtspunkte beschränkt, dargestellt werden:

Der Schuldner war vom Landgericht verurteilt worden, "einem beim BGH zugelassenen Rechtsanwalt Prozeßvollmacht zur Aufnahme des Revisionsverfahrens zu erteilen". Der BGH hatte darüber zu entscheiden, ob der Gläubiger die Zwangsvollstreckung dadurch betreiben konnte, daß er sich gemäß § 887 ZPO zur Ersatzvornahme ermächtigen ließ.

Der BGH ließ die (streitige) Frage offen, ob § 887 ZPO überhaupt auf die Abgabe von Willenserklärungen, vor allem die Erteilung einer Vollmacht, angewendet werden kann. Jedenfalls komme für die Erteilung einer Vollmacht zur Vertretung vor Gericht diese Art der Zwangsvollstreckung nicht in Frage. Eine Ersatzvornahme durch den Gläubiger setze nämlich voraus, daß es auch vom Standpunkt des Schuldners aus rechtlich zulässig sei, wenn ein anderer die geschuldete Handlung bewirke. Dies sei aber für die Begründung eines Mandatsverhältnisses zwischen der Partei und ihrem anwaltlichen Vertreter nicht der Fall. Das Rechtsverhältnis des Mandanten zu seinem Prozeßbevollmächtigten sei in seinem Kernbereich durch das Gebot des persönlichen Vertrauens geprägt. Eine Fremdbestimmung bei seiner Begründung, die in der Auswahl des Bevollmächtigten liege, sei hiermit nicht zu vereinbaren. Der BGH verneint auch die Möglichkeit, den Schuldner gemäß § 888 ZPO durch Zwangsgeld oder Zwangshaft dazu anzuhalten, einen vom Gläubiger benannten Anwalt zu bevollmächtigen. Die Rücksicht auf die persönliche Selbstbestimmung des Schuldners habe den Gesetzgeber dazu veranlaßt, die Zwangsvollstreckung zur Eingehung einer Ehe, zur Herstellung des ehelichen Lebens oder zur Leistung von Diensten aus einem Dienstvertrag auszuschließen (§ 888 Abs. 3 ZPO). Bei einem Urteil auf Erteilung einer Prozeßvollmacht schränke sie die sonst dem

---

175 MünchKommZPO-Schilken, § 887 RdNr. 5; Stein/Jonas-Brehm, § 887 RdNr. 6; Zöller-Stöber, § 887 RdNr. 2; BGH, NJW 1995, 464.

176 Dazu FN 163.

177 BGH, NJW 1995, 463 f.

Gläubiger nach § 264 Abs. 1 BGB erlaubte Vollstreckung nach seiner Wahl ein. Hingegen hält es der BGH für zulässig, den Schuldner nach § 888 ZPO zur Vergabe des Mandats überhaupt zu zwingen.

Im vorgenannten Fall macht es für den Gläubiger, sofern er durch das Gericht wirksam hierzu ermächtigt worden ist, wirtschaftlich und rechtlich keinen erkennbaren Unterschied, ob der Schuldner selbst einen Prozeßbevollmächtigten beauftragt oder ob er - der Gläubiger - einen ähnlich qualifizierten Prozeßbevollmächtigten auswählt und ihm Mandat erteilt. Dem Schuldner soll aber im Hinblick auf das besondere Vertrauensverhältnis zwischen dem Mandanten und dem Prozeßbevollmächtigten kein Prozeßbevollmächtigter aufgezwungen werden, den er nicht selbst ausgewählt hat. In diesem Fall geht daher (ausnahmsweise) der Gedanke des Schuldnerschutzes dem Vollstreckungsinteresse des Gläubigers vor. Hingegen ist eine Erzwingung der Bestellung eines vom Schuldner selbst auszuwählenden Anwalts nach § 888 ZPO zulässig, da hierbei dem Schuldner kein vom Gläubiger bestimmter Prozeßbevollmächtigter aufgezwungen wird. Der Schuldner wird ausnahmsweise durch die Zwangsvollstreckung nach § 888 ZPO weniger belastet als durch die nach § 887 ZPO.

Eine vergleichbare Beeinträchtigung schutzwürdiger Schuldnerinteressen liegt hingegen bei der Ersatzvornahme nach § 887 ZPO im Falle vertretbarer Arbeitsleistungen nicht vor. Der Unterschied zum vorgenannten BGH-Fall liegt darin, daß dort der Schuldner selbst der Leistung des Prozeßbevollmächtigten unmittelbar ausgesetzt gewesen wäre. Bei der Ersatzvornahme einer Arbeitsleistung durch einen Dritten wird hingegen nicht der vertragsbrüchige Arbeitnehmer unmittelbar der Leistung des Dritten ausgesetzt, sondern der Arbeitgeber, der sich die Person des Dritten auswählen kann. Der Gesichtspunkt des Schuldnerschutzes steht einer Ersatzvornahme bei vertretbaren Arbeitsleistungen nicht entgegen. Es bleibt also bei dem Vorrang des Gläubigerinteresses an der Realisierung des geschuldeten Leistungserfolges. Die Verpflichtung des Arbeitnehmers, die Kosten der Ersatzvornahme zu tragen, ändert hieran nichts. Darin liegt kein unzulässiger Eingriff in das Arbeitsverhältnis, der vom Titel nicht mehr gedeckt wird und über den Vollstreckungszweck hinausgeht[178].

---

[178] G. Lüke, in: FS E. Wolf, S. 463; zum Umfang der Verpflichtung des Arbeitnehmers zur Kostenerstattung vgl. 2. Kapitel, § 4 II 2.

V. Die Anwendung der §§ 888, 890 ZPO bei vertretbaren Dauerverpflichtungen

1. Der Meinungsstand in Rechtsprechung und Literatur

In Rechtsprechung und Literatur wird teilweise die Auffassung vertreten, daß bei Dauerverpflichtungen und sich fortgesetzt wiederholenden Verpflichtungen eine Vollstreckung nach § 888 ZPO bzw. nach § 890 ZPO zu erfolgen habe, auch wenn jede einzelne geschuldete Handlung tatsächlich und rechtlich gleichwertig durch einen Dritten vorgenommen werden könne[179]. So hat etwa das *OLG Hamm* die Zulässigkeit einer analogen Anwendung des § 890 ZPO für den Fall, daß der Vermieter seiner Verpflichtung zur ordnungsgemäßen Beheizung von Mieträumen nicht nachkommt, bejaht[180]. Gestützt wird diese Auffassung darauf, daß sich je nach Lage des Falles für eine Vollstreckung nach § 887 ZPO große praktische Schwierigkeiten ergeben könnten, die man durch eine analoge Anwendung des § 890 ZPO vermeiden könne[181]. Auch die Auffassung, daß in diesen Fällen § 888 ZPO anzuwenden sei, wird auf praktische Schwierigkeiten einer Vollstreckung nach § 887 ZPO gestützt. Beiden Ansätzen ist die Bemühung gemeinsam, auch bei Dauerverpflichtungen dem Interesse des Gläubigers an der effektiven Durchsetzung seiner Ansprüche Rechnung zu tragen[182].

2. Fehlende Übertragbarkeit dieser Ansätze auf Arbeitsleistungen

Auch der Arbeitsvertrag begründet ein Dauerschuldverhältnis, aus dem die Verpflichtung zur Arbeitsleistung als eine sich fortgesetzt wiederholende Verpflichtung resultiert. Die in Rechtsprechung und Schrifttum am Beispiel der Verpflichtung des Vermieters zur Beheizung von Mieträumen entwickelten Grundsätze sind nicht auf die Verpflichtung des Arbeitnehmers zur Arbeitsleistung übertragbar. Eine Anwendung des § 888 ZPO läßt sich für an sich vertretbare Arbeitsleistungen keinesfalls durch die Bemühung rechtfertigen, dem Gläubigerinteresse gerecht zu werden, da durch

---

179 OLG Hamm, JMBl NRW 1962, 196 f.; LG Koblenz, NJW-RR 1986, 506; Petermann, Rpfl 1959, 310 f.

180 OLG Hamm, JMBl NRW 1962, 196 f.

181 OLG Hamm, JMBl NRW 1962, 196 f.

182 So stellt etwa das OLG Hamm, JMBl NRW 1962, 196, für die Entscheidung zwischen der Vollstreckung nach § 887, § 888 oder § 890 ZPO entscheidend auf das Interesse des Gläubigers an der Erfüllung der Verpflichtung des Schuldners ab, wobei die Belange des Schuldners grundsätzlich im Hintergrund bleiben sollen.

sie gerade eine Vollstreckung verhindert würde. Die Regelung des § 888 Abs. 3 ZPO verbietet es, den Arbeitnehmer gemäß § 888 Abs. 1 ZPO durch Zwangsgeld oder Zwangshaft zur Arbeitsleistung anzuhalten. Gegen eine Ersatzvornahme nach § 887 ZPO im Falle der Verpflichtung zur Beheizung von Mieträumen wird angeführt, daß zum Zwecke der Ersatzvornahme ständig eine dritte Person zur Stelle sein müßte, um die geschuldete Handlung statt des Schuldners vorzunehmen. Daraus ergebe sich praktisch die Notwendigkeit der Anstellung eines Heizers, was aber wegen der beträchtlichen Kosten den Schuldner ganz erheblich belasten würde[183].

Auf die Belastung des Schuldners durch die Ersatzvornahme abzustellen, ist aber schon für die Heizungsfälle nicht schlüssig. Der Schuldner braucht hier nur die geschuldete Handlung vorzunehmen, um die ihm durch die Ersatzvornahme entstehenden Kosten zu vermeiden. Bei der Vollstreckung nach § 888 ZPO droht ihm die wiederholte Anordnung von Zwangsgeld und Zwangshaft[184]. Auch bei der Vollstreckung entsprechend § 890 ZPO kann wegen jeder Zuwiderhandlung ein Ordnungsgeld oder Ordnungshaft festgesetzt werden. Verletzt der Vermieter fortwährend seine Verpflichtung zur ordnungsgemäßen Beheizung, wird ihn also auch eine Vollstreckung gemäß § 888 ZPO bzw. § 890 ZPO erheblich belasten. Keinesfalls kann die Belastung des Schuldners einer Ersatzvornahme nach § 887 ZPO bei Arbeitsleistungen entgegenstehen. Denn die Anstellung eines Dritten zum Zwecke der Ersatzvornahme ist hier gerade die adäquate Reaktion auf das Fernbleiben des Arbeitnehmers. Durch sie werden keine Kosten verursacht, die den Arbeitnehmer unverhältnismäßig stark belasten. Daß die Verpflichtung zur Arbeitsleistung eine sich fortgesetzt wiederholende Verpflichtung ist, führt demnach nicht dazu, daß auch auf vertretbare Arbeitsleistungen § 888 ZPO Anwendung findet[185].

Eine analoge Anwendung des § 890 ZPO bei Arbeitsleistungen scheitert neben den zuvor genannten Gründen bereits an dem vorliegen einer planwidrigen Regelungslücke. Der Gesetzgeber hat durch § 888 Abs. 3 ZPO eindeutig zum Ausdruck gebracht, daß er die Anhaltung eines Arbeitnehmers durch Zwangsgeld oder Zwangshaft zur Arbeitsleistung für unzulässig gehalten hat. Auch die Ordnungsmittel des § 890 ZPO dienen in erster Linie der Beugung des Schuldnerwillens[186]. Davon, daß der Ge-

---

183 OLG Hamm, JMBl NRW 1962, 197.

184 Zöller-Stöber, § 888 RdNr. 8.

185 Vgl. a. Schilken, in: MünchKommZPO, § 888 RdNr. 7, der allgemein auch für vertretbare Handlungen, die Teil einer Dauerverpflichtung sind, keinen Anlaß sieht, nach § 888 ZPO oder § 890 ZPO statt nach § 887 ZPO zu verfahren.

186 G. Lüke in: Lüke/Prütting, S. 492, der daneben auch repressive Elemente bejaht; Musielak-Lackmann, § 890 RdNr. 1.

setzgeber planwidrig die Regelung der Festsetzung von Ordnungsgeld und Ordnungshaft zur Erzwingung einer Arbeitsleistung unterlassen hat, hingegen die Anordnung von Zwangsgeld und Zwangshaft nach § 888 ZPO bewußt ausgeschlossen hat, kann daher nicht ausgegangen werden. Zusammenfassend läßt sich festhalten, daß auch der Umstand, daß die Verpflichtung zur Arbeitsleistung eine sich fortgesetzt wiederholende Verpflichtung ist, nicht einer Vollstreckung nach § 887 ZPO entgegensteht.

VI. Der Schutz von Würde und Freiheit des Arbeitnehmers durch die Systematik der §§ 887, 888 ZPO

Soweit im arbeitsrechtlichen Schrifttum Bedenken gegen die Vollstreckung nach § 887 ZPO in Hinblick auf Würde und Freiheit des Arbeitnehmers beziehungsweise dessen Persönlichkeitsbereich geäußert werden[187], sind diese unbegründet. Würde und Freiheit des Arbeitnehmers werden im Gegenteil durch die Vorschriften der §§ 887, 888 Abs. 1, 3 ZPO im Vollstreckungsverfahren besonders berücksichtigt[188].

1. Schutz durch § 888 Abs. 3 ZPO bei unvertretbaren Arbeitsleistungen

Bei unvertretbarer Arbeitsleistungen ist zu unterscheiden, ob die geschuldete Handlung ausschließlich vom Willen des Arbeitnehmers abhängt oder ob eine zusätzliche Abhängigkeit besteht.

Ist eine unvertretbare Arbeitsleistung nicht ausschließlich vom Willen des Schuldners abhängig, scheidet eine Zwangsvollstreckung schon nach § 888 Abs. 1 ZPO aus. Hindernisse für die Vornahme einer Handlung durch den Schuldner können sich ergeben, wenn die Beteiligung Dritter notwendig ist. Wenn die Mitwirkung des oder der Dritten von vornherein ausgeschlossen ist, wäre es zwecklos und unbillig zu versuchen, den Willen des Schuldners durch Zwangsgeld oder Zwangshaft zu beugen[189]. Aber nicht nur die Notwendigkeit der Mitwirkung Dritter, sondern auch die notwendige Anwendung besonderer Fähigkeiten des Schuldners kann einer Vollstreckung nach § 888 Abs. 1 ZPO entgegenstehen. Dies kann der Fall sein bei unvertretbaren künstlerischen oder wissenschaftlichen Leistungen[190]. Fehlen die notwendigen Fähigkeiten bei dem Schuldner, so wäre es sinnlos, wenn versucht würde, seinen Willen durch die Zwangsmittel des § 888

---

187 Feller, RdA 1963, 129.
188 G. Lüke, in: FS E. Wolf, S. 464; M. Wolf, JZ 1963, 435.
189 MünchKommZPO-Schilken, § 888 RdNr. 8.
190 MünchKommZPO-Schilken, § 888 RdNr. 7 m.w.N.

Abs. 1 ZPO zu beugen. Bei unvertretbaren künstlerischen oder wissenschaftlichen Leistungen wird aber der Schuldner in der Regel wegen fehlender Weisungsgebundenheit und Fremdbestimmtheit der Leistung kein Arbeitnehmer sein, womit diesen Fällen für das Thema der vorliegenden Arbeit nur untergeordnete Bedeutung zukommt.

Ist eine unvertretbare Arbeitsleistung ausschließlich vom Willen des Arbeitnehmers abhängig, so kann dieser wegen § 888 Abs. 3 ZPO nicht gezwungen werden, die geschuldete Arbeit zu leisten. Die Vorschrift wurde von der Reichtagskommission in den Entwurf der ZPO-Novelle von 1898 mit der Begründung eingefügt, daß es "den heutigen freiheitlichen Anschauungen kaum entsprechen dürfte, jemanden durch Geldstrafen oder gar durch Haft in seinem Dienste festzuhalten"[191]. Die Gegenmeinung, die der Auffassung war, bei unvertretbaren Diensten sei der Zwang das einzige Mittel, um dem Gläubiger zu dem zu verhelfen, worauf er einen titulierten Anspruch habe, konnte sich nicht durchsetzen[192]. Dieser Gegenmeinung ist allerdings zuzugeben, daß der Arbeitnehmer nicht gezwungen wird, einen bestimmten Arbeitsvertrag abzuschließen. Zudem steht ihm die Möglichkeit der Kündigung offen. Ob es daher tatsächlich "den heutigen freiheitlichen Anschauungen" oder gar Art. 12 Abs. 2, 3 GG zuwiderliefe, einen Arbeitnehmer gemäß § 888 Abs. 3 ZPO durch Zwangsgeld zur Erfüllung seiner freiwillig eingegangenen vertraglichen Verpflichtung anzuhalten, erscheint zweifelhaft. Dies kann aber wegen des eindeutigen Wortlautes des § 888 Abs. 3 ZPO nur de lege ferrenda berücksichtigt werden. Jedenfalls ist ein hinreichender Schutz von Würde und Freiheit des Arbeitnehmers, der eine unvertretbare Arbeitsleistung schuldet, de lege lata gewährleistet.

2. Vermeidung der Anwendung unmittelbaren Zwangs bei vertretbaren Arbeitsleistungen durch § 887 ZPO

Sofern eine vertretbare Arbeitsleistung geschuldet wird, bewahrt die Vollstreckung durch Ersatzvornahme (§ 887 ZPO) den Arbeitnehmer vor dem Einsatz unmittelbaren Zwanges[193]. Da hier die Arbeitsleistung durch einen Dritten erbracht werden kann, besteht keine Notwendigkeit, den Arbeitnehmer zur Arbeitsleistung zu zwingen. Das Fehlen einer dem § 888 Abs. 3 ZPO entsprechenden Regelung für § 887 ZPO läßt erkennen, daß auch vom Gesetzgeber in der Zwangsvollstreckung nach § 887 ZPO keine Gefahren einer Verletzung von Würde und Freiheit des Arbeitnehmers ge-

191 Mugdan, Die gesamten Materialien zu den Reichs-Justizgesetzen, S. 427.
192 Mugdan, Die gesamten Materialien zu den Reichs-Justizgesetzen, S. 427.
193 G. Lüke, in: FS E. Wolf, S. 464.

sehen wurden. Dem Schuldner einer vertretbaren Handlung verbleibt grundsätzlich die freie Wahl, ob er die geschuldete Handlung selbst vornimmt oder die Kosten der Ersatzvornahme trägt[194]. Zwar ist in den Fällen, in denen die Kosten der Ersatzvornahme die finanzielle Leistungsfähigkeit des Arbeitnehmers überschreiten, eine mittelbare Zwangslage des Arbeitnehmers nicht von der Hand zu weisen. Die hier bestehende Zwangslage unterscheidet sich aber nicht von der, die durch die Möglichkeit der Inanspruchnahme auf Schadensersatz ausgelöst wird[195]. Die Inanspruchnahme des Arbeitnehmers auf Schadensersatz wird aber auch von der h.M. im arbeitsrechtlichen Schrifttum für zulässig gehalten. In der Verpflichtung des Arbeitnehmers, die Kosten der Ersatzvornahme zu tragen, kann ebensowenig wie in der Schadensersatzpflicht ein Verstoß gegen seine Würde oder Freiheit gesehen werden. Die Ersatzvornahme beinhaltet auch keine Umgehung des § 888 Abs. 3 ZPO, wie insbesondere § 61 Abs. 2 ArbGG zeigt[196].

VII. Anwendung der Kriterien zur Abgrenzung von vertretbaren und unvertretbaren Arbeitsleistungen

1. Stellungnahme zu Abgrenzungstendenzen in der Literatur

Daß die Abgrenzung zwischen vertretbaren und unvertretbaren Arbeitsleistungen problematisch sein kann, zeigt sich im Ergebnis daran, daß innerhalb der zivilprozessualen Auffassung die Frage, in welcher Häufigkeit vertretbare Arbeitsleistungen im Vergleich zu unvertretbaren Arbeitsleistungen vorliegen, sehr unterschiedlich beantwortet wird:

Einige Autoren gehen davon aus, daß Leistungen aus Arbeitsverhältnissen regelmäßig vertretbare Handlungen seien[197]. Andere sind der Meinung, daß es bei Dienst- und Arbeitsleistungen häufig auf die Person des Schuldners ankomme und deswegen auch oft unvertretbare Handlungen geschuldet würden[198]. Wieder andere sehen vertretbare Arbeitsleistungen als Ausnahme, unvertretbare als die Regel an[199].

---

194 M. Wolf, JZ 1963, 435.

195 G. Lüke, in: FS E. Wolf, S. 464; M. Wolf, JZ 1963, 435.

196 M. Wolf, JZ 1963, 435; Stein/Jonas-Brehm, § 888 RdNr. 41.

197 Grunsky, Grundzüge des Zwangsvollstreckungs- und Insolvenzrechts, RdNr. 49; Baumbach/Lauterbach-Hartmann, § 887 RdNr. 20; Stein/Jonas-Grunsky, Vor § 935 RdNr. 66.

198 Rosenberg/Gaul/Schilken, § 71 I 1.

199 Germelmann/Matthes/Prütting, § 62 RdNr. 48.

Diese unterschiedliche Wertung dürfte kaum daran liegen, daß die Autoren der Abgrenzung teilweise verschiedene Definitionen zugrundelegen. Alle Autoren sehen als wesentliches Merkmal einer vertretbaren Handlung an, daß für den Gläubiger der wirtschaftliche Erfolg der Handlung bei Vornahme durch einen Dritten gleich bleibt[200]. Daß teilweise zudem noch weitere Gesichtspunkte herangezogen werden, ist für die Frage der Vertretbarkeit von Arbeitsleistungen im Ergebnis von untergeordneter Bedeutung. Es wurde bereits aufgezeigt, daß das zusätzliche Kriterium der rechtlichen Zulässigkeit aus der Sicht des Schuldners[201] der Vertretbarkeit von Arbeitsleistungen nicht entgegensteht. Insofern dürfte dieses Kriterium nicht für die Unterschiede innerhalb der zivilprozessualen Auffassung verantwortlich sein.

Germelmann/Matthes/Prütting begründen ihre Auffassung, Arbeitsleistungen seien nur ausnahmsweise vertretbar, damit, der Gesetzgeber habe mit § 888 Abs. 3 ZPO zum Ausdruck gebracht, daß er im Regelfall die Leistung von Diensten als unvertretbare Handlung ansehe[202]. Dieser Begründung kann nicht zugestimmt werden. Zum einen hat der Gesetzgeber die Regelung des § 888 Abs. 3 ZPO lediglich auf § 888 Abs. 1 ZPO bezogen, ohne dabei erkennen zu lassen, daß für ihn Arbeitsleistungen regelmäßig unvertretbare Handlungen sind. Zum anderen könnte eine derartige Einschätzung des Gesetzgebers kaum Einfluß darauf haben, ob aus heutiger Sicht die wirtschaftliche und rechtliche Bedeutung einer Arbeitsleistung für den Arbeitgeber gleich bleibt, wenn ein Dritter sie vornimmt. Gerade diese wirtschaftliche und rechtliche Bedeutung für den Gläubiger ist aber für die Abgrenzungen zwischen vertretbaren und unvertretbaren Handlungen entscheidend. Ob danach die konkrete Arbeitsleistung eine vertretbare oder unvertretbare Handlung darstellt, kann nur im Einzelfall entschieden werden[203].

Entschieden wird diese Frage durch das Prozeßgericht erster Instanz in dem nach § 887 ZPO erforderlichen Ermächtigungsbeschluß, wobei in Zweifelsfällen ausschlaggebend sein kann, daß der Arbeitgeber die Vornahme durch einen Dritten für ausreichend hält und damit sein vollstrek-

---

200 Bruns/Peters, § 44 I 2; Grunsky, Grundzüge des Zwangsvollstreckungs- und Insolvenzrechts, RdNr. 49; Baumbach/Lauterbach-Hartmann, § 887 RdNr. 8; Stein/Jonas-Brehm, § 887 RdNr. 6; Wieczorek-Storz, § 887 RdNr. 3; Rosenberg/Gaul/Schilken, § 71 I 1; Germelmann/Matthes/Prüt-ting, § 62 RdNr. 48.

201 Stein/Jonas-Münzberg, § 887 RdNr. 6.

202 Germelmann/Matthes/Prütting, § 62 RdNr. 48.

203 M. Wolf, JZ 1963, 436.

kungsrechtliches Interesse als befriedigt ansieht[204]. Der Grund hierfür liegt darin, daß es im Zwangsvollstreckungsrecht primär um das Vollstreckungsinteresse des Gläubigers geht und somit im Zweifel seine Einschätzung ausschlaggebend sein kann[205]. Hingegen kann es dem Gläubiger aber nicht überlassen bleiben, jede Arbeitsleistung als vertretbar zu behandeln[206]. Ist es unzweifelhaft, daß eine Handlung wirtschaftlich und tatsächlich nur von dem Schuldner erbracht werden kann, so gebietet es der Vorrang des Gläubigerinteresses nicht, die Handlung als vertretbar zu behandeln. Das Zwangsvollstreckungsrecht soll dem Gläubiger keinen Leistungserfolg verschaffen, der ihm bei Vornahme der Handlung durch den Schuldner nicht zugekommen wäre.

2. Beispiele

a. Vertretbare Handlungen

Die wirtschaftliche und rechtliche Bedeutung einer Arbeitsleistung für den Arbeitgeber wird bei Tätigkeiten einfacher Natur, die keine besondere Ausbildung erfordern, generell gleich bleiben, wenn ein Dritter anstelle des vertragsbrüchigen Arbeitnehmers ordnungsgemäß erfüllt. Derartige Tätigkeiten werden in der Regel vorliegen bei Hilfsarbeitern, einfachen Fließbandarbeitern, Bedienung in der Gastronomie, Reinigungskräften, Telefonisten, Kassiererinnen, einfachen Verkäufern, Bürohilfen, usw.

Auch bei den meisten "einfachen" Ausbildungsberufen wird es für den Arbeitgeber gleich sein, wenn ein Dritter die Arbeit des vertragsbrüchigen Arbeitnehmers leistet, z.B. bei Schlossern, Klempnern, Maurern, Gipsern usw.

Eine vertretbare Handlung kann nicht nur bei relativ einfachen, untergeordneten Tätigkeiten vorliegen, sondern auch bei höherwertigen, sofern ein Dritter verfügbar ist, der entsprechende Fähigkeiten besitzt, um die Arbeit des Schuldners vollwertig leisten zu können[207]. Dies wird auch bei vielen höher qualifizierten und eine längere Ausbildung erfordernden Berufen der Fall sein. So ist z.B. auch die Tätigkeit eines Zahntechnikers und eines Kfz-Meisters eine vertretbare Handlung i.S.d. § 887 ZPO. Selbst die Tätigkeit eines Informatikers oder eines Ingenieurs wird häufig mit dem gleichen Erfolg durch einen Dritten zu erbringen und damit vertretbar sein.

---

204 G. Lüke, in: FS E. Wolf, S. 465; Stein/Jonas-Münzberg, § 887 RdNr. 7.

205 G. Lüke, in: FS E. Wolf, S. 465.

206 So aber Siber, Der Rechtszwang im Schuldverhältnis, S. 163; Schwerdtner, in: FS Hilger/Stumpf, S. 649; Stoffels, S. 70 f.

207 G. Lüke, in: FS E. Wolf, S. 465.

b. Unvertretbare Handlungen

Unvertretbar ist die Tätigkeit dann, wenn nur der vertragsbrüchige Arbeitnehmer die erforderliche Qualifikation und Erfahrung besitzt, die geschuldete Arbeit zu leisten. Dies ist etwa dann der Fall, wenn eine Tätigkeit eine längere, individuelle Einarbeitung an speziellen, nur bei diesem Arbeitgeber vorhandenen Maschinen erfordert und kein anderer Arbeitnehmer zur Verfügung steht, der bereits in die entsprechende Aufgabe eingearbeitet wurde. Ebenso ist dies im Einzelfall z.B. dann vorstellbar, wenn ein in einer Klinik angestellter Arzt aufwendig für eine spezielle, nur in dieser Klinik praktizierte Behandlungsmethode geschult wurde. Unvertretbar ist die Leistung eines Arbeitnehmers auch, wenn der mit der Tätigkeit bezweckte Erfolg ausschließlich an die Person des Arbeitnehmers anknüpft. Dies ist z.B. der Fall, wenn ein bekannter Sportler als Angestellter für ein Unternehmen tätig werden soll, um hierdurch einen Werbeeffekt zu erzielen. In diesen Fällen ist die Vollstreckung wegen § 888 Abs. 3 ZPO ausgeschlossen.

2. Kapitel

Einzelprobleme der Zwangsvollstreckung nach § 887 ZPO

Nach § 62 Abs. 2 ArbGG finden im Urteilsverfahren vor den Arbeitsgerichten - abgesehen von den durch § 62 Abs. 1 ArbGG bestimmten Besonderheiten bei der vorläufigen Vollstreckbarkeit - auf die Zwangsvollstreckung einschließlich des Arrests und der einstweiligen Verfügung die Vorschriften des 8. Buches der ZPO, also der §§ 704 bis 945 ZPO, Anwendung.

Während in Zwangsvollstreckungsverfahren grundsätzlich nach § 764 Abs. 1, 2 ZPO auch für arbeitsgerichtliche Titel das Amtsgericht Vollstreckungsgericht ist, hat die Erzwingung von Handlungen und Unterlassungen nach §§ 887 ff. ZPO durch das Prozeßgericht des ersten Rechtszuges zu erfolgen[1]. Zuständig für die Ermächtigung zur Ersatzvornahme nach § 887 ZPO ist daher im Falle des vertragsbrüchigen Arbeitnehmers das Arbeitsgericht[2].

Gemäß § 891 Satz 1 ZPO können die nach §§ 887 bis 890 ZPO zu erlassenden Entscheidungen ohne mündliche Verhandlung ergehen. Die entsprechenden Beschlüsse werden daher nach § 53 Abs. 1 Satz 1 ArbGG grundsätzlich durch den Vorsitzenden allein gefaßt. Dem Arbeitnehmer ist vor der Entscheidung gemäß § 891 Satz 2 ZPO rechtliches Gehör zu gewähren.

Sofern der Arbeitnehmer gemäß § 61 Abs. 2 Satz 1 ArbGG zur Leistung von Entschädigung für den Fall, daß er die Handlung nicht binnen einer bestimmten Frist vornimmt, verurteilt worden ist, schließt § 61 Abs. 2 Satz 2 ArbGG die Zwangsvollstreckung nach § 887 ZPO aus. Ist dem Antrag auf Gewährung einer Entschädigung nicht stattgegeben worden, so kann das Urteil nach § 887 ZPO vollstreckt werden[3].

---

1 Germelmann/Matthes/Prütting, § 62 RdNr. 46.
2 Germelmann/Matthes/Prütting, § 62 RdNr. 46.
3 Germelmann/Matthes/Prütting, § 61 RdNr. 39.

§ 3 Gläubigerantrag nach § 887 Abs. 1 ZPO und Ermächtigungsbeschluß

I. Antrag auf Ermächtigung zur Ersatzvornahme nach § 887 Abs. 1 ZPO im Falle künftig vorzunehmender Handlungen

1. Problemstellung und Streitstand

Eine Zwangsvollstreckung nach § 887 ZPO ist ausgeschlossen, wenn sich im Vollstreckungsverfahren ergibt, daß die Vollstreckung nicht mehr möglich ist, weil die Handlung nicht mehr vorgenommen werden kann[4]. Arbeitsleistungen sind häufig nicht nachholbar, so daß in vielen Fällen mit der Nichterbringung Unmöglichkeit eintritt[5]. Beantragt der Arbeitgeber, ihn gemäß § 887 Abs. 1 ZPO zu ermächtigen, auf Kosten des Schuldners eine bereits versäumte, objektiv unmöglich gewordene Arbeitsleistung vornehmen zu lassen, so ist der Antrag zurückzuweisen[6].

Aus den vorgenannten Gründen wird das Arbeitsgericht im Verfahren nach § 891 ZPO meist über einen Antrag des Arbeitgebers auf Ermächtigung zur Ersatzvornahme für erst künftig vom Arbeitnehmer zu erbringende Arbeitsleistungen zu entscheiden haben. Die Frage, ob nach § 887 Abs. 1 ZPO eine solche Ermächtigung für die Zukunft möglich ist, wird in Literatur und Rechtsprechung nicht einheitlich beantwortet.

Teilweise wird die Auffassung vertreten, eine Ermächtigung gemäß § 887 ZPO könne sich nicht vorsorglich auf künftig vorzunehmende Handlungen des Schuldners erstrecken[7]. Ein entsprechender Antrag des Gläubi-

---

4 MünchKommZPO-Schilken, § 887 RdNr. 8.

5 S. 1. Kapitel, § 1 IV.

6 Stein/Jonas-Brehm, § 887 RdNr. 23; MünchKommZPO-Schilken, § 887 RdNr. 8; Baumbach/Lauterbach-Hartmann, § 887 RdNr. 16 m.w.N. Begründet wird dies teilweise damit, daß im Fall der objektiven Unmöglichkeit der Ersatzvornahme das Rechtsschutzinteresse für ein Vorgehen nach § 887 ZPO fehle (so z.B. Baumbach/Lauterbach-Hartmann, a.a.O. m.w.N). Indes dürfte es nicht erforderlich sein, zur Ablehnung des Antrages auf das Rechtsschutzbedürfnis zurückzugreifen; es fehlt nicht (lediglich) ein schutzwürdiges Interesse des Gläubigers an einer - grundsätzlich möglichen - Ersatzvornahme. Vielmehr ist der Antrag deswegen abzuweisen, weil dem Titel die erforderliche Vollstreckbarkeit fehlt (MünchKommZPO-Schilken, a.a.O. m.w.N.). Der Arbeitnehmer hat das Vorliegen der objektiven Unmöglichkeit zu beweisen (Stein/Jonas-Brehm, a.a.O.; MünchKomm-ZPO-Schilken, a.a.O.).

7 OLG Hamm, JMBl NRW 1962, 197; vgl.a. Brehm, in: Stein/Jonas, § 887 RdNr. 22, der aber für wiederkehrende Leistungen bzw. Dauerverpflichtungen wohl eine zeitlich begrenzte Ermächtigung auch im voraus für notwendig und zulässig hält (§ 887 RdNr. 11 a.E., RdNr. 12 u. FN 64).

gers sei daher zurückzuweisen[8]. Dies solle auch gelten, wenn der Schuldner unstreitig bisher seinen Verpflichtungen nicht nachgekommen ist und sich auch weiterhin weigert, sie zu erfüllen[9].

Zur Begründung wird angeführt, eine dem § 259 ZPO entsprechende Regelung gebe es für die Zwangsvollstreckung nicht. Dem Gläubiger könne daher keine Ermächtigung für die Zukunft erteilt werden, wenn den Umständen nach zu besorgen sei, daß der Schuldner sich der rechtzeitigen Leistung entziehen werde[10]. So hat etwa das *LG Münster*[11] zugunsten eines Schuldners, dem im Wege einer einstweiligen Verfügung u.a. die künftige Reinigung einer Treppe "ab sofort" aufgegeben worden war, entschieden, der Gläubiger könne nur ermächtigt werden, die bisher unterbliebene Treppenreinigung nachzuholen. Für künftige Pflichtverletzungen des Schuldners müsse der Gläubiger jeweils erneut den Weg des § 887 ZPO hinsichtlich der unterlassenen Handlungen beschreiten.

Hingegen hat etwa das *LG Mannheim* im Falle eines Schuldners, der sich verpflichtet hatte, vom 1.1. bis zum 30.4. eines jeden Jahres die Sammelheizung eines Wohnhauses zu bedienen, den Gläubiger im voraus ermächtigt, die Heizungsbedienung bis zum 30.4.1960 auf Kosten des Schuldners vornehmen zu lassen[12].

2. Stellungnahme

Für die Auffassung, eine Ermächtigung gemäß § 887 ZPO könne sich nicht vorsorglich auf künftig vorzunehmende Handlungen des Schuldners erstrecken, spricht zunächst der Wortlaut des § 887 Abs. 1 ZPO. Hiernach ist die Ersatzvornahme für den Fall vorgesehen, daß der Schuldner die Verpflichtung zur Vornahme einer vertretbaren Handlung nicht erfüllt[13]. In § 751 Abs. 1 ZPO ist geregelt, daß bei einem Anspruch, dessen Geltendmachung vom Eintritt eines bestimmten Kalendertages abhängig ist, die Zwangsvollstreckung nur beginnen darf, wenn der Kalendertag abgelaufen ist. § 751 ZPO gilt für sämtliche Vollstreckungsarten[14] und damit auch für die Vollstreckung nach § 887 ZPO. Eine Abhängigkeit vom Eintritt eines Kalendertages besteht in der Regel für den Anspruch auf Ar-

---

8 Stein/Jonas-Brehm, § 887 RdNr. 22.

9 LG Münster, JMBl NRW 1950, 32; OLG Hamm, JMBl NRW 1962, 197.

10 LG Münster, JMBl NRW 1950, 32; OLG Hamm JMBl NRW 1962, 197.

11 LG Münster, JMBl NRW 1950, 31 f.

12 LG Mannheim, ZMR 1962, 313 f.

13 Vereinzelt wird demgegenüber vertreten, die Eingangsworte des § 887 Abs. 1 ZPO seien nur als besondere Kennzeichnung des Vollstreckungsfalls anzusehen; OLG München, NJW-RR 1988, 23.

14 MünchKommZPO-Heßler, § 751 RdNr. 4.

beitsleistung. Denn der jeweilige Teil der Arbeitsleistung eines Arbeitnehmers wird von ihm für jeden einzelnen Arbeitstag erst geschuldet, wenn dieser Arbeitstag begonnen hat. Von dem Arbeitnehmer kann montags nicht gefordert werden, daß er auch schon die für den Rest der Woche geschuldete Arbeitsleistung erbringt. Sowohl die Eingangsworte des § 887 ZPO als auch die Formulierung des § 751 Abs. 1 ZPO scheinen eine Ermächtigung erst nach Nichtvornahme der geschuldeten Handlung zuzulassen.

Stellt man aber auf Sinn und Zweck von § 887 und § 751 Abs. 1 ZPO ab, so erscheint es zweifelhaft, eine Ermächtigung nach § 887 ZPO immer davon abhänig zu machen, daß die geschuldete Handlung bereits versäumt worden ist.

§ 887 ZPO soll es dem Gläubiger ermöglichen, im Falle einer Verpflichtung zur Vornahme vertretbarer Handlungen an Stelle und auf Kosten des vertragsbrüchigen Schuldners die geschuldete Handlung vornehmen zu lassen. Dürfte ein entsprechender Ermächtigungsbeschluß erst nach Fälligkeit der Forderung ergehen, so hätte dies zur Folge, daß die Regelung des § 887 ZPO für absolute Fixschulden, die eine vertretbare Handlung zum Gegenstand haben, versagt. Bei solchen Fixschulden kann nur eine Ermächtigung vor Fälligkeit zu dem durch § 887 ZPO angestrebten Vollstreckungserfolg führen, da ansonsten gleichzeitig mit der Nichterfüllung Unmöglichkeit eintritt[15]. Deutlich wird dies gerade am Beispiel nicht nachholbarer, vertretbarer Arbeitsleistungen[16]. Wartet der Arbeitgeber hier ab, bis der Arbeitnehmer für einen bestimmten Zeitabschnitt seinem Arbeitsplatz ferngeblieben ist, wird eine Ersatzvornahme bezüglich der in diesem Zeitabschnitt versäumten Arbeit unmöglich. § 887 ZPO könnte dem Gläubiger einer absoluten Fixschuld nicht zur Realisierung seines Anspruchs verhelfen. Es ist aber davon auszugehen, daß der Gesetzgeber im 8. Buch der ZPO ein vollständiges Regelwerk zur Durchsetzung aller Arten von Ansprüchen bereitstellen wollte. Soweit der Gesetzgeber ausnahmsweise für bestimmte Ansprüche eine (bestimmmte) Vollstreckung ausschließen wollte, hat er entsprechende Vollstreckungsverbote ausdrücklich durch entsprechende Regelungen festgelegt (vgl. § 888 Abs. 3 ZPO). Zur Erwirkung vertretbarer Handlungen ist die Vollstreckung nach § 887 ZPO vorgesehen. Weder in § 887 noch in einer sonstigen Vorschrift des Zwangsvollstreckungsrechts findet sich eine Regelung, die für bestimmte vertretbare Handlungen eine Vollstreckung nach § 887 ZPO ausschließt. Demnach ist davon auszugehen, daß der Gesetzgeber für alle

---

15 Ähnlich LG Mannheim, ZMR 1962, 314; vgl.a. Stein/Jonas-Brehm, § 887 FN 64.

16 Dazu 1. Kapitel, § 1 IV.

Verpflichtungen, die eine vertretbare Handlung zum Gegenstand haben, eine Vollstreckung nach § 887 ZPO ermöglichen wollte. Dies gilt auch für absolute Fixschulden, für die weder eine besondere Vollstreckungsart besteht, noch die Vollstreckung ausdrücklich ausgeschlossen ist. Ist aber für absolute Fixschulden, die eine vertretbare Handlung zum Gegenstand haben, eine Vollstreckung nach § 887 Abs. 1 ZPO vorgesehen, muß diese Vorschrift eine Ermächtigung vor Fälligkeit zulassen.

Aber auch bei nachholbaren Arbeitsleistungen[17] sowie bei sonstigen sich fortlaufend wiederholenden Verpflichtungen, die keine absoluten Fixschulden sind, ist eine Ermächtigung vor Fälligkeit zweckmäßig. Muß der Arbeitgeber immer wieder abwarten, bis ein Teil der Arbeitsleistung nicht rechtzeitig erbracht worden ist, bevor er im Wege der Ersatzvornahme einen Dritten zur Nachleistung einsetzen kann, wird der Eintritt von vermeidbaren Verzugsschäden gefördert.

§ 751 Abs. 1 ZPO soll demgegenüber lediglich verhindern, daß eine Vollstreckungsmaßnahme wirksam wird, bevor die Fälligkeit des zu vollstreckenden Anspruchs eingetreten ist[18]. Der Gläubiger soll durch die Zwangsvollstreckung nicht besser gestellt werden, als er bei ordnungsgemäßer Erfüllung stünde.

Ist etwa die Geltendmachung einer Forderung des Gläubiger auf Herausgabe einer beweglichen Sache von dem Eintritt eines bestimmten Kalendertages abhängig und kommt dies im Vollstreckungstitel zum Ausdruck, so verhindert § 751 Abs. 1 ZPO, daß der Gerichtsvollzieher die Sache bereits vorher wegnimmt und dem Gläubiger übergibt (§ 883 Abs. 1 ZPO). Auch wird vermieden, daß der Gläubiger bei einer Pfändung vor Eintritt der Fälligkeit einen besseren Pfändungsrang (§ 804 Abs. 3 ZPO) erhält, als er ihm bei einer Pfändung nach Fälligkeit der titulierten Forderung zustünde[19]. Neben den Interessen des Schuldners schützt § 751 Abs. 1 ZPO daher auch die Interessen dritter Gläubiger. Durch einen vor Fälligkeit erfolgenden Ermächtigungsbeschluß gemäß § 887 ZPO können aber die Interessen dritter Gläubiger nicht beeinträchtigt werden. Diese Funktion des § 751 Abs. 1 ZPO kann daher einer Ermächtigung vor Fälligkeit der künftig vorzunehmenden Handlungen nicht entgegenstehen. Selbst wenn der Schuldner mehreren Gläubigern verpflichtet ist, werden nicht einzelne dieser Gläubiger durch einen vor Fälligkeit ergehenden Ermächtigungsbeschluß beeinträchtigt, da für jeden von ihnen die Möglichkeit der Voll-

---

17 1. Kapitel, § 1 IV.
18 OLG Hamm, NJW-RR 1994, 896.
19 OLG Hamm, NJW-RR 1994, 896.

streckung im Wege der Ersatzvornahme bleibt. Eine derartige Ermächtigung entfaltet auch keine sonstigen Wirkungen, die der Zielsetzung des § 751 Abs. 1 ZPO entgegenlaufen, sofern im Ermächtigungsbeschluß der zeitliche Rahmen für die Ersatzvornahme entsprechend der vertraglichen Verpflichtung genau genannt wird. Ermächtigt z.B. das Gericht den Arbeitgeber gemäß § 887 Abs. 1 ZPO, vom 1. bis zum 14. September an Werktagen von 8 Uhr bis 16 Uhr auf Kosten des Arbeitnehmers dessen Arbeitsleistung durch einen Dritten vornehmen zu lassen, wird durch diese Vollstreckungsmaßnahme der Anspruch des Arbeitgebers nicht vor Fälligkeit durchgesetzt. Für jede einzelne Minute in diesem Zeitraum steht mit der Abwesenheit des vertragsbrüchigen Arbeitnehmers auch fest, daß er seine Verpflichtung nicht rechtzeitig erfüllt. Es bedarf nicht des Ablaufs des einzelnen Kalendertages i.S.d. § 751 Abs. 1 ZPO, um eine Durchsetzung des Anspruchs vor Fälligkeit zu verhindern.

Gläubigerantrag und Ermächtigung gemäß § 887 Abs. 1 ZPO können sich daher auch schon auf künftig vorzunehmende Handlungen erstrecken, ohne daß § 751 Abs. 1 ZPO dem entgegensteht. Dieses Ergebnis entspricht auch den von der wohl herrschenden Rechtsprechung und Lehre zur Zulässigkeit der "Dauerpfändung" entwickelten Grundsätzen. Danach wird etwa bei Renten eine Zwangsvollstreckung auch wegen künftig fällig werdender Beträge für möglich und mit § 751 Abs. 1 Satz 1 ZPO vereinbar erachtet, wenn der Pfändungsbeschluß die Bemerkung enthält, daß die Pfändung wegen solcher Beträge erst mit demjenigen Tag wirksam wird, der auf den Fälligkeitstag folgt[20]. Auch die Dauerpfändung beruht nicht etwa auf einer Analogie zu der eng auszulegenden Ausnahmevorschrift des § 850 d Abs. 3 ZPO[21]. Die Vorratspfändung nach § 850 d Abs. 3 ZPO schafft einen einheitlich vorgezogenen Pfändungsrang, wird also gerade vor Fälligkeit der Forderung wirksam[22]. Hierin liegt die Ausnahme von § 751 ZPO. Hingegen wird durch eine aufschiebend bedingte Dauerpfändung der Regelungsgehalt des § 751 ZPO ebensowenig tangiert, wie durch einen vor Fälligkeit ergehenden Ermächtigungsbeschluß nach § 887 ZPO. Es bedarf deswegen hierzu auch keiner Analogie zu § 850 d Abs. 3 ZPO.

Als Voraussetzung für die Zulässigkeit der Dauerpfändung wird gefordert, daß bei Erlaß des Pfändungsbeschlusses wenigstens ein Teilanspruch des Vollstreckungsgläubigers bereits fällig ist[23]. Dieses Kriterium wird bei

---

20 OLG Hamm, NJW-RR 1994, 895 f.; Baumbach/Lauterbach-Hartmann, § 751 RdNr. 2; Zöller-Stöber, § 850 d RdNr. 26 m.w.N.

21 So aber LG Berlin, Rpfl. 1978, 331, gegen die Zulässigkeit der Dauerpfändung.

22 OLG Hamm, NJW-RR 1994, 896.

23 OLG Hamm, NJW-RR 1994, 896; Zöller-Stöber, § 850 d, RdNr. 26.

Arbeitsverhältnissen regelmäßig erfüllt sein, da hier der erste Teilanspruch des Arbeitgebers mit dem ersten Arbeitstag fällig wird. Ob vor Erlaß des Ermächtigungsbeschlusses nach § 887 Abs. 1 ZPO wenigstens ein Teilanspruch des Arbeitgebers fällig sein muß, kann allerdings von Bedeutung sein, wenn der Arbeitnehmer von Anfang an die Arbeitsleistung verweigert. Nicht selten dürfte z.B. der Fall sein, daß ein Arbeitnehmer schon vor seinem ersten Arbeitstag erklärt, er werde die geschuldete Arbeitsleistung nicht erbringen, etwa weil er eine besser bezahlte Anstellung gefunden hat. Entscheidet sich der Arbeitgeber hier, seinen Anspruch auf Arbeitsleistung einzuklagen und erlangt er noch vor dem vertragsmäßigen Arbeitsbeginn einen entsprechenden Titel, so ist es unzweckmäßig, wenn er erst den Arbeitsbeginn abwarten muß, bevor er den Erlaß eines Ermächtigungsbeschlusses beantragen kann. Bejaht man die Möglichkeit, eine Ermächtigung nach § 887 Abs. 1 ZPO vorsorglich auch auf künftig vorzunehmende Handlungen des Schuldners zu erstrecken, so ist es inkonsequent, zu fordern, daß wenigstens eine Teilleistung fällig geworden sein muß. Denn bereits für die erste Teilleistung gelten keine anderen Argumente als die oben zu anderen künftigen (Teil-)Leistungen genannten. Müßte die Fälligkeit der ersten Teilleistung abgewartet werden, würde bei absoluten Fixschulden diese Teilleistung unmöglich. Bestünde die absolute Fixschuld nur in einer einzigen vertretbaren Handlung, so wäre eine Vollstreckung nach § 887 Abs. 1 ZPO ganz ausgeschlossen. Der Gläubiger muß folglich auch schon vor Fälligkeit der ersten Teilleistung beantragen können, ihn gemäß § 887 Abs. 1 ZPO zur Ersatzvornahme zu ermächtigen.

Als Zwischenergebnis ist demnach festzuhalten, daß weder die Eingangsworte des § 887 Abs. 1 ZPO noch § 751 Abs. 1 ZPO einer Ermächtigung vor Fälligkeit entgegenstehen.

3. Voraussetzung der Ermächtigung

Zu klären ist, ob allein das Vorliegen eines Titels, in dem die Verpflichtung zu einer künftig fällig werdenden Leistung ausgesprochen wird, eine Ermächtigung vor Fälligkeit der titulierten Forderung rechtfertigen kann oder ob weiterer Umstände hinzutreten müssen, etwa, daß der Schuldner nach Erlaß des Titels gegen die hierin festgestellte Verpflichtung verstoßen hat.

Das *LG Mannheim*[24] hat eine vorsorgliche Ermächtigung zur Ersatzvornahme damit begründet, daß der Schuldner nach Abschluß eines gerichtlichen Vergleichs seiner Verpflichtung zum Betrieb einer Sammelhei-

---

[24] LG Mannheim, ZMR 1962, 314.

zung nur unzureichend nachgekommen war. Der Gläubiger könne nicht darauf verwiesen werden, abzuwarten, bis der Schuldner erneut seine Pflicht nicht oder nur schlecht erfüllt, bevor er eine Maßnahme nach § 887 ZPO erwirkt[25]. Die frühzeitige Ermächtigung des Gläubigers wird, wie eine vor Fälligkeit gemäß § 259 ZPO erhobene Klage[26], deswegen für zulässig erachtet, weil durch das Verhalten des Schuldners die Besorgnis der Nichterfüllung der vertraglichen Verpflichtung begründet wird. Nach den äußeren Umständen, nämlich nach dem pflichtwidrigen Verhalten des Schuldners nach dem Prozeßvergleich, war zu besorgen, daß er sich auch in Zukunft der rechtzeitigen Leistung entziehen werde. Gibt aber der Schuldner umgekehrt durch sein Verhalten nach einer Verurteilung oder einem Prozeßvergleich keinerlei Anlaß, daran zu zweifeln, daß er in Zukunft die Leistung rechtzeitig erbringen werde, so besteht keine Veranlassung, den Gläubiger zur Ersatzvornahme zu ermächtigen. Es erscheint daher geboten, die Voraussetzung, die § 259 ZPO für die Zulässigkeit einer Klage auf eine künftige Leistung fordert, auch für die Zulässigkeit einer Ermächtigung vor Fälligkeit zu fordern. Die Voraussetzungen einer derartigen entsprechenden Anwendung des § 259 ZPO sind erfüllt:

Für die Vollstreckung nach § 887 ZPO fehlt eine Regelung, die festlegt, unter welchen Voraussetzungen eine Ermächtigung vor Fälligkeit erfolgen kann. Diese Lücke ist planwidrig. Die wohl h.M. leitet aus den Eingangsworten des § 887 Abs. 1 ZPO eine Verpflichtung des Gläubigers her, in seinem Antrag darzulegen, daß der Schuldner seine Verpflichtung nicht erfüllt[27]. Der Umfang dieser Darlegungspflicht ist eindeutig, wenn die Vollstreckung sich auf eine bereits fällige, nachholbare Handlung bezieht. Der Gläubiger muß dann lediglich darlegen, daß der Schuldner die Handlung bisher nicht vorgenommen hat[28]. Es ist davon auszugehen, daß der Gesetzgeber auch die Voraussetzungen für eine Ermächtigung vor Fälligkeit geregelt hätte, wäre ihm bewußt gewesen, daß die Vollstreckung nach § 887 Abs. 1 ZPO eine Ermächtigung vor Fälligkeit erfordern kann.

Weiterhin ist auch die Interessenlage, die der Regelung des § 259 ZPO zugrundeliegt, mit der Interessenlage vergleichbar, die eine Ermächtigung nach § 887 Abs. 1 ZPO vor Fälligkeit rechtfertigen kann. Ist den Umstän-

---

25 Ähnlich wohl auch Stein/Jonas-Brehm, § 887 RdNr. 11 a.E. i.V.m. FN 64, der bei einer Verpflichtung zur Reinigung eines Hausflures bzw. zur Schneeräumung zu Recht auf die Gefahr hinweist, daß bei der Notwendigkeit einer Ermächtigung für jeden Einzelfall nicht termingerecht vollstreckt werden kann.

26 1. Kapitel, § 1 II.

27 Stein/Jonas-Brehm, § 887 RdNr. 22 m.w.N.

28 Wieczorek-Storz, § 887 RdNr. 45.

den nach die Besorgnis gerechtfertigt, der Schuldner werde sich der rechtzeitigen Leistung entziehen, so besteht keine Veranlassung dafür, dem Gläubiger zuzumuten, erst die Fälligkeit der Forderung abzuwarten, bevor er eine entsprechende Leistungsklage erheben kann. Ebensowenig besteht bei Besorgnis der Nichterfüllung durch den Schuldner eine Veranlassung dafür, eine Ermächtigung nach § 887 Abs. 1 ZPO vom Eintritt der Fälligkeit abhängig zu machen. In beiden Fällen gibt der Schuldner durch sein Verhalten Anlaß dafür, daß der Gläubiger frühzeitig gegen ihn vorgeht bzw. vorgehen muß. Ist hingegen nicht die Besorgnis gerechtfertigt, der Schuldner werde sich der rechtzeitigen Leistung entziehen, so besteht weder Veranlassung für eine Klage noch für einen Ermächtigungsbeschluß.

Sofern der Gläubiger nach § 259 ZPO einen Titel erlangt hat, der den Schuldner verurteilt, eine künftige vertretbare Handlung vorzunehmen, oder aus einem Prozeßvergleich eine derartige Verpflichtung hervorgeht, muß der Gläubiger im Verfahren nach § 891 ZPO in entsprechender Anwendung des § 259 ZPO darlegen, daß (auch weiterhin) die Besorgnis besteht, der Schuldner werde sich der rechtzeitigen Leistung entziehen. Ausreichen wird etwa, wenn der Arbeitgeber darlegt, daß der Arbeitnehmer die Arbeitsleistung verweigert[29] oder daß er eine anderweitige Arbeitsverpflichtung gegenüber einem dritten Arbeitgeber für den fraglichen Zeitraum übernommen hat. Bestreitet der Arbeitnehmer dies, so trägt er die Beweislast für seine Leistungsbereitschaft[30].

II. Bestimmung der vorzunehmenden Handlung in Antrag und Beschluß nach § 887 Abs. 1 ZPO

1. Bezeichnung der Tätigkeit

Die Zwangsvollstreckung, auch diejenige nach § 887 ZPO, setzt voraus, daß der Vollstreckungstitel, auf dem sie beruht, einen vollstreckungsfähigen Inhalt hat; der zu vollstreckende Anspruch muß sich dabei grundsätzlich aus dem Vollstreckungstitel selbst ergeben[31]. Dieser muß für jeden erkennen lassen, was der Gläubiger vom Schuldner verlangen kann[32].

---

29 Stein/Jonas-Brehm, § 887 RdNr. 22 i.V.m. RdNr. 12.

30 Dies entspricht der wohl h.M. zur Beweislast bei der Antragstellung nach § 887 Abs. 1 ZPO, wenn die geschuldete Leistung bereits fällig ist. Auch hier wird lediglich gefordert, daß der Gläubiger behauptet, nicht aber beweist, der Schuldner verweigere die Erfüllung seiner Verpflichtung (Stein/Jonas-Brehm, § 887 RdNr. 22 m.w.N.).

31 OLG Saarbrücken, JurBüro 1990, 1682.

32 OLG Saarbrücken, JurBüro 1990, 1682.

Von dem Arbeitgeber kann hingegen im Erkenntnisverfahren nicht gefordert werden, daß er im Klageantrag die Art der Arbeitsleistung, zu deren Erbringung der Arbeitnehmer verurteilt werden soll, näher beschreibt und festlegt, als es nach dem Inhalt des Arbeitsvertrages notwendig ist[33]. Dementsprechend wird in der Regel auch der Titel, aus dem der Arbeitgeber die Zwangsvollstreckung betreibt, die vom Arbeitnehmer geschuldete Arbeitsleistung in Anlehnung an die Formulierung des Arbeitsvertrages, insbesondere diejenige zur Festlegung von Art und Umfang der Arbeitsleistung, beschreiben[34]. Hierdurch wird einerseits das Direktionsrecht des Arbeitgebers gewahrt; andererseits hat der Titel aber einen hinreichend bestimmten, vollstreckungsfähigen Inhalt.

Ob Antrag und Beschluß gemäß § 887 ZPO die Art und Weise der geschuldeten Handlung bestimmt bezeichnen müssen[35] oder offenlassen dürfen[36], ist in Rechtsprechung und Literatur umstritten[37]. Anlaß für diesen Meinungsstreit sind meist Fälle, in denen der Schuldner verurteilt wurde, einen bestimmten Erfolg herbeizuführen, ihm aber selbst ein Wahlrecht zusteht, auf welchem Wege er den geschuldeten Erfolg herbeiführen wird[38]. Sind die unterschiedlichen Möglichkeiten mit einem unterschiedlichen Kostenaufwand verbunden, so kann es für die Entscheidung über den Kostenvorschuß nach § 887 Abs. 2 ZPO von Bedeutung sein, welche konkrete Möglichkeit gewählt wird[39]. Die Rechte des Gläubigers werden hier nicht beschränkt, wenn das Vollstreckungsgericht in dem Ermächtigungsbeschluß eine geeignete Maßnahme nennt, durch die der geschuldete Erfolg herbeigeführt werden kann. Denn auch bei ordnungsgemäßer Erfüllung würde das Wahlrecht nicht durch den Gläubiger, sondern durch den Schuldner ausgeübt. Damit nicht vergleichbar ist aber die Verurteilung zur Arbeitsleistung. Anders als im Werkvertrag (§ 631 Abs. 1 BGB) wird im Arbeitsvertrag gerade nicht die Herbeiführung eines bestimmten Erfolges geschuldet, der vom Schuldner unter Umständen auf unterschiedliche Weise ordnungsgemäß herbeigeführt werden kann. Die Verpflichtung des Arbeitnehmers besteht regelmäßig darin, im Rahmen des Direktionsrechts des Arbeitgebers dessen Weisungen Folge zu leisten. Der konkrete Arbeitsbedarf wird oft im voraus nicht bestimmbar sein. Müßte der Arbeitge-

---

33 1. Kapitel, § 1 III.

34 1. Kapitel, § 1 III.

35 So Musielak-Lackmann, § 887 RdNr. 7; Zöller-Stöber, § 887 RdNr. 4; MünchKommZPO-Schilken, § 887 RdNr. 9; Thomas/Putzo-Putzo, § 887 RdNr. 5; OLG Köln, NJW-RR 1990, 1087 m.w.N.

36 So z.B. OLG München, NJW-RR 1988, 22 m.w.N.

37 Zum Streitstand auch BGH, NJW 1995, 3190 linke Spalte.

38 Jauernig, Zwangsvollstreckungs- und Insolvenzrecht, § 27 II 2 m.w.N.

39 BGH, NJW 1993, 1395 rechte Spalte.

ber bereits im Antrag gemäß § 887 Abs. 1 ZPO konkrete Handlungen nennen oder würde das Gericht dies im Ermächtigungsbeschluß tun, würde das Direktionsrecht des Arbeitgebers eingeschränkt, ohne daß hierfür eine vollstreckungsrechtliche Notwendigkeit besteht. Die im Rahmen des § 887 Abs. 2 ZPO erforderliche Prognose über die Kosten der Ersatzvornahme läßt sich auch treffen, wenn die Art der Arbeitsleistung nur allgemein, dem Arbeitsvertrag und dem Vollstreckungstitel entsprechend, beschrieben wird.

2. Die Person des Ausführenden

Ebensowenig wie im Ermächtigungsbeschluß[40], sollte im Gläubigerantrag die Person genannt werden, die anstelle des vertragsbrüchigen Arbeitnehmers dessen Arbeit leisten soll. Oft wird der Arbeitgeber zum Zeitpunkt der Antragstellung und auch zum Zeitpunkt des Ermächtigungsbeschlusses noch nicht wissen, wen er zur Ersatzvornahme einsetzen wird. Keinesfalls darf das Gericht die Auswahl des Dritten treffen und ihn im Ermächtigungsbeschluß nennen, wenn der Arbeitgeber in seinem Antrag keinen Dritten genannt hat. Denn der Arbeitgeber ist einer möglichen Schlechtleistung des Dritten ausgesetzt. Überträgt der Arbeitgeber dem Dritten, der in einem gewissen Abhängigkeitsverhältnis zu dem Arbeitgeber steht, eine Tätigkeit und fügt der Dritte in Ausführung dieser Tätigkeit widerrechtlich einem anderen einen Schaden zu, so haftet der Arbeitgeber sogar nach Maßgabe des § 831 BGB für diesen Schaden[41]. Der Arbeitgeber schließt den Vertrag mit dem Dritten nicht im Namen des vertragsbrüchigen Arbeitnehmers, sondern im eigenen Namen ab[42]. Daher muß der Arbeitgeber sich seinen Vertragspartner auch selbst aussuchen können.

3. Der zeitliche Rahmen

Sofern der Arbeitnehmer im Vollstreckungstitel nur für einen eng begrenzten Zeitraum zur Arbeitsleistung verurteilt worden ist, kann auch die Ermächtigung nur für diesen Zeitraum erfolgen. Ist im Vollstreckungstitel für eine künftig zu erbringende Arbeitsleistung keine zeitliche Begrenzung

---

40 G. Lüke, in: FS E. Wolf, S. 465; MünchKommZPO-Schilken, § 887 RdNr. 11; Stein/Jonas-Brehm, § 887 RdNr. 40; Zöller-Stöber, § 887 RdNr. 8; Wieczorek-Storz, § 887 RdNr. 65; Jauernig, Zangsvollstreckungs- und Insolvenzrecht, § 27 II 2.

41 MünchKommZPO-Schilken, § 887 RdNr. 13.

42 G.Lüke, in: FS E. Wolf, S. 465; MünchKommZPO-Schilken, § 887 RdNr. 13; Baumbach/Lauterbach-Hartmann, § 887 RdNr. 8; Stein/Jonas-Münzberg, § 887 RdNr. 41.

vorgegeben, so ist es erforderlich, die Ermächtigung zur Ersatzvornahme trotzdem auf einen angemessenen Zeitraum zu beschränken und gegebenenfalls zu erneuern[43]. Hierdurch wird gewährleistet, daß im Verfahren nach § 891 ZPO immer nur für einen überschaubaren Zeitraum entschieden werden muß, ob die Besorgnis gerechtfertigt ist, der Schuldner werde sich der rechtzeitigen Leistung entziehen[44]. Zudem können durch die Beschränkung auf einen angemessenen Zeitraum bereits im Verfahren nach § 891 ZPO veränderte Umstände berücksichtigt werden wie z.B. die Wiederaufnahme der Arbeit durch den Schuldner. Die Ersatzvornahme i.S.d. § 887 ZPO kann für das Arbeitsverhältnis ohnehin nicht als Dauerlösung gedacht sein. Bleibt der Arbeitnehmer selbst nach Beginn der Ersatzvornahme bei seiner Entscheidung, auch weiterhin der Arbeit fernzubleiben, so wird er ein unbefristetes Arbeitsverhältnis selbst kündigen oder der Arbeitgeber wird sich oft spätestens zu diesem Zeitpunkt zur Kündigung entschließen.

§ 4 Durchführung und Kosten der Ersatzvornahme

I. Die Rechtsbeziehungen zwischen dem Arbeitgeber und dem zur Durchführung der Ersatzvornahme eingesetzten Dritten

1. Rechtliche Qualifizierung des Vertrages zwischen dem Arbeitgeber und dem Dritten

Die in § 887 ZPO getroffene Regelung sieht lediglich vor, daß der Gläubiger ermächtigt wird, die geschuldete Handlung *auf Kosten* des Schuldners vornehmen zu lassen. Sie verleiht hingegen dem Gläubiger nicht die Befugnis, den Schuldner im Verhältnis zu Dritten vertraglich zu binden. Zur Durchführung der Ersatzvornahme kann der Arbeitgeber daher einen Vertrag mit dem von ihm selbst auszuwählenden Dritten nicht im Namen des vertragsbrüchigen Arbeitnehmers, sondern nur im eigenen Namen abschließen[45]. Ein zusätzliches Rechtsverhältnis entsteht dementsprechend durch diesen neuen Vertrag auch nur im Verhältnis zwischen dem Arbeitgeber und dem Dritten[46]. Insoweit stellt sich die Frage, ob der

---

43 MünchKommZPO-Schilken, § 887, RdNr. 7 a.E.; ähnlich auch Stein/Jonas-Brehm, § 887 RdNr. 12.

44 2. Kapitel, § 3 I 2.

45 G. Lüke, in: FS E. Wolf, S. 465; MünchKommZPO-Schilken, § 887 RdNr. 13; Baumbach/Lauterbach-Hartmann, § 887 RdNr. 8; Stein/Jonas-Brehm, § 887 RdNr. 41; Wieczorek-Storz, § 887 RdNr. 67.

46 Stein/Jonas-Brehm, § 887 RdNr. 41.

Vertrag mit dem Dritten ausschließlich nach "normalen" arbeitsrechtlichen Grundsätzen zu beurteilen ist oder ob die vollstreckungsrechtliche Veranlassung des Vertrages eine abweichende Behandlung rechtfertigt.

Zunächst ist festzustellen, daß auch der Vertrag zwischen dem Arbeitgeber und dem Dritten ein Arbeitsvertrag ist. Zwar liegt diesem Vertrag letztlich ein gerichtlicher Ermächtigungsbeschluß zugrunde. Auch sind die dem Arbeitgber hieraus entstehenden (Mehr-)Kosten als Kosten der Zwangsvollstreckung im Sinne des § 788 ZPO anzusehen[47]. Hingegen ändert dies nichts daran, daß zwischen dem Arbeitgeber und dem Dritten ein privatrechtlicher Vertrag abgeschlossen wird, der den Dritten zu weisungsgebundener Arbeit im Dienst des Arbeitgebers verpflichtet[48]. Der Arbeitgeber schuldet dem Dritten die Zahlung des Arbeitslohnes aus §§ 611 Abs. 1 2. HS., 612 BGB, der Dritte ist dem Arbeitgeber zur Leistung der versprochenen Dienste aus § 611 Abs. 1 1. HS. BGB verpflichtet. Diese Dienstleistung ist ebenso wie die des vertragsbrüchigen Arbeitnehmers fremdbestimmt. Auch der Umstand, daß die Dienstleistung regelmäßig nur für einen begrenzten Zeitraum vorgesehen ist, ändert nichts an der Arbeitnehmereigenschaft des Dritten. Insofern besteht kein Unterschied zu einem Aushilfsarbeitsverhältnis, das z.B. durch die Erkrankung eines Arbeitnehmers bedingt ist[49].

Ebenfalls keine Besonderheiten gegenüber einem Aushilfsarbeitsverhältnis bestehen für die Sozialversicherung des Dritten. Das Sozialversicherungsrecht knüpft an den Begriff der Beschäftigung an[50]. Beschäftigung ist nach der Legaldefinition des § 7 Abs. 1 SGB IV „*die nichtselbständige Arbeit, insbesondere in einem Arbeitsverhältnis*“. Eben solche nichtselbständige Arbeit leistet der weisungsgebundene Dritte, der im Rahmen der Ersatzvornahme nach § 887 ZPO tätig wird.

Da der Vertrag zwischen dem Arbeitgeber und dem Dritten ein Arbeitsverhältnis begründet, sind zum Schutze des Dritten auch die Regelungen des Arbeitsschutzrechtes wie z.B. das ArbZG, das MuSchG, das JArbSchG und SchwbG anwendbar. Die vollstreckungsrechtliche Veranlassung des Vertrages kann nicht dazu führen, daß der Dritte auf den Schutz dieser Vorschriften verzichten muß. Denn der Dritte ist nicht Partei des Vollstreckungsverfahrens. Seine Rechtsposition wird durch die Son-

---

47 Statt vieler MünchKommZPO-Schilken, § 887 RdNr. 11.

48 Zum arbeitsrechtlichen Arbeitnehmerbegriff ErfKommArbR-Preis, § 611 BGB RdNr. 44 ff.

49 Dazu etwa Schaub, Arbeitsrechts-Handbuch, § 41.

50 ErfKommArbR-Preis, § 611 BGB RdNr. 124.

derbeziehung, die durch die Vollstreckung zwischen Gläubiger und Schuldner begründet wird[51], nicht geschmälert. Es besteht aber aus vollstreckungsrechtlicher Sicht auch keine Veranlassung, das zwischen dem Arbeitgeber und dem Dritten begründete Vertragsverhältnis aus dem Geltungsbereich des Arbeitsschutzrechtes auszuklammern. Denn der mit der Ersatvornahme angestrebte Vollstreckungserfolg wird hierdurch nicht beeinträchtigt. Die Beschränkungen, die das Arbeitsschutzrecht dem Arbeitgeber auferlegt, gelten für den Dritten nicht in stärkerem Maße als für den vertragsbrüchigen Arbeitnehmer.

2. Zulässigkeit der Befristung des Vertrages zwischen dem Arbeitgeber und dem Dritten

Die im Rahmen der Durchführung der Ersatzvornahme notwendige Befristung des Arbeitsvertrages ist arbeitsrechtlich zulässig[52]. Gemäß § 1 Abs. 1 Satz 1 BeschFG n.F. kann ein Arbeitsvertrag bei Neueinstellung eines Arbeitnehmers bis zur Dauer von zwei Jahren ohne sachlichen Grund befristet werden. Nach § 1 Abs. 1 Satz 2 BeschFG ist bis zur Gesamtdauer von zwei Jahren auch die höchstens dreimalige Verlängerung eines befristeten Arbeitsvertrages zulässig. Hat der zur Durchführung der Ersatzvornahme eingestellte Dritte bei Beginn des befristeten Arbeitsverhältnisses das 60. Lebensjahr vollendet, so ist die Befristung gemäß § 1 Abs. 2 BeschFG sogar ohne die in § 1 Abs. 1 BeschFG genannten Einschränkungen zulässig. Ziel des BeschFG ist es, zusätzliche Beschäftigungsmöglichkeiten zu schaffen[53]. Den Arbeitgebern soll vor dem Hintergrund anhaltender Massenarbeitslosigkeit durch eine Reihe von Änderungen des Arbeits- und Sozialrechts ein Anreiz zur Einstellung von mehr Arbeitnehmern gegeben werden[54]. Der Gesetzgeber erwartet, daß die befristeten Arbeitsverträge in vielen Fällen in unbefristete Arbeitsverhältnisse münden[55]. Die Regelungen des § 1 Abs. 1 u. 2 BeschFG[56] stellen danach bereits eine hinreichenden rechtlichen Rahmen für eine Befristung des Arbeitsvertrages mit dem nach § 887 ZPO zur Durchführung der Ersatzvornahme eingesetzten Dritten zur Verfügung.

---

51 BGH, NJW 1985, 3080 f.; MünchKommZPO-Lüke, Einl RdNr. 349.

52 G. Lüke, in: FS E. Wolf, S. 465.

53 ErfKommArbR-Müller-Glöge, § 1 BeschFG RdNr. 1.

54 ErfKommArbR-Müller-Glöge, § 1 BeschFG RdNr. 1 m.w.N.

55 BR-Drucks. 393/84 S. 15; BT-Drucks. 12/6719 S. 11.

56 Gemäß § 1 Abs. 6 BeschFG gelten die Absätze 1 bis 4 bis zum 31.12.2000.

Bei der Einstellung eines Dritten zur Durchführung der Ersatzvornahme liegt aber auch der vom BAG[57] geforderte sachliche Grund für eine Befristung vor[58]. Dieser ist bereits darin zu sehen, daß der vertragsbrüchige Arbeitnehmer seinem Arbeitsplatz fernbleibt. Das BAG hält in ständiger Rechtsprechung eine Befristung bezüglich einer vorübergehenden Aushilfe oder Vertretung für zulässig[59]. Liegt ein derartiges Bedürfnis vor, so können mehrfach hintereinander Aushilfsarbeitsverhältnisse abgeschlossen werden[60]. Erst recht muß dann aber ein ausreichender sachlicher Grund für eine derartige Vorgehensweise vorliegen, wenn nicht nur ein Arbeitnehmer fehlt, sondern auch noch das Prozeßgericht den Arbeitgeber ermächtigt hat, die Arbeitsleistung für eine bestimmte Zeit durch einen Dritten vornehmen zu lassen[61].

Weiterhin steht dem Arbeitgeber die Möglichkeit offen, die Dauer des Arbeitsvertrages mit dem Dritten bei Vertragsschluß durch den Zweck der Einstellung zu begrenzen, ohne einen bestimmten Zeitraum festzulegen[62]. Diese Möglichkeit, die auch in § 620 Abs. 2 BGB zum Ausdruck kommt[63], wird zu Recht z.B. bei Aushilfen für beurlaubte oder kranke Arbeitnehmer für zulässig erachtet[64] und besteht folgerichtig auch im Fall eines vertragswidrig der Arbeit fernbleibenden Arbeitnehmers. Der Arbeitsvertrag endet dann von selbst, wenn der vertragsbrüchige Arbeitnehmer die Arbeit wieder aufnimmt[65]. Von dem Arbeitgeber wird in diesem Zusammenhang gefordert, daß er dem Arbeitnehmer die bevorstehende Beendigung rechtzeitig anzeigt[66]. Bei einem kranken Arbeitnehmer wird dies oft möglich sein, wenn sich eine Besserung des gesundheitlichen Zustandes abzeichnet. Hingegen wird der Arbeitgeber bei einem vertragsbrüchigen Arbeitnehmer meist keine Anhaltspunkte dafür haben, ob und wann

---

57 Ständige Rechtsprechung BAG, vgl. etwa BAG (04.02.1971), AP Nr. 35 zu § 620 - Befristeter Arbeitsvertrag; BAG, DB 1991, 2548; BAGE 41, 391.

58 G. Lüke, in: FS E. Wolf, S. 465.

59 BAG, DB 1991, 2584 m.w.N.

60 Schaub, Arbeitsrechts-Handbuch, § 41 IV 1.

61 G. Lüke, in: FS E. Wolf, S. 465.

62 MünchKommBGB-Schwerdtner, § 620 RdNr. 158 ff.; Palandt-Putzo, § 620 RdNr. 8; MünchHandbArbR-Richardi, § 44 RdNr. 30.

63 MünchHandbArbR-Richardi, § 44 RdNr. 30.

64 MünchKommBGB-Schwerdtner, § 620 RdNr. 158 ff.; Palandt-Putzo, § 620 RdNr. 8; a.A. Zöllner/Loritz, § 21 I 3 a, die dem Arbeitgeber lediglich die Wahl zwischen einem von vornherein zeitlich genau festgelegten und einem unbefristeten Arbeitsvertrag einräumen.

65 BAG (26.03.1986), AP Nr. 103 zu § 620 BGB - Befristeter Arbeitsvertrag.

66 Palandt-Putzo, § 620 RdNr. 9; MünchKommBGB-Schwerdtner, § 620 RdNr. 164 m.w.N.

der Arbeitnehmer die Arbeit wieder aufnimmt. Hier ist aber ohnehin die Ermächtigung zur Ersatzvornahme jeweils auf einen angemessenen Zeitraum zu beschränken und gegebenenfalls zu erneuern[67]. Wird dem Arbeitgeber keine neue Ermächtigung erteilt, kann er dem Dritten die bevorstehende Beendigung des Arbeitsverhältnisses anzeigen. Im übrigen ist die Ersatzvornahme im Falle eines vertragsbrüchigen Arbeitnehmers auch bei wiederholtem Erlaß eines Ermächtigungsbeschlusses insgesamt nur für einen relativ eng begrenzten Zeitraum vorgesehen[68]. Bereits bei Vertragsschluß liegt daher das voraussichtliche Ende des Arbeitsvertrages in überschaubarer Zeit[69].

Die Befristung des Arbeitsverhältnisses im Fall der Ersatzvornahme würde danach selbst dann keine Umgehung der Vorschriften des KSchG darstellen, wenn diese auf das Arbeitsverhältnis mit dem Dritten anwendbar wären. Hingegen muß das Arbeitsverhältnis, damit Kündigungsschutz nach dem KSchG entsteht, in demselben Betrieb oder Unternehmen ohne Unterbrechung länger als sechs Monate bestanden haben (§ 1 Abs. 1 KSchG). Diese Voraussetzung wird im Falle des für die Ersatzvornahme nach § 887 ZPO eingestellten Dritten kaum einmal vorliegen. Regelmäßig wird das Arbeitsverhältnis zwischen dem Arbeitgeber und dem vertragsbrüchigen Arbeitnehmer enden, bevor der Dritte die sechsmonatige Wartezeit des § 1 Abs. 1 KSchG erfüllt.

II. Die Auswirkungen der Zwangsvollstreckung nach § 887 ZPO auf die Rechtsbeziehungen zwischen dem Arbeitgeber und dem vertragsbrüchigen Arbeitnehmer

Der Ermächtigungsbeschluß nach § 887 ZPO hat als Zwangsvollstreckungsmaßnahme die Aufgabe, den durch Urteil oder einen sonstigen Vollstreckungstitel festgestellten Anspruch des Gläubigers zu verwirklichen[70]. Der Arbeitnehmer bleibt auch nach Erlaß des Ermächtigungsbeschlusses gemäß § 887 ZPO bis zur tatsächlichen Ersatzvornahme zur Arbeitsleistung verpflichtet[71]. Erbringt dann aber der aufgrund des gerichtlichen Ermächtigungsbeschlusses anstelle des vertragsbrüchigen Arbeitnehmers beschäftigte Dritte die geschuldete Arbeitsleistung, so stellt sich die Frage, welche Auswirkungen die prozeßrechtliche Ersatzvornahme auf die mate-

---

67 1. Kapitel, § 1 II.
68 1. Kapitel, § 1 II.
69 Ausführlicher zu diesem Kriterium MünchHandbArbR-Richardi, § 44 RdNr. 30 f. und BAG (17.02.1983), AP Nr. 14 zu § 15 KSchG 1969.
70 BGH, NJW 1995, 3190.
71 G. Lüke, in: FS E. Wolf, S. 466 FN 27; M.Wolf, JZ 1963, 436; RGZ 104, 16 f.; BGH, NJW 1995, 3190.

riellrechtliche Beziehung zwischen dem Arbeitgeber und dem vertragsbrüchigen Arbeitnehmer hat.

1. Die Erfüllungswirkung der Ersatzvornahme

Schuldverhältnisse sind allgemein auf den Eintritt eines dem Gläubiger günstigen Erfolges ausgerichtet; sie zielen auf die Verwirklichung des Interesses des Gläubigers ab[72]. Eine Erfüllung kann nur dann eintreten, wenn der Gläubiger bekommt, was er nach dem Schuldverhältnis bekommen soll, und sein Leistungsinteresse damit befriedigt wird[73]. Im Fall der Ersatzvornahme nach § 887 ZPO ist aus Gläubigersicht dessen Bekommensollen verwirklicht, sobald die Handlung vorgenommen ist[74]. Die Erbringung der Leistung durch den Dritten wirkt in der Weise erfüllungsgleich, daß sie dem Schuldner zugerechnet wird[75]. Daß auch die „*geschuldete Leistung*" nach § 362 Abs. 1 BGB jedenfalls nicht gerade ein Verhalten des Schuldners meint, läßt sich schon aus § 267 Abs. 1 BGB entnehmen, wonach auch ein Dritter „*die Leistung*" bewirken kann[76]. Auch die zwangsweise Erfüllung besteht - wie die Erfüllung durch den Schuldner oder durch einen Dritten - aus einer dem Schuldinhalt entsprechenden Zuwendung, einem Zuordnungs- und einem Zurechnungselement; diese Parallele rechtfertigt es, auch hier von einer „*Erfüllung*" zu sprechen[77]. Durch diese Erfüllung im Wege der Ersatzvornahme wird der Anspruch des Arbeitgebers für den erbrachten Teil der Arbeit zum Erlöschen gebracht[78].

2. Der Vergütungsanspruch des Arbeitnehmers und sein Verhältnis zum Kostenerstattungsanspruch des Arbeitgebers

Solange der Arbeitnehmer seine Arbeitsleistung nicht erbringt und tatsächlich keine Ersatzvornahme stattfindet, verliert er in dem Fall, daß die Nachleistung hierdurch unmöglich wird[79], für die verstrichene Zeit seinen Lohnanspruch (§§ 325 Abs. 1 Satz 3, 323 Abs. 1 Satz 1 BGB)[80]. Auch

72 Kerwer, S. 49.
73 Kerwer, S. 49 f. m.w.N.
74 Kerwer, S. 59.
75 G. Lüke, in: FS E. Wolf, S. 466; M.Wolf, JZ 1963, 435 FN 23; Stoffels, S. 111; Schwerdtner, in: FS Hilger/Stumpf, S. 650.
76 Kerwer, S. 227.
77 Kerwer, S. 231 f.
78 M.Wolf, JZ 1963, 436; Stoffels, S. 111 FN 429; Schünemann, JZ 1985, 55.
79 1. Kapitel, § 1 IV.
80 G. Lüke, in: FS E. Wolf, S. 466 FN 28; Stoffels, S. 111.

wenn die Nachleistung ausnahmsweise möglich ist[81], steht dem Arbeitgeber jedenfalls bis zur tatsächlichen Nachleistung die Einrede des nichterfüllten Vertrages zu (§ 320 BGB)[82].

Zu klären ist, wie sich die Durchführung der Ersatzvornahme auf den Vergütungsanspruch des Arbeitnehmers auswirkt. *M. Wolf* vertritt die Auffassung, der Schuldner behalte hierdurch seinen Vergütungsanspruch[83]. Für diese Ansicht spricht, daß durch die Erfüllungswirkung der Ersatzvornahme weder die Arbeitsleistung i.S.d. §§ 325 Abs. 1 Satz 3, 323 Abs. 1 Satz 1 BGB unmöglich wird noch i.S.d. § 320 Abs. 1 BGB als noch nicht erbracht angesehen werden kann. Aus einer unmittelbaren Anwendung der §§ 320 ff. BGB kann dem vertragsbrüchigen Arbeitnehmer daher nicht sein Lohnanspruch versagt werden, solange im Wege der Ersatzvornahme ein Dritter die Arbeit leistet.

Die sich aus der vorgenannten Auffassung ergebenden Nachteile macht demgegenüber *G. Lüke*[84] deutlich. Betrachtet man nämlich die Auswirkungen auf die Situation des die Zwangsvollstreckung betreibenden Arbeitgebers, so drängen sich erhebliche Bedenken dagegen auf, dem vertragsbrüchigen Arbeitnehmer seinen Lohnanspruch wegen der Ersatzvornahme zu erhalten. Der Arbeitgeber müßte, um die geschuldete Arbeitsleistung zu erlangen, zunächst zweimal für das Arbeitsentgelt aufkommen, zum einen gegenüber dem vertragsbrüchigen Arbeitnehmer, zum anderen gegenüber dem Dritten. Die Möglichkeit einer Aufrechnung der Kosten der Ersatzvornahme gegen den Lohnzahlungsanspruch des Arbeitnehmers ist durch § 394 BGB, §§ 850 ff. ZPO begrenzt[85]. Wenig hilfreich ist es auch für den Arbeitgeber, daß er versuchen kann, die voraussichtlichen Kosten der Ersatzvornahme durch eine Verurteilung des Arbeitnehmers zur Vorauszahlung gemäß § 887 Abs. 2 ZPO zu erlangen. Leistet der Arbeitnehmer dieser Verurteilung nicht Folge, so muß der Arbeitgeber auch diesbezüglich gegen ihn die Zwangsvollstreckung betreiben[86]. Die Realisierung des Kostenerstattungsanspruchs gegen den Arbeitnehmer ist dabei ungewiß[87]. Wollte der Arbeitgeber erst das Ergebnis dieses Beitreibungsversuches abwarten, bevor er einen Dritten zur Ersatzvornahme einstellt,

81 1. Kapitel, § 1 IV.
82 Stoffels, S. 114 m.w.N.
83 M.Wolf, JZ 1963, 435 FN 23; ebenso Schwerdtner, in: FS Hilger/Stumpf, S. 650.
84 G. Lüke, in: FS E. Wolf, S. 466.
85 G. Lüke, in: FS E. Wolf, S. 466; ebenso Stoffels, S. 111.
86 Der Beschluß nach § 887 Abs. 2 ZPO, der die Vorauszahlung anordnet, ist Vollstreckungstitel nach § 794 Abs. 1 Nr. 3 ZPO. Die Vollstreckung erfolgt nach §§ 803 ff. ZPO, Musielak-Lackmann, § 887 RdNr. 24.
87 G. Lüke, in: FS E. Wolf, S. 466; Stoffels, S. 111.

so würde durch den entstehenden Zeitverlust die Durchschlagskraft der Zwangsvollstreckung vermindert; der durch die Nichterbringung der Arbeitsleistung entstehende Schaden des Arbeitgebers würde vergrößert[88]. Es kann nicht unberücksichtigt bleiben, daß sowohl der Arbeitslohn des vertragsbrüchigen Arbeitnehmers als auch der Arbeitslohn des Dritten als Gegenleistung für dieselbe Arbeitsleistung gedacht sind. Diese Leistung erbringt aber tatsächlich nur der Dritte, dem damit letztlich ausschließlich der Arbeitslohn gebührt. Vor diesem Hintergrund erscheint es widersinnig, wenn der Arbeitgeber den Lohn als Gegenleistung für die Arbeit zunächst auch an den nichtleistenden Arbeitnehmer zahlen soll, um sogleich wieder einen Kostenerstattungsanspruch gegen ihn geltend zu machen. Es besteht keinerlei Notwendigkeit, dem Arbeitgeber in dieser Weise das Insolvenzrisiko des Arbeitnehmers aufzubürden. Vielmehr ist mit *G. Lüke* davon auszugehen, daß trotz der Ersatzvornahme kein Lohnanspruch des vertragsbrüchigen Arbeitnehmers besteht[89]. Dieses Verständnis der Vollstreckung nach § 887 ZPO entspricht dem anerkannten Grundsatz "ohne Arbeit kein Lohn"[90].

Entsprechend sind gemäß § 887 ZPO nur die Mehrkosten der Ersatzvornahme von dem Arbeitnehmer zu erstatten, d.h. die Kosten, die über seinen vereinbarten Lohn hinausgehen[91]. Diese Einschränkung gilt gleichermaßen für die nach der Durchführung der Ersatzvornahme beizutreibenden Kosten, wie auch für die Verurteilung zur Vorauszahlung der Kosten gemäß § 887 Abs. 2 ZPO. Müßte der Arbeitnehmer die vollen Kosten der Ersatzvornahme zahlen, obwohl er seinen Lohnanspruch verliert, erhielte der Arbeitgeber die Arbeitsleistung kostenlos[92].

3. Ablehnungsrecht des Arbeitgebers gegenüber dem vertragsbrüchigen Arbeitnehmer während der Zwangsvollstreckung nach § 887 ZPO

Der Arbeitnehmer bleibt auch nach Erlaß des Ermächtigungsbeschlusses bis zur Tilgung seiner Verpflichtung durch die Ersatzvornahme zur Arbeitsleistung verpflichtet[93]. Der Arbeitgeber handelt widersprüchlich,

---

88 G. Lüke, in: FS E. Wolf, S. 466.

89 G. Lüke, in: FS E. Wolf, S. 466; zustimmend Stoffels, S. 112.

90 G. Lüke, in: FS E. Wolf, S. 466; Stoffels, S. 112; Söllner, AcP 167, 132 ff.; BAG (17.07.1970), AP Nr. 3 zu § 11 MuSchG 1968 m.w.N.

91 G. Lüke, in: FS E. Wolf, S. 466; Stoffels, S. 112.

92 Stoffels, S. 112.

93 G. Lüke, in: FS E. Wolf, S. 466 FN. 27; M. Wolf, JZ 1963, 436; RGZ 104, 16f.; BGH, NJW 1995, 3190.

wenn er einerseits den Arbeitnehmer durch Zwangsvollstreckungsmaßnahmen zur Erfüllung des titulierten Anspruchs anhält, andererseits die von dem Arbeitnehmer angebotene Erfüllung ablehnt[94]. Durch den Ermächtigungsbeschluß wird der Schuldner daher grundsätzlich nicht daran gehindert, die Arbeitsleistung selbst rechtzeitig zu erbringen[95]. Soweit Beschlüsse nach § 887 ZPO der Rechtskraftwirkung fähig sind, ergibt sich daraus nichts anderes[96]. Rechtskräftig festgestellt ist nur die Befugnis des Arbeitgebers, eine bestimmte Handlung auf Kosten des Arbeitnehmers vornehmen zu lassen; die Befugnis des Schuldners, den selben Erfolg selbst herbeizuführen, ist damit nicht rechtskräftig abgelehnt[97]. Eine Ausnahme hiervon kann nur gelten, wenn nach den besonderen Umständen des Falles der Gläubiger ein berechtigtes Interesse daran hat, den Ermächtigungsbeschluß zur Ausführung zu bringen[98].

a. Ablehnungsrecht des Arbeitgebers wegen berechtigter Zweifel an der Ernstlichkeit des Erfüllungswillens des Arbeitnehmers

Ein berechtigtes Interesse des Arbeitgebers an der Durchführung des Ermächtigungsbeschlusses liegt vor, wenn nach dem ganzen Verhalten des Arbeitnehmers Zweifel an der Ernstlichkeit seines Erfüllungswillens berechtigt sind. Läßt der Arbeitnehmer erkennen, daß er die geschuldete Arbeit nicht oder nicht in dem geschuldeten Umfang erbringen wird, hat er kein schutzwürdiges Interesse daran, seine Arbeit (wieder-)aufzunehmen. Dem Arbeitgeber ist in diesem Fall ein Ablehnungsrecht gegen die Leistung des Schuldners einzuräumen[99], das seine Grundlage in dem Grundsatz von Treu und Glauben hat[100]. Dieser Grundsatz bildet eine allen Rechten, Rechtslagen und Rechtsnormen immanente Inhaltsbegrenzung[101]. Würde man dem Arbeitgeber kein derartiges Ablehnungsrecht zugestehen, so könnte der Arbeitnehmer die Durchführung der Ersatzvor-

---

94 BGH, NJW 1995, 3190.

95 G. Lüke, in: FS E. Wolf, S. 465; Musielak-Lackmann, § 887 RdNr. 22; Stein/Jonas-Brehm, § 887 RdNr. 43; Rosenberg/Gaul/Schilken, § 71 II 1; RGZ 104, 16; BGH, NJW 1995, 3190; OLG Hamm, MDR 1951, 47; OLG Düsseldorf, MDR 1982, 62.

96 BGH, NJW 1995, 3190 m.w.N.

97 BGH, NJW 1995, 3190.

98 RGZ 104, 17.

99 OLG Hamm, MDR 1951, 47; OLG Düsseldorf, MDR 1982, 61f.; Rosenberg/Gaul/Schilken, § 71 II 1; Stein/Jonas-Brehm, § 887 RdNr. 43; offenlassend BGH, NJW 1995, 3190.

100 MünchKommZPO-Schilken, § 887 RdNr. 12.

101 Palandt-Heinrichs, § 242 RdNr. 38 m.w.N.

nahme auf Dauer dadurch verhindern, daß er wiederholt kurzfristig seinen Arbeitsplatz aufsucht und dann der Arbeit gleich wieder fernbleibt.

b. Ablehnungsrecht nach Einstellung eines Dritten zur Durchführung der Ersatzvornahme

Zu klären ist, ob auch die bereits erfolgte Einstellung eines Dritten zur Durchführung der Ersatzvornahme den Arbeitgeber während des in dem Ermächtigungsbeschluß festgelegten Zeitraumes berechtigt, die Arbeitsleistung des Schuldners abzulehnen[102].

Kehrt der Arbeitnehmer während der Durchführung der Ersatzvornahme an seinen Arbeitsplatz zurück und sind keine Zweifel an der Ernstlichkeit seines Erfüllungswillens vorhanden, so besteht für den Arbeitgeber grundsätzlich keine Veranlassung, die Arbeitsleistung abzulehnen. Der Arbeitgeber erhält in diesem Fall die geschuldete Arbeitsleistung durch den ursprünglich hierfür vorgesehenen Arbeitnehmer. Für die zu diesem Zeitpunkt dem Arbeitgeber durch die Ersatzvornahme bereits entstandenen Mehrkosten hat der Arbeitnehmer einzustehen[103]. In dem Arbeitsvertrag zwischen dem Arbeitgeber und dem Dritten kann die Möglichkeit einer Rückkehr des Arbeitnehmers an seinen Arbeitsplatz, ebenso wie bei einem Aushilfsarbeitsverhältnis für einen kranken Arbeitnehmer, in Form einer Zweckbefristung berücksichtigt werden[104].

Etwas anderes gilt, wenn der Arbeitgeber den Dritten für den im Ermächtigungsbeschluß vorgesehenen Zeitraum eingestellt hat, ohne sich vor Ablauf dieses Zeitraumes aus dem neuen Vertrag lösen zu können. Da der Arbeitnehmer zuvor die Leistung verweigert oder sonst durch sein Verhalten die Besorgnis der Nichterfüllung begründet hat[105], darf sich der Arbeitgeber auf diese Situation einstellen und einen Vertrag mit einem Dritten zur Durchführung der Ersatzvornahme für den Zeitraum abschließen, auf den sich die gerichtliche Ermächtigung erstreckt. In diesem Fall hat der Arbeitgeber wegen des Vertrages mit dem Dritten ein berechtigtes Interesse an der Durchführung der Ersatzvornahme, um nicht selbst gegenüber dem Dritten einen Vertragsbruch zu begehen. Der Arbeitgeber kann dann während der im Ermächtigungsbeschluß festgelegten Dauer der Ersatzvornahme die Arbeitsleistung des Schuldners ablehnen. Dieses Ergebnis steht

---

102 So G. Lüke, in: FS E. Wolf, S. 465.

103 MünchKommZPO-Schilken, § 887 RdNr. 12; Stein/Jonas-Brehm, § 887 RdNr. 43.

104 2. Kapitel, § 4 I 2.

105 Dies ist Voraussetzung für seine Verurteilung (1. Kapitel, § 1 II) und die Ermächtigung des Arbeitgebers (2. Kapitel, § 3 I 3).

im Einklang mit der in Rechtsprechung und Literatur anerkannten Möglichkeit einer einseitigen Suspendierung durch den Arbeitgeber, wenn hierfür ein billigenswerter Grund besteht[106].

4. Folgen einer Schlecht- oder Nichtleistung durch den Dritten

Die Verletzung von Haupt- oder Nebenleistungspflichten durch den Arbeitnehmer führt unter den allgemeinen Voraussetzungen zur Schadensersatzpflicht des Arbeitnehmers[107]. Leistet der Arbeitnehmer hingegen überhaupt nicht und muß der Arbeitgeber deswegen im Wege der Ersatzvornahme einen Dritten zur Erbringung der Arbeitsleistung einsetzen, so kann für den Arbeitgeber die Frage von Interesse sein, ob der vertragsbrüchige Arbeitnehmer für eine Schlecht- oder Nichtleistung des Dritten haftet.

Der Dritte ist kein Erfüllungsgehilfe (§ 278 BGB), dessen sich der vertragsbrüchige Arbeitnehmer zur Erfüllung seiner Arbeitspflicht bedient. Denn hierzu müßte der Dritte mit dem Willen des Schuldners als dessen Hilfsperson tätig geworden sein[108]. Der Dritte wird aber im Wege der Zwangsvollstreckung nicht als Hilfsperson des Arbeitnehmers tätig, sondern wird aufgrund des gerichtlichen Ermächtigungsbeschlusses unter Umständen gegen den Willen des Arbeitnehmers vom Arbeitgeber ausgewählt und beschäftigt. Ebensowenig ist der Dritte Verrichtungsgehilfe (§ 831 Abs. 1 BGB) des vertragsbrüchigen Arbeitnehmers[109], da dieser den Dritten nicht zu einer Verrichtung bestellt.

Dies gilt ebenso, wenn man nicht auf die arbeitsvertragliche Verpflichtung des vertragsbrüchigen Arbeitnehmers zur Erbringung der geschuldeten Arbeitsleistung abstellt, sondern auf das mit dem Beginn der Zwangsvollstreckung entstehende Vollstreckungsrechtsverhältnis[110]. Der Dritte wird nämlich von dem vertragsbrüchigen Arbeitnehmer auch nicht als Erfüllungs- oder Verrichtungsgehilfe hinsichtlich der durch das Vollstreckungsrechtsverhältnis begründbaren Pflichten eingesetzt. Auch insoweit ist maßgeblich, daß der Dritte nicht von dem Arbeitnehmer, sondern von dem Arbeitnehmer ausgewählt und beschäftigt wird.

---

106 Dazu ErfKommArbR-Müller-Glöge, § 620 BGB RdNr. 192 m.w.N.

107 ErfKommArbR-Preis, § 611 BGB RdNr. 1035 f., mit Darstellung der vom BAG entwickelten Grundsätze über die - je nach Grad des Verschuldens - privilegierte Haftung des Arbeitnehmers unter RdNr. 1037 ff.

108 BGHZ 13, 113; 50, 35; 62, 124; 98, 334.

109 Er kann aber Verrichtungsgehilfe des Arbeitgebers sein, 2. Kapitel, § 3 II 2.

110 Zum Vollstreckungsrechtsverhältnis G. Lüke, ZZP 108 (1995), 427 ff.

Ebensowenig läßt sich aus dem Wortlaut des § 887 Abs. 1 ZPO eine Haftung des Arbeitnehmers für den Dritten herleiten. Zwar sieht *Schünemann* in der Formulierung "auf Kosten des Schuldners" mehr als eine bloße Anordnung schuldrechtlicher Kostentragung[111]. "Auf Kosten des Schuldners" in § 887 Abs. 1 ZPO soll nach Schünemann darauf hinweisen, daß die Rechtsfolgen des von der Ermächtigung gedeckten Handelns im Sinne einer rechtlich unmittelbaren Belastung des Schuldners zu interpretieren seien[112]. Schünemann trifft diese Feststellung aber nicht im Zusammenhang mit einer möglichen Haftung des Arbeitnehmers. Vielmehr dienen sie der dogmatischen Begründung der Erfüllungswirkung der Zwangsvollstreckung nach § 887 ZPO zugunsten des Vollstreckungsschuldners. Erscheint diese Auslegung der Formulierung "auf Kosten des Schuldners" schon in dem von Schünemann gewählten Zusammenhang als sehr weitgehend, so würde jedenfalls der Wortlaut des § 887 ZPO überstrapaziert, wollte man hieraus auf eine Haftung des Vollstreckungsschuldners für eine Schlechtleistung des Dritten schließen. Dies wird besonders deutlich, wenn der Gläubiger auf die entsprechende Ermächtigung des Prozeßgerichts hin die Handlung selbst vornimmt[113]. Eine "Schlechtleistung" des Gläubigers kann hier nicht dem Schuldner angelastet werden.

Es bleibt festzuhalten, daß sich eine Haftung des vertrags-brüchigen Arbeitnehmers für Schäden, die der Dritte verursacht, nicht begründen läßt. Erfüllt der zur Ersatzvornahme eingestellte Dritte seine Arbeitsverpflichtung schlecht, so können hierdurch Ansprüche des Arbeitgebers nur gegen den Dritten entstehen[114].

Gleiches gilt, wenn der Dritte seine neue Arbeitsstelle gar nicht erst antritt oder vor ordnungsgemäßer Beendigung des Arbeitsverhältnisses verläßt. Entsteht dem Arbeitgeber durch dieses Verhalten des Dritten ein Schaden, der über den durch die Nichtleistung des vertragsbrüchigen Arbeitnehmers entstehenden Schaden hinausgeht, muß der Arbeitgeber von dem Dritten Ersatz verlangen. Eine Haftung des Arbeitnehmers für die Nichtleistung des Dritten kommt nicht in Betracht. Es fehlt an einer adäquaten Verursachung des weiteren Schadens durch den Arbeitnehmer; die Voraussetzungen der §§ 276, 831 BGB sind ebenfalls aus den oben genannten Gründen nicht erfüllt.

---

111 Schünemann, JZ 1985, 55.

112 Schünemann, JZ 1985, 55.

113 Dazu MünchKommZPO-Schilken, § 887 RdNr. 11.

114 Wieczorek (2. Aufl.), § 887 D IV a 2; ähnlich Storz, in: Wieczorek (3. Aufl.), § 887 RdNr. 51 a.E.

III. Die Verurteilung zur Vorauszahlung der Kosten gemäß § 887 Abs. 2 ZPO

Dem Gläubiger steht die Möglichkeit offen, die auf Kosten des Schuldners erfolgende Ersatzvornahme vorzufinanzieren und anschließend deren Ersatz nach § 788 ZPO zu betreiben. Die notwendigen (§§ 788 Abs. 1, 91 ZPO) Kosten der Ersatzvornahme sind ohne besonderen Titel beitreibbar[115]; hingegen ist gemäß § 788 Abs. 3 ZPO n.F. auch eine Kostenfestsetzung zulässig und bei Streit über die Notwendigkeit der Kosten auch angebracht[116].

Als weiter Möglichkeit sieht § 887 Abs. 2 ZPO vor, daß der Gläubiger mit dem Antrag nach § 887 Abs. 1 ZPO beantragen kann, den Schuldner zur Vorauszahlung der durch die Ersatzvornahme entstehenden Kosten zu verurteilen. Der Gläubiger braucht den Antrag nicht mit dem Antrag auf Ermächtigung nach § 887 Abs. 1 ZPO zu stellen; vielmehr kann der Schuldner auch nach Erlaß des Ermächtigungsbeschlusses auf entsprechenden Antrag des Gläubigers gesondert „*verurteilt*" werden[117]. Da der Arbeitnehmer trotz Durchführung der Ersatzvornahme seinen Lohnanspruch verliert[118], kann auch die Verurteilung zur Vorauszahlung der Kosten nach § 887 Abs. 2 ZPO nur die voraussichtlichen Mehrkosten der Ersatzvornahme erfassen. Diese sind von dem Prozeßgericht nach freiem Ermessen zu schätzen[119]. Der Arbeitgeber muß aber die Schätzungsgrundlage möglichst genau angeben[120], da es dem Gericht ohne eine solche Grundlage nur schwer möglich sein wird, die zu erwartenden Mehrkosten zu bestimmen.

Der nach § 891 ZPO ergehende Beschluß ist Vollstreckungstitel i.S.d. § 794 Abs. 1 Nr. 3 ZPO[121]. Sind die tatsächlichen Mehrkosten der Ersatzvornahme höher als in dem Beschluß veranlagt, so kann der Arbeitgeber - was in § 887 Abs. 2 ZPO ausdrücklich klargestellt wird - den fehlenden Betrag nachfordern und im Wege der Zwangsvollstreckung gemäß § 788

---

115 Das Prozeßgericht des ersten Rechtszuges als Vollstreckungsorgan berechnet die Kosten, prüft, ob sie notwendig sind und setzt sie an. Sofern geltend gemachte Kosten nicht entstanden sind oder nicht notwendig waren, bleiben sie unberücksichtigt; die Beitreibung ohne Kostenfestsetzung ist auch nach der neuen Regelung des § 887 ZPO der Grundsatz, Thomas/Putzo-Putzo, § 788 RdNr. 11 ff.

116 MünchKommZPO-Schilken, § 887 RdNr. 15 m.w.N.

117 Baumbach/Lauterbach-Hartmann, § 887 RdNr. 17; Zöller-Stöber, § 887 RdNr. 10.

118 2. Kapitel, § 4 II 2.

119 G. Lüke, in: FS E. Wolf, S. 465; Stein/Jonas-Brehm, § 887 RdNr. 45.

120 Musielak-Lackmann, § 887 RdNr. 24 m.w.N.

121 Musielak-Lackmann, § 887 RdNr. 24.

geltend machen[122]. Übersteigen die Kosten voraussichtlich einen bereits gezahlten Vorschuß, so kann der Gläubiger vor Beendigung der Ersatzvornahme auch einen erneuten Antrag nach § 887 Abs. 2 ZPO stellen[123].

Die Möglichkeit einer Verurteilung zur Vorauszahlung der Kosten besteht auch insoweit, als der Arbeitgeber die Ermächtigung zur Ersatzvornahme gemäß § 887 Abs. 1 ZPO für erst künftig fällig werdende Teilansprüche[124] beantragt. Hierdurch entsteht dem Schuldner kein unangemesssener Nachteil. Er ist vor der Entscheidung gemäß § 891 Satz 2 ZPO zu hören. Besteht nach dieser Anhörung die Besorgnis nicht, der Schuldner werde sich der rechtzeitigen Leistung entziehen, erfolgt weder eine Ermächtigung nach § 887 Abs. 1 ZPO[125] noch eine Verurteilung zur Vorauszahlung der Kosten nach § 887 Abs. 2 ZPO. Besteht hingegen die Besorgnis der Nichterfüllung durch den Schuldner, so ist es nur angemessen, wenn dieser zur Vorauszahlung der Kosten der Ersatzvornahme verurteilt wird. Es ist dem Gläubiger nicht zuzumuten, für die Kosten der Ersatzvornahme in Vorlage zu treten, soweit diese letztlich von dem vertragsbrüchigen Arbeitnehmer zu tragen sind. Nimmt der Schuldner die Handlung noch vor Ausführung des Beschlusses rechtzeitig vor, so ist ihm ein beigetriebener oder bezahlter Kostenvorschuß zurückzuzahlen[126].

Der Schuldner kann Einwendungen, die sich gegen die Höhe des Kostenvorschusses nach § 887 Abs. 2 ZPO richten, nicht mit der Vollstreckungsabwehrklage gegen den titulierten Anspruch geltend machen[127]. § 767 Abs. 1 ZPO erfaßt nämlich nur Einwendungen, die *„den durch das Urteil selbst festgestellten Anspruch betreffen"*. Eine Einwendung gegen die Höhe des Kostenvorschusses ist aber keine Einwendung gegen den durch das Urteil festgestellten Anspruch, sondern betrifft die einzelne Vollstreckungsmaßnahme[128]. Gegen den Beschluß über den Kostenvorschuß findet vielmehr, ebenso wie gegen den Ermächtigungsbeschluß nach § 887 Abs. 1 ZPO, die sofortige Beschwerde statt (§ 793 Abs. 1 ZPO)[129].

---

122 MünchKommZPO-Schilken, § 887 RdNr. 16. Zur Beitreibung nach § 788 ZPO s. FN 115.

123 Musielak-Lackmann, § 887 RdNr. 25.

124 2. Kapitel, § 3 I.

125 2. Kapitel, § 3 I 3.

126 Zöller-Stöber, § 887 RdNr. 11.

127 BGH, NJW 1993, 1394.

128 BGH, NJW 1993, 1394.

129 Zöller-Stöber, § 887 RdNr. 13 m.w.N.

IV. Nachträglicher Wegfall des Titels

Gemäß § 788 Abs. 3 ZPO n.F. muß der Gläubiger dem Schuldner die Kosten der Zwangsvollstreckung erstatten, wenn das Urteil, aus dem die Zwangsvollstreckung erfolgt ist, aufgehoben wird. Ob die Aufhebung aufgrund eines Rechtsbehelfs, eines Vergleichs, einer Klagerüchnahme oder bei einer einstweiligen Verfügung aufgrund eines Widerspruchs erfolgte, ist dabei unerheblich[130]. Der Schuldner kann den Anspruch nach § 788 Abs. 3 ZPO n.F. im Kostenfestsetzungsverfahren geltend machen; zur Beitreibung der zu erstattenden Kosten ist kein besonderer Titel notwendig[131].

Weiterhin kann der Schuldner auch nach § 717 Abs. 2 ZPO vorgehen[132]. Der Gläubiger ist danach dem Schuldner im Fall der Aufhebung oder Abänderung eines für vorläufig vollstreckbar erklärten Urteils zum Ersatz des Schadens verpflichtet, der dem Schuldner durch die Vollstrekkung des Urteils entstanden ist. Nach h.M. ist der Anspruch ein materiellrechtlicher Anspruch[133], genauer handelt es sich um eine verschuldensunabhängige Risikohaftung[134]. Bei Vollstreckung aus einer einstweiligen Verfügung geht § 945 ZPO als speziellere Vorschrift dem § 717 Abs. 2 ZPO vor[135]. Inhalt und Umfang des Anspruchs richten sich nach den §§ 249-255 BGB auf Ersatz des unmittelbar durch die Vollstreckung entstanden Schadens[136].

---

130 Baumbach/Lauterbach-Hartmann, § 788 RdNr. 17.

131 Baumbach/Lauterbach-Hartmann, § 788 RdNr. 18.

132 Baumbach/Lauterbach-Hartmann, § 788 RdNr. 18 m.w.N.

133 Thomas/Putzo-Putzo, § 717 RdNr. 6; Stein/Jonas-Münzberg, § 717 RdNr. 7-11 m.w.N.

134 BGH, NJW 1997, 2603 m.w.N.

135 Thomas/Putzo-Putzo, § 717 RdNr. 6.

136 Thomas/Putzo-Putzo, § 717 RdNr. 14.

3. Kapitel

Die Verurteilung zur Erbringung der Arbeitsleistung im Wege der einstweiligen Verfügung

§ 5 Grundfragen der Verurteilung zur Erbringung der Arbeitsleistung im Wege der einstweiligen Verfügung

I. Problemstellung und Streitstand

Ein materiell-rechtlicher Anspruch entfaltet für seinen Inhaber erst dann seine volle rechtliche und wirtschaftliche Wirkung, wenn er schnell und zügig durchgesetzt werden kann[1]. Im arbeitsgerichtlichen Urteilsverfahren besteht bei kürzeren Kündigungsfristen trotz der kurzfristigen Terminierung die Gefahr, daß die Klage eines Arbeitgebers auf Arbeitsleistung nicht den erstrebten Erfolg erreicht, weil im Verlauf des Prozesses die Kündigungsfrist abläuft und das Arbeitsverhältnis damit wirksam beendet wird[2]. Aber auch bei längeren Kündigungsfristen hat der Arbeitgeber ein Interesse an einer raschen gerichtlichen Entscheidung, auf die er sein weiteres Vorgehen einstellen kann, da in der Regel mit jedem Tag der Nichterbringung der geschuldeten Arbeitsleistung sein Schaden wächst. Zur Überbrückung des Zeitraums bis zum Vorliegen einer Entscheidung im Hauptsacheverfahren stehen im deutschen Zivilprozeßrecht vor allem die einstweiligen Verfügungen nach den §§ 935 ff. ZPO als Kern des vorläufigen Rechtsschutzes zur Verfügung[3]. Die Regelungen finden gemäß §§ 62 Abs. 2, 85 Abs. 2 ArbGG auch im arbeitsgerichtlichen Verfahren Anwendung.

Die Frage, ob einem vertragsbrüchigen Arbeitnehmer im Wege der einstweiligen Verfügung aufgegeben werden kann, seine Arbeit fortzusetzen oder überhaupt aufzunehmen, hat insbesondere in den 50'er und 60'er Jahren[4] häufig die Gerichte für Arbeitssachen erster und zweiter Instanz

---

1 Gloy, § 78 RdNr. 1.

2 Vgl. Marienhagen, BB 1961, 757; Stoffels, S. 71.

3 Vogg, NJW 1993, 1357; Schilken, S. 59 m.w.N.

4 Die erhebliche Anzahl entsprechender Gerichtsentscheidungen in dieser Zeit ist darauf zurückzuführen, daß in den 50'er und 60'er Jahren eine große Nachfrage nach Arbeitskräften bestand und daher das Interesse der Arbeitgeber daran, ihre Arbeitnehmer an den eingegangenen Verpflichtungen festzuhalten, besonders groß war.

beschäftigt und ist bis heute umstritten[5]. Beantragt der Arbeitgeber beim zuständigen Arbeitsgericht den Erlaß einer derartigen einstweiligen Verfügung, so lassen sich die Aussichten seines Antrages wegen der konträren Ansichten in der Rechtsprechung nicht sicher abschätzen[6]. Eine Entscheidung des Bundesarbeitsgerichtes ist nicht zu erwarten, da im Verfahren des vorläufigen Rechtsschutzes nach § 72 Abs. 4 ArbGG die Revision ausgeschlossen ist. Der uneinheitlichen Rechtsprechung entsprechend besteht auch in der Literatur keine Einigkeit über die Zulässigkeit einer auf Arbeitsleistung gerichteten einstweiligen Verfügung. Im wesentlichen lassen sich die in Rechtsprechung und Schrifttum vertretenen Meinungen in drei Hauptgruppen einteilen:

Die wohl die herrschende Meinung bejaht grundsätzlich für alle Arbeitsleistungen die Zulässigkeit einer Verurteilung zur Arbeitsleistung durch einstweilige Verfügung, ohne daß es auf eine entsprechende Vollstreckungsmöglichkeit ankommen soll[7].

Eine ebenfalls weit verbreitete Auffassung verneint hingegen die Zulässigkeit von einstweiligen Verfügungen, durch die der Arbeitnehmer zur Erbringung einer Arbeitsleistung verurteilt wird, ohne zwischen vertretbaren und unvertretbaren Arbeitsleistungen zu unterscheiden[8]. Zur Begrün-

---

5 Vgl. die in FN 7, 8 und 10 genannten Entscheidungen.

6 An dieser unklaren Situation, die Wenzel, DB 1966, 2024, bereits 1966 feststellte, hat sich bis heute nichts geändert.

7 Bobrowski, Arbeitgeber 1956, 748 f.; ders., BB 1956, 1200; Gumpert, BB 1955, 965; Herget, DB 1969, 2349; Hueck, Anm. AP Nr. 5 zu § 611 BGB - Anspruch auf Arbeitsleistung; Isele, SAE 1963, 165; G. Lüke, in: FS E. Wolf, S. 470 ff.; Marienhagen, BB 1961, 756 f.; ders., BB 1961, 901; Stoffels, S.75 f.; Wenzel, DB 1966, 2024; ders. JZ 1962, 592 f.; Staudinger-Richardi, § 611 RdNr. 351; Dütz, Arbeitsrecht, RdNr. 186; Schaub, Arbeitsrechts-Handbuch, § 45 VII 2; LAG Frankfurt a.M., DB 1956, 853; ArbG Wetzlar, DB 1955, 1067; LAG Bremen, BB 1955, 1089; ArbG Essen, BB 1961, 48; LAG Frankfurt a.M., BB 1961, 678; ArbG Detmold, BB 1961, 901; LAG Bremen, BB 1962, 1000; LAG Baden-Württemberg (09.04.1963), AP Nr. 5 zu § 940 ZPO; LAG Düsseldorf, BB 1963, 144; LAG Mainz, SAE 1963, 163; LAG Frankfurt a.M., BB 1964, 639; LAG Bremen, BB 1964, 1486; LAG Baden-Wüttemberg, BB 1968, 752; ArbG Düsseldorf, BB 1979, 1245; ArbG Frankfurt a.M., NZA 1995, 552; aktuellere Entscheidungen sind – soweit ersichtlich – nicht veröffentlicht.

8 Feller, RdA 1963, 129 f.; Oehmann, DB 1956, 1061; Savaète, AuR 1956, 6; Schaub, DB 1966, 1192; Palandt-Putzo, § 611 RdNr. 19; Nikisch, Arbeitsrecht I, S. 281 f.; LAG Hannover, BB 1953, 889; LAG Baden-Württemberg, BB 1958, 521; LAG Hamburg, AuR 1971, 29; LAG Frankfurt, NZA 1990, 614.

dung wird von den Vertretern dieser Auffassung regelmäßig auf die angeblich fehlende Vollstreckbarkeit der einstweiligen Verfügung verwiesen, die dem Wesen der einstweiligen Verfügung entgegenstehe[9]. Auch wird eingewandt, eine einstweilige Verfügung auf Arbeitsleistung nehme die Entscheidung in der Hauptsache vorweg und stelle damit eine unzulässige provisorische Verurteilung dar[10].

Nach einer dritten, zunächst im Vordringen befindlichen Auffassung soll zwar die fehlende Vollstreckungsmöglichkeit bei unvertretbaren Diensten der Verurteilung des Arbeitnehmers durch einstweilige Verfügung nicht entgegenstehen; hingegen soll es bei vertretbaren Diensten in der Regel an einem Verfügungsgrund fehlen, da der Arbeitgeber letztlich nur an den Kosten der Ersatzvornahme (§ 887 ZPO) interessiert sei[11]. Auf diese Geldleistung könne er aber kaum je so dringend angewiesen sein, daß dies den Erlaß einer einstweiligen Verfügung rechtfertige. Inzwischen haben einige Vertreter dieser Auffassung ihre Meinung aber dahingehend geändert, daß sie jetzt für unvertretbare Arbeitsleistungen die Zulässigkeit einer einstweiligen Verfügung unter Berufung auf die fehlende Vollstreckbarkeit ablehnen, wohingegen sie für vertretbare Arbeitsleistung ihre frühere Argumentation aufrechterhalten, daß bei einer Vollstreckung nach § 887 ZPO der Verfügungsgrund fehle[12]. Für vertretbare Arbeitsleistungen wird dazu auch als Begründung angeführt, durch die Vollstreckung nach § 887 ZPO könne dem Sicherungsbedürfnis des Arbeitgebers an der Arbeitsleistung seines Arbeitnehmers nicht Rechnung getragen werden[13]

---

9 Statt vieler MünchKommZPO-Heinze, § 935 RdNr. 37.

10 Oehmann, DB 1956, 1061 f..

11 Baur, BB 1964, 607 ff.; Jauernig, ZZP 79 (1966), 339; Grunsky, Arbeitsgerichtsgesetz (6. Aufl., 1990), § 62 RdNr.19 f.

12 Grunsky, Arbeitsgerichtsgesetz, § 62 RdNr. 19 f.; so auch Stein/Jonas-Grunsky, Vor § 935 RdNr. 66f.; Brox/Walker, RdNr.1593 u. RdNr.1603; Germelmann/Matthes/Prütting, § 62 RdNr. 84 f.; Zöller-Vollkommer, § 940 RdNr. 8 "Arbeitsrecht"; Heinze, RdA 1986, 280; MünchHdbArbR-Blomeyer, § 50 RdNr. 3.

13 MünchHdbArbR-Blomeyer, § 50 RdNr. 3.

II. Zulässigkeit einer auf Anspruchsbefriedigung gerichteten einstweiligen Verfügung

Sowohl in der Literatur[14] als auch in der Rechtsprechung[15] wird die Zulässigkeit von Befriedigungsverfügungen zwar weitgehend anerkannt. Da aber Rechtsgrundlage und Zulässigkeitsvoraussetzungen umstritten sind[16] und gerade gegen die Zulässigkeit einer einstweiligen Verfügung auf Arbeitsleistung vorgebracht wird, hierdurch werde in unzulässiger Weise die Entscheidung in der Hauptsache vorweggenommen[17], bedarf es einer näheren Auseinandersetzung mit der Frage, ob und gegebenenfalls unter welchen Voraussetzungen Befriedigungsverfügungen zulässig sind. Mit dem Begriff Befriedigungsverfügung ist dabei eine einstweilige Verfügung gemeint, welche zu einer Vorwegnahme der Rechtsfolge führt, die im Hauptprozeß begehrt wird[18]. Ausgangspunkt der Untersuchung sind die Regelungen der §§ 935 ff. ZPO.

1. Die Regelung des § 935 ZPO

Nach § 935 ZPO ist eine einstweilige Verfügung zulässig, wenn zu besorgen ist, daß durch eine Veränderung des bestehenden Zustandes die Verwirklichung des Rechts einer Partei vereitelt oder wesentlich erschwert werden könnte.

Ein ausdrückliches Verbot der Vorwegnahme der Hauptsache wird durch diesen Wortlaut zwar nicht bestimmt. Hingegen legen die Bezugnahme auf „den bestehenden Zustand" und auf die durch dessen „Veränderung" drohende Gefahr der Behinderung künftiger „Rechtsverwirklichung" den Schluß nahe, daß die einstweilige Verfügung nach § 935 ZPO nur die künftige Rechtsverwirklichung durch Erhaltungsmaßnahmen sichern soll[19]. Entsprechend wird die in § 935 ZPO geregelte einstweilige Verfü-

---

14 Z.B. Zöller-Vollkommer, § 940 RdNr. 6; Baumbach/Lauterbach-Hartmann, Grdz § 916 RdNr. 6 ff.; Thomas/Putzo-Reichold, § 940 RdNr. 6 ff.; MünchKommZPO-Heinze, Vor § 935 RdNr. 4 ff.; Vogg, NJW 1993, 1363 ff. m.w.N.

15 Z.B. OLG Köln, NJW-RR 1995, 1088; NJW-RR 1997, 57; OLG Düsseldorf, NJW-RR 1996, 123.

16 Nachweise bei Schilken, S. 30 ff.

17 LAG Baden-Württemberg (27.01.1958), AP Nr. 5 zu § 611 BGB - Anspruch auf Arbeitsleistung; Oehmann, DB 1956, S.1061f.; Heinze, RdA 1986, S. 280 ff.

18 Schilken, S. 23.

19 Schilken, S. 24.

gung überwiegend als „Sicherungsverfügung“ bezeichnet[20]. Dies entspricht der historischen Entwicklung der Vorschrift, die sich aus dem Arrest selbst entwickelt hat und erst mit der Schaffung der ZPO deutlich und einheitlich aus dem Institut des Arrestes ausgegliedert wurde[21]. Die inhaltliche Kongruenz von § 935 ZPO zu § 917 Abs. 1 ZPO zeigt ebenfalls, daß der Zweck der einstweiligen Verfügung nach § 935 ZPO in der *Sicherung vor Veränderung* besteht[22].

Wegen der Beschränkung des Zwecks der einstweiligen Verfügung nach § 935 ZPO auf die Sicherung vor Veränderung scheidet § 935 ZPO zur Begründung der Zulässigkeit einer auf Anspruchsbefriedigung gerichteten einstweiligen Verfügung aus.

2. Die Regelung des § 940 ZPO

Gemäß § 940 ZPO ist eine einstweilige Verfügung auch zum Zwecke der Regelung eines einstweiligen Zustandes in bezug auf ein streitiges Rechtsverhältnis zulässig, sofern die Regelung, insbesondere bei dauernden Rechtsverhältnissen, zur Abwendung wesentlicher Nachteile, zur Verhinderung drohender Gewalt oder aus anderen Gründen nötig erscheint.

Der Wortlaut des § 940 ZPO, vor allem der ausfüllungsbedürftige Begriff der "Regelung", gibt wegen seiner generalklauselartigen Weite Anlaß zu der Frage, ob hiernach nicht auch umfassende, auf Befriedigung des Gläubigers gerichtete Maßnahmen gedeckt sind[23]. Der Zulässigkeit solcher Maßnahmen steht nicht entgegen, daß es ich um die Regelung eines "einstweiligen Zustandes" handeln muß. Mit der Regelung eines "einstweiligen Zustandes" ist die vorläufige *rechtliche* Regelung zur Schaffung eines - rechtlichen und tatsächlichen - Friedenszustandes gemeint; die "Einstweiligkeit" des Zustandes ist der "Einstweiligkeit" der Verfügung gleichzusetzen[24]. Da eine Befriedigungsverfügung rechtlich nichts Endgültiges schafft, gibt die wörtliche Interpretation des § 940 ZPO insoweit weder für noch gegen die Zulässigkeit dieser Verfügung etwas her[25].

---

20 Statt vieler Baumbach/Lauterbach-Hartmann, Grdz § 916 RdNr. 3 u. § 935 RdNr. 1.

21 Schilken, S. 25 m.w.N.

22 Ähnlich MünchKommZPO-Heinze, § 935 ZPO RdNr. 1.

23 Schilken, S. 69.

24 Schilken, S. 72.

25 Schilken, S. 72.

Da aber auch im Zivilprozeßrecht grundsätzlich die allgemeinen Auslegungsgrundsätze gelten[26], ist die Frage, ob nach § 940 ZPO Befriedigungsverfügungen zulässig sind, nicht lediglich durch eine bloße Wortauslegung zu ermitteln. Es ist vielmehr auch nach dem Sinn und Zweck der Vorschrift zu fragen; § 940 ZPO ist „teleologisch" auszulegen. Der Richter braucht nicht „am Wortlaut einer Norm ... haltzumachen. Seine Bindung an das Gesetz ... bedeutet nicht Bindung an dessen Buchstaben mit dem Zwang zu wörtlicher Auslegung, sondern Gebundensein an Sinn und Zweck des Gesetzes."[27] Zumindest bei der Sinnermittlung kann es nützlich sein, sich daran zu orientieren, was der Gesetzgeber gedacht hat[28].

Für die Zivilprozeßordnung wurden drei Entwürfe ausgearbeitet, deren Vorschriften über einstweilige Verfügungen wörtlich übereinstimmen[29]. In der Begründung zu §§ 731 bis 736 des 1. Entwurfs wird zu § 736 (heute 940 ZPO) ausgeführt[30]:

„Unter den Zweck der Sicherung eines individuellen Streitgegenstandes fällt in weiterem Sinne auch die Regelung eines einstweiligen Zustandes in bezug auf ein streitiges Rechtsverhältnis, insofern die vorauszusetzende Notwendigkeit einer solchen Regelung die Gefahr einer Erschwerung des Rechts einer Partei in sich schließt. Hierher gehören insbesondere auch Anordnungen bei possessorischen Streitigkeiten."

Indem von einer Sicherung im weiteren Sinn die Rede ist, wird von dem strengen Sicherungszweck des § 935 ZPO abgerückt, ohne daß damit etwas über die Möglichkeit einer Befriedigungsmaßnahme gesagt wäre[31].

Bei den Begründungen zu den Vorschriften der CPO ist aber zu berücksichtigen, daß das Recht der einstweiligen Verfügung bei Schaffung der CPO nicht mehr eigenständig ausgeformt und entsprechend auch nicht mehr eingehend erörtert wurde[32]. Statt dessen übernahm man im wesentlichen die in den „neueren deutschen Prozeßordnungen und Entwürfen" enthaltenen Regelungen, wobei dem Norddeutschen Entwurf als dem damals

---

26 Zöller-Vollkommer, Einl RdNr. 92; Baumbach/Lauterbach-Hartmann, Einl III RdNr. 36 m.w.N.

27 BVerfGE 35, 278 f.

28 Baumbach/Lauterbach-Hartmann, Einl III RdNr. 42 a.E.

29 Schilken, S. 73.

30 Vgl. Schilken, S. 74.

31 Schilken, S. 74.

32 Schilken, S. 75.

neuesten Konzept überragende Bedeutung zukam[33]. § 740 des Norddeutschen Entwurfs stimmt mit § 940 ZPO in den entscheidenden Formulierungen wörtlich überein[34]; in den Protokollen wird hierzu ausgeführt[35]:

„Endlich war die Kommission einig, daß auch die Fälle der interimistischen Regelung eines Zustandes, z.B. des Besitzstandes, der Alimentationspflicht, Schlichtung von Streitigkeiten zwischen Gastwirt und Gast, Baustreitigkeiten usw. nach ähnlichen Grundsätzen zu behandeln seien."

Aus der Erwähnung der Regelung von Alimentationspflichten und dem Hinweis auf die Regelung eines Besitzstandes ergibt sich, daß der Gesetzgeber bei komplexen Rechtsverhältnissen auch die Möglichkeit einer interimistischen Zustandsregelung anerkannt hat, die dem Antragsteller eine Befriedigung gewährt[36]. Eine teleologische Auslegung des § 940 ZPO spricht danach dafür, daß die Vorschrift jedenfalls bei komplexen Rechtsverhältnissen Grundlage für Befriedigungsverfügungen sein kann. Das Arbeitsverhältnis ist ein solches komplexes Rechtsverhältnis. Eine einstweilige Verfügung gegen den vertragsbrüchigen Arbeitnehmer auf (Wieder-)Auf-nahme der Arbeit kann nach dieser Auslegung unmittelbar auf die Regelung des § 940 ZPO gestützt werden[37].

Dem kann auch nicht etwa entgegengehalten werden, die Möglichkeit einer Leistungsverfügung beschränke sich im wesentlichen auf Geldzahlungen zur Abwendung erheblicher Nachteile; eine weitere Ausdehnung auf die Verurteilung zur Arbeitsleistung könne nicht erfolgen[38]. Die Vertreter der gegenteiligen Meinung begründen ihre Auffassung damit, bei Geldforderungen sei eine in einem summarischen Eilverfahren naheliegende Fehlentscheidung noch am ehesten reparabel[39]. Diese Meinung kann in ihrer Begründung nicht überzeugen und ist durch die Rechtspraxis überholt. Gerade bei Erlaß einer Geldleistungsverfügung wird das Risiko eines nur unvollständig ausgleichbaren oder sogar irreparablen Rechtszu-

---

33 Schilken, S. 75.

34 Schilken, S. 75.

35 Protokolle Nordd. Entwurf, S. 1242.

36 Schilken, S. 84.

37 So auch Bobrowski, Arbeitgeber 1956, 748, der die einstweilige Verfügung auf Arbeitsaufnahme als Regelungsverfügung i.S.d. § 940 ZPO ansieht.

38 So aber LAG Baden-Württemberg (27.01.1958), AP Nr. 5 zu § 611 BGB - Anspruch auf Arbeitsleistung; Oehmann, DB 1956, 1062; Schaub, DB 1966, 1192.

39 LAG Baden-Württemberg (27.01.1958), AP Nr. 5 zu § 611 BGB - Anspruch auf Arbeitsleistung; Oehmann, DB 1956, 1062.

standes besonders deutlich. Die Rechtsprechung läßt eine solche einstweilige Verfügung ganz überwiegend nur dann zu, wenn der Gläubiger eine finanzielle Notlage glaubhaft macht[40]. Daß damit strenge Anforderungen an die Notwendigkeit der Maßnahme gestellt werden, bringt im Regelfall die Gewißheit mit sich, daß der Antragsteller einen späteren Ersatzanspruch nicht erfüllen kann[41]. Wird in diesen Fällen trotzdem die Geldleistungsverfügung - zu Recht - für zulässig gehalten, so besteht keine Veranlassung, der einstweilige Verfügung gegen den vertragsbrüchigen Arbeitnehmer mit der Begründung, daß sie nicht auf eine Geldleistung gerichtet sei, die Zulässigkeit zu versagen.

Daß nicht nur auf eine Geldleistung gerichtete Befriedigungsverfügungen zulässig sind, zeigt auch die Unterlassungsverfügung. Diese ist neben der Geldleistungsverfügung die wohl wichtigste Erscheinungsform der Leistungsverfügung, die insbesondere im Wettbewerbsrecht das Hauptsacheverfahren weitgehend ersetzt hat[42]. Ebensowenig wie bei einer auf Arbeitsaufnahme gerichteten einstweiligen Verfügung kann bei der Unterlassungsverfügung eine einmal getroffene Entscheidung rückwirkend korrigiert werden[43]. Gleiches gilt für einstweilige Verfügungen auf Lieferung von Gas, Wasser und Strom[44], für die Entziehung von Geschäftsführungs- und Vertretungsbefugnissen durch einstweilige Verfügung[45], für die Veröffentlichung einer Gegendarstellung[46] und für zahlreiche andere, allgemein anerkannte Arten der Leistungsverfügung. Das mit der Schaffung endgültiger Zustände verbundene Risiko einer irreparablen, mit der wahren Rechtslage nicht übereinstimmenden Entscheidung führt demnach auch bei anderen Leistungsverfügungen nicht dazu, daß sich das Gericht der Verantwortung dieser Entscheidung entzieht. Ergeht im Fall des vertragsbrü-

---

40 Z.B. OLG Frankfurt, FamRZ 1997, 1090; OLG Karlsruhe, FamRZ 1996, 1431; OLG Nürnberg, NJW-RR 1995, 264.

41 Schilken, S. 18.

42 G. Lüke, Abschlußschreiben und Schutzschrift bei Unterlassungsverfügungen , in: FS Jahr, S. 293.

43 Stoffels, S. 77.

44 Zöller-Vollkommer, § 940 RdNr. 8 "Energielieferung" m.w.N.

45 BGHZ 33, 105.

46 Für die gerichtliche Geltendmachung des presserechtlichen Gegendarstellungsanspruchs wird in den im wesentlichen übereinstimmenden §§ 10, 11 der Landes-Presse-Gesetze ausdrücklich auf die Vorschriften der Zivilprozessordnung über das Verfahren auf Erlaß einer einstweiligen Verfügung verwiesen. Dabei wird sogar in den meisten Pressegesetzen die Durchführung eines Verfahrens über den Hauptsacheanspruch ausgeschlossen (vgl. § 11 IV S. 5 SaarlPresseG).

chigen Arbeitnehmers keine gerichtliche Entscheidung, so wird durch die in der Regel fehlende Nachholbarkeit der Arbeitsleistung ebenfalls ein irreparabler Zustand geschaffen.

Gerade wenn die Arbeitspflicht aus rein rechtlichen Gründen streitig ist, birgt eine Entscheidung durch den Richter aufgrund einer rechtlichen Würdigung des Sachverhaltes kaum ein wesentlich höheres Risiko, als eine Entscheidung im Urteilsverfahren. Nach h.M. findet bei der einstweiligen Verfügung eine volle Schlüssigkeitsprüfung statt[47]. Auch sonst läßt sich das Risiko einer mit der wahren Rechtslage nicht übereinstimmenden Entscheidung durch eine sorgfältige Prüfung der Voraussetzungen für den Erlaß einer einstweiligen Verfügung in vertretbaren Grenzen halten[48]. Die Vorwegnahme der Hauptsache und die Schaffung endgültiger Zustände stehen damit der Verurteilung des Arbeitnehmers durch einstweilige Verfügung nicht entgegen.

III. Der Einwand der fehlenden Vollstreckbarkeit

Das Vollstreckungsverbot des § 888 Abs. 3 ZPO gilt nur für unvertretbare Arbeitsleistungen, wohingegen bei vertretbare Arbeitsleistungen eine Vollstreckung nach § 887 ZPO erfolgen kann[49]. Die weit verbreitete Argumentation, der Zulässigkeit einer auf Arbeitsaufnahme gerichteten einstweiligen Verfügung stehe die wegen § 888 Abs. 3 ZPO fehlende Vollstreckbarkeit entgegen[50], kann daher schon im Ansatz nicht für vertretbare Arbeitsleistungen gelten. Hingegen bedarf diese Begründung im Falle unvertretbarer Arbeitsleistungen einer näheren Überprüfung.

Eine ausdrückliche gesetzliche Bestimmung, die eine einstweilige Verfügung der hier erörterten Art ausschließt, findet sich nicht[51]. Daß eine einstweilige Verfügung eine Vollstreckungsmöglichkeit voraussetzt, läßt sich nicht etwa der Regelung von Arrest und einstweiliger Verfügung im 8. Buch der Zivilprozeßordnung, also bei den Vorschriften über die Zwangsvollstreckung, entnehmen. Es ist allgemein anerkannt, daß diese Einordnung von Arrest und einstweiliger Verfügung systemwidrig ist und daß

---

47 MünchKommZPO-Heinze, § 935 RdNr.13 ff. m.w.N.

48 G. Lüke, in: FS E. Wolf, S. 472.

49 S. 1. Kapitel, § 2.

50 So etwa LAG Frankfurt, NZA 1990, 614; Oehmann, DB 1956, 1061; Savaète, AuR 1956, 6.

51 Hueck, Anm. AP Nr. 5 zu § 611 BGB - Anspruch auf Arbeitsleistung; Wenzel, JZ 1962, 592; ders. DB 1966, 2025.

beide Verfahrensarten nicht ausschließlich dem Zwangsvollstreckungsrecht zuzuordnen sind[52]. Vielmehr ist auch das Verfahren des einstweiligen Rechtsschutzes in ein Erkenntnisverfahren und eine Art Zwangsvollstreckungsverfahren aufgeteilt[53]. Nur auf die Vollziehung der einstweiligen Verfügung, nicht aber auf das vorangehende Erkenntnisverfahren, sind die Vorschriften über die Zwangsvollstreckung grundsätzlich anzuwenden (§§ 936, 928 ZPO). Daher trifft auch § 888 Abs. 3 ZPO ebensowenig wie im Urteilsverfahren[54] für die einstweilige Verfügung unmittelbar eine negative Aussage über die Zulässigkeit des Erkenntnisverfahrens.

Daß eine einstweilige Verfügung nur zulässig ist, wenn auch eine Vollstreckung möglich ist, könnte sich aus §§ 936, 929 Abs. 2, 927 Abs. 2 ZPO und den von Rechtsprechung und Schrifttum hierzu entwickelten Grundsätzen ergeben. Gemäß § 929 Abs. 2 ZPO, der nach § 936 ZPO im einstweiligen Verfügungsverfahren Anwendung findet, ist die Vollziehung eines Arrestbefehls unstatthaft, wenn seit dem Tage, an dem der Befehl verkündet oder der Partei, auf deren Gesuch er erging, zugestellt ist, ein Monat verstrichen ist. Nach h.M. ist nach Versäumung der Vollziehungsfrist und dem damit verbundenen Wegfall der Vollziehbarkeit die einstweilige Verfügung aufzuheben[55]. Hieraus könnte die Schlußfolgerung zu ziehen sein, daß eine einstweilige Verfügung ohne Vollstreckungsmöglichkeit keinen Bestand haben kann. Unmittelbar aus dem Wortlaut des § 929 Abs. 2 ZPO, der lediglich die *Vollziehung* nach Versäumung der Frist für unstatthaft erklärt, ist diese Schlußfolgerung nicht zu begründen. Bei der Überprüfung sind daher Sinn und Zweck der Regelung des § 929 Abs. 2 ZPO zu ermitteln.

Zum einen soll die Regelung des § 929 Abs. 2 ZPO eine Vollstreckung nach Veränderung der Umstände verhindern[56]. Zum anderen zwingt das

---

52 BVerfG, NJW 1978, 694; MünchKommZPO-Lüke, Einl RdNr. 311, Stein/Jonas-Grunsky, Vor § 916 RdNr. 2; Baumbach/Lauterbach-Hartmann, Grdz § 916 RdNr. 1.

53 G. Lüke, Zwangsvollstreckungsrecht, S. 343; Thomas/Putzo-Reichold, Vor § 916 RdNr. 1.

54 Dazu 1. Kapitel, § 1 I.

55 Zöller-Vollkommer, § 929 RdNr. 21; Baumbach/Lauterbach-Hartmann, § 929 RdNr. 6; OLG Schleswig, NJW 1972, 1056.

56 Ebenso Thomas/Putzo-Reichold, § 929 RdNr. 2. Wenig überzeugen kann hingegen, daß nach Thomas/Putzo-Reichold der Vorschrift des § 929 Abs. 2 ZPO weiter die Bedeutung zukommen soll, den Schuldner vor einer „Überrumpelung" zu schützen. Daß eine Vollziehung besonders schnell erfolgen soll, um eine Überrumpelung zu

Gesetz den Gläubiger durch § 929 Abs. 2 ZPO, nachdem er durch Einleitung eines summarischen Verfahrens eine besondere Eilbedürftigkeit für sich in Anspruch genommen hat, diese Eilbedürftigkeit unter Beweis zu stellen[57]. Nutzt er die Monatsfrist nicht, so wird vermutet, daß eben keine weitere Eilbedürftigkeit mehr besteht; das Gesetz gibt hiernach dem Interesse des Schuldners den Vorrang, indem es ein weiteres Vorgehen aus dem Titel für unstatthaft erklärt[58]. Damit liegt nicht der Wegfall der Vollziehbarkeit nach § 929 Abs. 2 ZPO, sondern das für ein Eilverfahren (zu) lange Zuwarten des Gläubigers der Aufhebbarkeit der einstweiligen Verfügung zugrunde.

Fehlt der einstweiligen Verfügung, wie im Fall einer Verurteilung zur Erbringung einer unvertretbaren Arbeitsleistung, von vornherein die Vollstreckbarkeit, besteht weder die Gefahr einer Vollstreckung nach Veränderung der Umstände noch kann ohne weiteres die erforderliche Eilbedürftigkeit verneint werden. Der Gläubiger, der hier für eine Zustellung der einstweiligen Verfügung im Parteibetrieb innerhalb der Monatsfrist des § 929 Abs. 2 ZPO Sorge trägt, zeigt, daß ihm die Sache eilig ist. Ob die Zustellung im Parteibetrieb dabei die Frist des § 929 Abs. 2 ZPO wahrt, läßt sich dem Wortlaut des Gesetzes nicht entnehmen. Auf jeden Fall ist für die fristwahrende Vollziehung ein eigenes Tätigwerden des Gläubigers zu fordern[59]. Dies entspricht der Funktion des § 929 Abs. 2 ZPO, den Gläubiger dazu zu zwingen, die von ihm in Anspruch genommene Eilbedürftigkeit unter Beweis zu stellen[60]. Das Gesetz besagt aber nicht, welche Tätigkeiten der Gläubiger im Einzelfall zur Fristwahrung vornehmen muß[61]. Für die Vollziehung einer einstweiligen Verfügung, die auf Vornahme einer vertretbaren oder unvertretbaren Handlung gerichtet ist, wird allgemein eine fristgerechte Zustellung im Parteibetrieb ausreichen[62]. Der Gläubiger macht durch diese zweifelsfrei Gebrauch von der einstweiligen Verfü-

---

verhindern, ist bereits in sich widersprüchlich. Zudem kann gerade beim Arrest eine den Schuldner überrumpelnde - und ihm damit eine Verschiebung von Vermögensgegenständen erschwerende - Vollziehung für einen effektiven Rechtsschutz erforderlich sein.

57 OLG Schleswig, NJW 1972, 1057 m.w.N.

58 OLG Schleswig, NJW 1972, 1057 m.w.N.

59 OLG Koblenz, NJW 1980, 949.

60 S. FN 57.

61 Zöller-Vollkommer, § 929 RdNr. 9.

62 So für die Vollstreckung nach § 888 ZPO OLG Frankfurt, NJW-RR 1998, 1007 m.w.N; a.A. für die Vollstreckung nach § 887 ZPO OLG Hamm, NJW-RR 1993, 959.

gung[63]. Es bedarf keines zusätzlichen Vollstreckungsantrages, der bei unvertretbaren Arbeitsleistungen von Anfang an zum Scheitern verurteilt wäre.

Als Zwischenergebnis kann festgehalten werden, daß sich auch aus §§ 936, 929 Abs. 2, 927 Abs. 2 ZPO und den von Rechtsprechung und Schrifttum hierzu entwickelten Grundsätzen die Notwendigkeit einer Vollstreckungsmöglichkeit als Voraussetzung für den Erlaß einer einstweiligen Verfügung nicht ableiten läßt.

Die Vertreter der Auffassung, daß im Wege der einstweiligen Verfügung nichts angeordnet werden darf, was nicht vollstreckt werden kann[64], bleiben den Nachweis für die Richtigkeit ihrer Meinung schuldig. Eine Wesensverschiedenheit zwischen Urteilsverfahren und einstweiligem Verfügungsverfahren, die so geartet ist, daß der Erlaß einer einstweiligen Verfügung immer die spätere Vollstreckbarkeit voraussetzt[65], ist nicht zu erkennen. Dem kann nicht entgegengehalten werden, die bloße Anordnung einer Maßnahme ohne Androhung einer möglichen Konsequenz für den Fall der Nichtbefolgung enthalte nicht die „dem einstweiligen Verfügungsverfahren eigene Sicherungswirkung“[66]. Von den Vertretern der gegenteiligen Ansicht wird der Zweck der einstweiligen Verfügung, die Zwangsvollstreckung zu sichern, überbewertet. Der Sicherungszweck ist bei der einstweiligen Verfügung weniger vordergründig als beim Arrest, der ausdrücklich "zur Sicherung der Zwangsvollstreckung" stattfindet (§ 916 Abs. 1 ZPO)[67]. Zwar besteht auch der Zweck der einstweiligen Verfü-

---

63 Zöller-Vollkommer, § 929 RdNr. 12.

64 Oehmann, DB 1956, 1061; Savaète, AuR 1956, 6; Heinze, RdA 1986, 280; LAG Baden-Württemberg (27.01.1958), AP Nr. 5 zu § 611 BGB - Anspruch auf Arbeitsleistung; LAG Hannover, BB 1953, 889. Diese Meinung wird, anders als in den Vorauflagen, inzwischen auch vertreten von Brox/Walker, Zwangsvollstrekkungsrecht, RdNr. 1593 u. RdNr.1603; Stein/Jonas-Grunsky, vor § 935 RdNr. 67 m.w.N. in FN 225.

65 So etwa LAG Baden-Württemberg (27.01.1958), AP Nr. 5 zu § 611 BGB - Anspruch auf Arbeitsleistung.

66 So z.B. Oehmann, DB 1956, 1061.

67 LAG Baden-Württemberg (09.04.1963), AP Nr. 5 zu § 940 ZPO. Den insoweit grundlegenden Unterschied zwischen Arrest und einstweiliger Verfügung hat auch schon das Reichsgericht in einer frühen Entscheidung (RGZ 9, S. 334ff.) hervorgehoben. Das Reichsgericht hat dabei betont, daß der Arrest mit der Sicherung der Zwangsvollstreckung einen anderen Zweck verfolgt als die einstweilige Verfügung.

gung nach § 935 ZPO in der Sicherung vor Veränderung[68]. Hingegen rückt die Regelungsverfügung nach § 940 ZPO von diesem strengen Sicherungszweck des § 935 ZPO ab[69]. Es besteht die Möglichkeit, daß eine Regelung auch dann i.S.d. § 940 ZPO wesentliche Nachteile abwendet, wenn eine Zwangsvollstreckung ausgeschlossen ist. Ausreichend kann bereits sein, daß dem Anspruchsberechtigten im summarischen Prozeß zu einer schnellen richterlichen Entscheidung verholfen wird[70], ohne daß es begriffsnotwendig einer Vollstreckungsmöglichkeit bedarf. Die Wiederherstellung und Sicherung des Rechtsfriedens werden gerade dann gewährleistet, wenn schon die Anordnung durch den Richter die Parteien dazu bewegt, die getroffene Regelung zu befolgen. Deswegen kann auch im Falle unvertretbarer Arbeitsleistungen eine einstweilige Verfügung, die dem Arbeitnehmer aufgibt, die geschuldete Arbeit zu erbringen, ohne Vollstreckungsmöglichkeit ihr Ziel, einen bestehenden Streit durch eine Zwischenregelung zu überbrücken[71], erreichen. Daß eine solche Anordnung ohne Vollstreckungsmöglichkeit weniger effektiv als eine vollstreckbare Anordnung ist, steht ihrer grundsätzlichen Zulässigkeit nicht entgegen. Die Bedeutung der einstweiligen Verfügung liegt in diesem Fall vor allem darin, daß der Staat durch das Arbeitsgericht infolge seiner Autorität rasch und eindringlich die Verpflichtung zur Arbeitsleistung ausspricht. Diesem Ausspruch kommt eine andere Qualität zu als einer Aufforderung des Arbeitgebers an den Arbeitnehmer[72]. Von einem gesetzestreuen Arbeitnehmer kann man erwarten, daß er auch ohne weiteren Zwang dem Ausspruch des Arbeitsgerichtes Folge leistet, sei es aus Einsicht oder aus Sorge vor den ihn sonst treffenden Nachteilen[73]. Ob sich der Arbeitnehmer im Einzelfall tatsächlich so verhalten wird, kann demgegenüber dahingestellt bleiben[74]. Diese Frage liegt ebenso außerhalb des Rahmens einer rechtlichen Erörterung wie z.B. die Frage, ob sich der Gläubiger mit einem vollstreckbaren Titel Befriedigung verschaffen könnte[75].

---

68 S. § 5 II 1.

69 Dazu § 5 II 2.

70 Bobrowski, Arbeitgeber 1956, 748; Wenzel, JZ 1962, 592; ders. in DB 1966, 2025; Marienhagen, BB 1961, 756; Stoffels, S. 74 f.; LAG Baden-Württemberg (09.04.1963), AP Nr. 5 zu § 940 ZPO.

71 Schilken, S. 63.

72 Bobrowski, Arbeitgeber 1956, 748.

73 Hueck, Anm. AP Nr. 5 zu § 611 BGB - Anspruch auf Arbeitsleistung.

74 Kritisch insoweit Oehmann, DB 1956, 1061.

75 LAG Baden-Württemberg (09.04.1963), AP Nr. 5 zu § 940 ZPO.

Es bleibt festzuhalten, daß die fehlende Vollstreckbarkeit im Falle unvertretbarer Arbeitsleistungen der Zulässigkeit einer einstweiligen Verfügung, die zur Erbringung der Arbeitsleistung verurteilt, ebensowenig entgegensteht wie eine mögliche Vorwegnahme der Hauptsache.

§ 6 Einzelne Voraussetzungen für den Erlaß einer einstweiligen Verfügung auf Erbringung der Arbeitsleistung

I. Das Rechtsschutzbedürfnis

In Literatur und Rechtsprechung bestehen unterschiedliche Auffassungen über die Abgrenzung von Rechtsschutzbedürfnis und Verfügungsgrund[76]. Da der Verfügungsgrund die spezielle Ausgestaltung des Rechtsschutzbedürfnisses im Verfahren der einstweiligen Verfügung darstellt, ist für dessen eigenständige Prüfung neben dem Verfügungsgrund regelmäßig kein Raum[77]; dem allgemeinen Rechtsschutzbedürfnis kann hier allenfalls in Ausnahmefällen Bedeutung zukommen[78]. Ein solcher Ausnahmefall, in dem der Antrag auf Erlaß einer einstweiligen Verfügung bereits wegen des Fehlens eines allgemeinen Rechtsschutzbedürfnisses unzulässig ist, liegt bei der einstweiligen Verfügung auf Erbringung der Arbeitsleistung weder bei vertretbaren noch bei unvertretbaren Arbeitsleistungen vor.

Hinsichtlich unvertretbarer Arbeitsleistungen kann dem Antrag des Arbeitgebers wegen der Bedeutung der einstweiligen Verfügung, den Arbeitnehmer mit der Autorität des Gerichtes auf seine Arbeitspflicht hinzuweisen, ein allgemeines Rechtsschutzbedürfnis nicht abgesprochen werden[79]. Vor diesem Hintergrund kann eine einstweilige Verfügung ohne Vollstreckungsmöglichkeit nicht als wertlos bezeichnet werden[80]. Das Interesse des Arbeitgebers an einem schnellen Ausspruch im Wege der einstweiligen Verfügung kann nicht geringer bewertet werden als das Interesse an einem Ausspruch im Urteilsverfahren[81], der unter Umständen zu spät kommt[82]. Gleiches gilt für vertretbare Arbeitsleistungen, bei denen die Verurteilung des vertragsbrüchigen Arbeitnehmers im Wege der einst-

---

76 Zum Streitstand G. Lüke, Fälle zum Zivilprozeßrecht, S. 95, FN 24.

77 G. Lüke, Fälle zum Zivilprozeßrecht, S. 95, FN 24.

78 Zöller-Vollkommer, § 935 RdNr. 5.

79 Dazu § 5 III.

80 So aber LAG Hamburg, AuR 1971, 29; Savaète, AuR 1956, 6; Kraft, NZA 1989, 778. Ähnlich auch Essling, DB 1955, 1189 und Gumpert, BB 1955, 965.

81 Dazu 1. Kapitel, § 1 I.

82 Stoffels, S. 75.

weiligen Verfügung jedenfalls keine geringere Bedeutung für den Arbeitgeber hat als bei unvertretbaren Arbeitsleistungen.

Auch der Einwand, ein Bedürfnis für eine einstweilige Verfügung auf Arbeitsaufnahme bestehe deswegen nicht, weil diese gegenüber dem arbeitsgerichtlichen Urteilsverfahren keinen Zeitgewinn mit sich bringe[83], kann nicht überzeugen. Die Schwäche dieses Einwandes besteht darin, daß bei dem Vergleich der Verfahrensdauer von Urteils- und Verfügungsverfahren nicht von gleichen Voraussetzungen ausgegangen wird. Beim Urteilsverfahren wird die kürzeste mögliche Verfahrensdauer betrachtet, die sich ergibt, wenn alle Beschleunigungsmöglichkeiten optimal ausgenutzt werden[84]. Dem wird der Zeitraum gegenübergestellt, den das Verfahren beim Erlaß einer einstweiligen Verfügung im ungünstigsten Fall in Anspruch nimmt, nämlich wenn entweder die Entscheidung erst nach mündlicher Verhandlung ergeht oder wenn nach Erlaß der einstweiligen Verfügung ohne mündliche Verhandlung ein Widerspruch eingelegt wird. Mißt man hingegen nicht mit zweierlei Maß und geht von ähnlichen Ausgangsvoraussetzungen aus, so ist die im Vergleich kürzere Verfahrensdauer bei der einstweiligen Verfügung nicht zu leugnen.

II. Der Verfügungsgrund

Der Erlaß einer einstweiligen Verfügung setzt voraus, daß das Bestehen eines Verfügungsgrundes glaubhaft gemacht wird[85]. Fehlt der Verfügungsgrund, ist der Antrag auf Erlaß einer einstweiligen Verfügung nicht als unbegründet[86], sondern als unzulässig abzuweisen[87]. Bei der Prüfung des Verfügungsgrundes ist zu berücksichtigen, daß durch die Leistungsverfügung gegen den Arbeitnehmer in der Regel endgültige Verhältnisse geschaffen werden[88]. Wegen dieser Situation ist der Verfügungsgrund nur

---

83 So LAG Baden-Württemberg (27.01.1958), AP Nr. 5 zu § 611 BGB - Anspruch auf Arbeitsleistung.

84 LAG Baden-Württemberg (27.01.1958), AP Nr. 5 zu § 611 BGB - Anspruch auf Arbeitsleistung.

85 Zum Verhältnis zwischen allgemeinem Rechtsschutzbedürfnis und Verfügungsgrund § 6 I.

86 So aber Zöller-Vollkommer, § 917 RdNr. 3; Baumbach/Lauterbach-Hartmann, Grdz. § 916 RdNr. 12 m.w.N.

87 MünchKommZPO-Heinze, § 917 RdNr. 2; G. Lüke, Fälle zum Zivilprozeßrecht, S. 90 m.w.N. in FN 3; ebenso die ganz h.M. im Wettbewerbsrecht, Pastor/Ahrens-Traub, 49. Kapitel, RdNr. 1 m.w.N. in FN 1.

88 Dazu § 5 II.

unter strengen Voraussetzungen zu bejahen[89]. Die Leistungsverfügung darf nur ergehen, wenn es ohne sie zu einer schwerwiegenden, gar irreparablen Schädigung des Antragstellers käme[90]. Teilweise wird von dem Arbeitgeber die Darlegung und ggf. Glaubhaftmachung gefordert, daß er durch die Abkehr des Arbeitnehmers eine wirtschaftliche Einbuße erleide und daß es nicht möglich sei, alsbald eine Ersatzkraft zu beschaffen oder durch innerbetriebliche Umsetzung einen Ausgleich herzustellen[91].

1. Der Verfügungsgrund bei unvertretbaren Arbeitsleistungen

Unvertretbare Arbeitsleistung liegen nach der hier vertretenen Auffassung nur dann vor, wenn die Leistung des Arbeitnehmers tatsächlich und rechtlich nicht durch die Leistung eines Dritten ersetzbar ist[92]. Ist diese Voraussetzung erfüllt, so drohen dem Arbeitgeber durch die Nichtleistung der Arbeit erhebliche Vermögensschäden, zu deren Abwendung die einstweilige Verfügung gegen den Arbeitnehmer erforderlich ist. Dies gilt insbesondere, wenn der Arbeitnehmer eine wichtige Schlüsselposition für den Betriebsablauf innehat oder wenn die Nichtleistung der Arbeit einen Lieferverzug verursacht, der laufende Geschäftsbeziehungen gefährdet oder zur Verwirkung von Konventionalstrafen führt[93].

Demgegenüber ist die Auffassung unzutreffend, daß ein Verfügungsgrund für eine Leistungsverfügung gegen den vertragsbrüchigen Arbeitnehmer *nur* in den vorgenannten Fällen zu bejahen ist, in denen dem Arbeitgeber wirtschaftliche Nachteile drohen, weil er nicht rechtzeitig eine neue Arbeitskraft einstellen kann oder weil der Arbeitsausfall nicht durch innerbetriebliche Umsetzung ausgeglichen werden kann[94]. Denn die Zulässigkeit einer Leistungsverfügung ist nicht auf die Fälle beschränkt, in denen eine schnelle Regelung zur Abwendung unabwendbarer erheblicher Vermögensschäden oder gar zur Abwendung eines drohenden Existenzverlustes erforderlich ist. Eine typische Fallgruppe, in der ein Verfügungsgrund für den Erlaß einer Leistungsverfügung besteht, liegt auch dann vor,

---

89 Baumbach/Lauterbach-Hartmann, Grdz. § 916 RdNr. 9; Thomas/Putzo-Reichold, § 940 RdNr. 6; Brox/Walker, RdNr. 1616.

90 MünchKommZPO-Heinze, Vor § 935 RdNr. 12; Thomas/Putzo-Reichold, § 940 RdNr. 6 m.w.N.

91 LAG Baden-Württemberg (09.04.1963), AP Nr. 5 zu § 940 ZPO.

92 1. Kapitel, § 2 VII.

93 Wenzel, DB 1966, 2029.

94 So aber Wenzel, DB 1966, 2029; LAG Baden-Württemberg (09.04.1963), AP Nr. 5 zu § 940 ZPO. Ähnlich wohl auch Stoffels, S. 81.

wenn die Verfügung zur Abwendung eines endgültigen Rechtsverlustes erforderlich ist[95]. Kann eine geschuldete Handlung nur innerhalb eines bestimmten Zeitraumes vorgenommen werden und besteht keine Möglichkeit, innerhalb dieses Zeitraumes ein Urteil im ordentlichen Erkenntnisverfahren zu erstreiten, liegt alleine in diesem Umstand ein Verfügungsgrund für den Erlaß einer Leistungsverfügung[96]. Die Ablehnung eines Verfügungsgrundes für diese Verfügung würde praktisch einer Rechtsverweigerung gleichkommen[97].

Gerade diese Situation entsteht bei einer Vielzahl der Arbeitsverhältnisse, wenn der Arbeitnehmer unerwartet seinem Arbeitsplatz fernbleibt. Jedenfalls für die unmittelbar nachfolgenden Tage ist es dem Arbeitgeber unmöglich, durch eine Klage vor dem Arbeitsgericht eine Verurteilung des vertragsbrüchigen Arbeitnehmers zu erreichen. In der Regel ist die bis zur Verurteilung schuldig gebliebene Arbeitsleistung wegen der fehlenden Nachholbarkeit unwiederbringlich verloren. In der Gefahr der endgültigen Rechtsvereitelung liegt ein drohender erheblicher Nachteil, der den Erlaß einer einstweiligen Verfügung rechtfertigt. Insoweit gilt für den Anspruch auf Arbeitsleistung nichts anderes als für Unterlassungsansprüche, die ebenfalls im Wege der einstweiligen Verfügung durchgesetzt werden, ohne daß hierbei stets die Gefahr des Existenzverlustes oder erheblicher unabwendbarer Vermögensschäden zu fordern ist[98].

Festhalten läßt sich damit als Zwischenergebnis für unvertretbare Arbeitsleistungen, daß ein hinreichender Verfügungsgrund zum einen dann besteht, wenn erhebliche wirtschaftliche Nachteile drohen. Zum anderen ist ein Verfügungsgrund auch dann zu bejahen, wenn die geschuldete Handlung nicht nachholbar ist und daher ein Rechtsverlust durch Unmöglichwerden der Leistung droht. Hat der Arbeitgeber hingegen durch die Nichtleistung der Arbeit keine erheblichen wirtschaftlichen Nachteile zu erwarten und ist die Arbeitsleistung ausnahmsweise nachholbar, so wird regelmäßig der Verfügungsgrund zu verneinen sein.

---

95 Brox/Walker, RdNr. 1618; Zöller-Vollkommer, § 940, RdNr. 6; OLG Frankfurt, NJW 1975, 393; LAG München, NJW 1980, 957 f.; LG München, NJW-RR 1987, 958.

96 OLG Frankfurt, NJW 1975, 393.

97 LG München, NJW-RR 1987, 958.

98 LAG München, NJW 1980, 958.

2. Der Verfügungsgrund bei vertretbaren Arbeitsleistungen

Bei unvertretbaren Arbeitsleistungen führt die fehlende Vollstreckbarkeit nicht zu einer grundsätzlichen Verneinung des Verfügungsgrundes; vielmehr ist das Vorliegen eines Verfügungsgrundes bei diesen Arbeitsleistungen unabhängig von vollstreckungsrechtlichen Aspekten zu beurteilen[99]. Es stellt sich die Frage, wieso demgegenüber gerade bei vertretbaren Arbeitsleistungen vollstreckungsrechtliche Aspekte, nämlich der Umstand, daß bei diesen die Vollstreckung nach § 887 ZPO im Wege der Ersatzvorahme erfolgt, dem Verfügungsgrund entgegenstehen sollen[100].

Unzulässig ist zunächst der Einwand, ein Verfügungsgrund sei deswegen zu versagen, weil durch die Vollstreckung nach § 887 ZPO nicht dem Sicherungsbedürfnis des Arbeitgebers hinsichtlich der Arbeitsleistung seines Arbeitnehmers Rechnung getragen werden könne[101]. Diese Argumentation verkennt die Bedeutung, die allein der gerichtliche Ausspruch der Arbeitsverpflichtung des Arbeitnehmers für den Arbeitgeber hat[102]. Ist eine einstweilige Verfügung bei unvertretbaren Arbeitsleistungen trotz fehlender Vollstreckbarkeit ein statthaftes und für den Arbeitgeber sinnvolles Mittel, den Arbeitnehmer eindringlich auf seine Verpflichtung hinzuweisen, so kann bei vertretbaren Arbeitsleistungen jedenfalls nicht mit dem Hinweis auf das Sicherungsbedürfnis des Arbeitgebers der Verfügungsgrund verneint werden.

Aber auch das Argument, der Arbeitgeber könne sich bei vertretbaren Arbeitsleistungen durch Einstellung einer Ersatzkraft selbst helfen und sei damit letztlich nur an den Kosten der Ersatzvornahme interessiert[103], verkennt die Interessen des Arbeitgebers an dem Erlaß einer einstweiligen Verfügung. Der Arbeitgeber verfolgt mit seinem Antrag auf Erlaß einer einstweiligen Verfügung das Ziel, seinen Anspruch auf Arbeitsleistung gegen den vertragsbrüchigen Arbeitnehmer durchzusetzen. Dem Arbeitgeber kann dieses Interesse an der Durchsetzung seines Individualanspruches, der gerade nicht auf eine Geldleistung gerichtet ist, nicht unter Hinweis auf eine ungewisse Ersatzforderung abgesprochen werden. Ihm kann nicht unterstellt werden, er wolle letztlich nur eine Geldleistung des vertragsbrüchigen Arbeitnehmers erreichen. Auch ist nicht einzusehen, dem

---

99 Dazu § 6 II 1.

100 S. § 5 I FN 11.

101 So aber MünchHdbArbR-Blomeyer, § 50 RdNr. 3.

102 Dazu 1. Kapitel, § 5 III.

103 So etwa Jauernig, ZZP 79 (1966), 339.

Arbeitgeber einseitig das Risiko der Selbsthilfe aufzubürden. Er hat ein berechtigtes Interesse daran, zuvor die Frage gerichtlich klären zu lassen, ob er vor ordnungsgemäßer Beendigung des mit dem vertragsbrüchigen Arbeitnehmer bestehenden Arbeitsverhältnisses auf einen anderen Arbeitnehmer zurückgreifen darf[104].

Bei der Prüfung des Verfügungsgrundes ist wie auch bei unvertretbaren Arbeitsleistungen entscheidend darauf abzustellen, ob dem Arbeitgeber ohne die Leistungsverfügung ein Rechtsverlust droht oder ob er sonst dringend auf die sofortige Erfüllung angewiesen ist. Eine besondere Dringlichkeit, die zur Bejahung des Verfügungsgrundes ausreicht, kann sich etwa daraus ergeben, daß kurzfristig kein entsprechend qualifizierter Ersatzmann zur Verfügung steht und die Nichtleistung der Arbeit einen Lieferverzug verursacht, der laufende Geschäftsbeziehungen gefährdet oder zur Verwirkung von Konventionalstrafen führt.

Ist eine rechtzeitige Verurteilung im normalen Erkenntnisverfahren nicht möglich und ist die geschuldete Arbeitsleistung nicht nachholbar, so kann der Arbeitgeber den drohenden Verlust seines Anspruchs gegen den Arbeitnehmer nicht dadurch abwenden, daß er selbst einen Dritten zur Erbringung der Arbeitsleistung einsetzt. Zwar ist der Arbeitgeber auch vor ordnungsgemäßer Beendigung des Arbeitsverhältnisses und ohne Erlangung eines Titels gegen den vertragsbrüchigen Arbeitnehmer berechtigt, die von diesem geschuldete aber tatsächlich nicht geleistete Arbeit durch einen anderen Arbeitnehmer erbringen zu lassen. Es besteht nicht etwa ein Anspruch des vertragsbrüchigen Arbeitnehmers darauf, daß zu leistende Arbeit während seiner Abwesenheit „liegenbleibt". Durch diese Selbsthilfe des Arbeitgebers würde aber der Primäranspruch des Arbeitgebers gegen den vertragsbrüchigen Arbeitnehmer weder erfüllt noch erhalten. Daß im Wege der Vollstreckung nach § 887 ZPO tatsächlich die Arbeitsleistung ebenso durch einen Dritten erbracht wird, ändert nichts an dem rechtlichen Unterschied zu einer Selbsthilfe des Arbeitgebers ohne eine vorhergehende gerichtliche Entscheidung. Nur im Falle einer Volllstreckung nach § 887 ZPO, nicht aber bei einer Selbsthilfe des Arbeitgebers, wird dem Arbeitnehmer die Leistung des Dritten als Erfüllung zugerechnet[105].

Erwirkt der Arbeitgeber also eine Leistungsverfügung und erfolgt dann nach § 887 ZPO eine Ersatzvornahme, so liegt hierin ein wirksamer Rechtsschutz in Hinblick auf den Primäranspruch des Arbeitgebers. Dies gilt selbst dann, wenn von vornherein feststeht, daß der Arbeitnehmer der Verurteilung im Wege der einstweiligen Verfügung nicht Folge leisten

---

104 G. Lüke, in: FS E. Wolf, S. 471 f.

105 Dazu 2. Kapitel, § 4 II 1.

wird. Demgegenüber kann eine spätere Schadensersatzklage für den Primäranspruch keinen Rechtsschutz bieten.

Als Ergebnis ist demnach festzuhalten, daß bei vertretbaren wie bei unvertretbaren Arbeitsleistungen die Vollstreckbarkeit nach § 887 ZPO beziehungsweise die wegen § 888 Abs. 3 ZPO fehlende Vollstreckbarkeit es nicht rechtfertigen, den Verfügungsgrund für den Erlaß einer einstweiligen Verfügung zu versagen[106]. Nach den oben zu den unvertretbaren Arbeitsleistungen dargestellten Grundsätzen ist auch bei vertretbaren Arbeitsleistungen ein Verfügungsgrund dann zu bejahen, wenn die Arbeitsleistung so kurzfristig zu erbringen ist, daß zur Abwendung eines Rechtsverlustes ein Urteil im normalen Erkenntnisverfahren nicht rechtzeitig erwirkt werden kann. Droht kein Rechtsverlust, so ist zu prüfen, ob dem Arbeitgeber durch die Nichtleistung sonstige wesentliche Nachteile drohen.

III. Der Verfügungsanspruch

Der Erlaß einer einstweiligen Verfügung gegen den vertragsbrüchigen Arbeitnehmer setzt voraus, daß der Arbeitgeber den Anspruch auf Arbeitsleistung schlüssig darlegt und erforderlichenfalls die zugrundeliegenden Tatsachen glaubhaft macht.

Nach zutreffender Auffassung findet auch im Verfahren der einstweiligen Verfügung eine volle, nicht nur eingeschränkte *Schlüssigkeitsprüfung* statt, d.h. der Umfang der rechtlichen Prüfung ist gegenüber dem Hauptsacheverfahren nicht eingeschränkt[107]. Auch bei besonders schwierigen Rechtsfragen kann weder auf die Schlüssigkeitsprüfung verzichtet, noch unter Berufung auf die Schwierigkeit der Rechtslage bei einer einstweiligen Verfügung der Antrag abgelehnt werden[108]. Es ist unter Zugrundelegung der glaubhaft gemachten Tatsachen zu prüfen, ob der Verfügungsanspruch rechtlich besteht oder nicht besteht. Eine „mildere“, sich nicht hinreichend mit der Rechtslage auseinandersetzende Schlüssigkeitsprüfung ist abzulehnen[109]. Die ZPO legt es dem Richter auf, seine Entscheidung in der rechtlichen Beurteilung schon im Eilverfahren, allerdings aufgrund der

---

106 Im Ergebnis ebenso G. Lüke, in: FS E. Wolf, S. 471 f.; Stoffels, S. 79 f.

107 MünchKommZPO-Heinze, § 935 RdNr.13 ff.; Stein/Jonas-Grunsky, § 935 RdNr. 7; Schilken, S. 116 ff.; a.A. unter Berufung darauf, daß § 920 Abs. 2 ZPO bezüglich der Glaubhaftmachung nicht zwischen Tatsachen und Rechtsfolgen unterscheide, sondern insgesamt die Vermittlung einer geringeren Wahrscheinlichkeit zulasse, Zöller-Vollkommer, § 922 RdNr. 6 m.w.N.

108 MünchKommZPO-Heinze, § 935 RdNr. 16.

109 MünchKommZPO-Heinze, a.a.O; Schilken, S. 116 ff.

nur glaubhaft gemachten Tatsachen, zu treffen[110]. Bei schwierigen Rechtsfragen, etwa bei Anwendung ausländischen Rechts, ist besonders an vorherige mündliche Verhandlung auch über die rechtlichen Probleme zu denken[111]. Der Antragsteller tut in einem solchen Fall im eigenen Interesse rascher Entscheidung gut daran, Erkenntnisquellen z.B. über das fremde Recht beizubringen[112].

Aber auch wenn man – entgegen der hier vertretenen Auffassung – im Verfahren der einstweiligen Verfügung grundsätzlich eine eingeschränkte Schlüssigkeitsprüfung für zulässig hielte[113], müßte bei der Leistungsverfügung der Verfügungsanspruch trotz des summarischen Verfahrens mit besonderer Sorgfalt geprüft werden, da hier die Gefahr einer irreversiblen Schädigung des Antragsgegners besonders groß ist[114].

Der Umfang der erforderlichen *Glaubhaftmachung* des Verfügungsanspruchs hängt allgemein von der Intensität des Eingriffs in die Sphäre des Schuldners ab[115]. Da die Leistungsverfügung - jedenfalls für einen Teil des Anspruchs - die Hauptsache vorwegnehmen kann und die Arbeitsleistung, wenn sie erst einmal aufgrund der gerichtlichen Anordnung erbracht wurde, nicht mehr rückgängig gemacht werden kann, sind auch an die Glaubhaftmachung des Verfügungsanspruchs in dem hier maßgeblichen Fall des vertragsbrüchigen Arbeitnehmers strenge Anforderungen zu stellen.

§ 7 Das Verfahren nach Erlaß der einstweiligen Verfügung

I. Die Vollziehung der einstweiligen Verfügung

Wie der Arrestbefehl sind auch die Sicherungs-, die Regelungs- und die Leistungsverfügung grundsätzlich sofort vollstreckbar, ohne daß es einer Vollstreckungsklausel bedarf (§§ 936, 929 ZPO). Durch die Verweisung in § 62 Abs. 2 ArbGG ist klargestellt, daß dies auch im arbeitsgerichtlichen Verfahren gilt. Es ist dabei unerheblich, ob die Entscheidung in Form eines Beschlusses oder in Form eines Urteils ergeht[116].

---

110 Schilken, S. 118 f.

111 Schilken, S. 119.

112 Schilken, S. 119.

113 So Zöller-Vollkommer, § 922 RdNr. 6 m.w.N.

114 Brox/Walker, RdNr. 1615; Stein/Jonas-Grunsky, Vor § 935 RdNr.36.

115 Zöller-Vollkommer, § 935 RdNr. 7; OLG München, NJW 1958, 1880.

116 Germelmann/Matthes/Prütting, § 62 RdNr. 6.

1. Die Vollziehung bei vertretbaren Arbeitsleistungen

In der Literatur wird teilweise die Auffassung vertreten, durch eine Leistungsverfügung dürfe zwar zur Vornahme einer vertretbaren Handlung verurteilt werden, eine Vollstreckung sei jedoch nur in engen Grenzen zulässig[117]. Dabei wird unterschieden, ob die Ermächtigung nach § 887 ZPO nur dazu dient, die Verpflichtung des Schuldners zur Kostentragung gerichtlich durchzusetzen oder ob gleichzeitig die Verpflichtung des Schuldners zur Duldung der Ersatzvornahme erreicht werden soll[118]. Nur soweit der Gläubiger die Ersatzvornahme dulden muß, soll die Vollstreckung einer Leistungsverfügung in Betracht kommen. Demgegenüber soll eine Ermächtigung insoweit unzulässig und folglich die einstweilige Verfügung nicht vollstreckungsfähig sein, als es um die Kostentragungspflicht des Schuldners geht[119].

Dies würde im Ergebnis für den Fall der einstweiligen Verfügung gegen den vertragsbrüchigen Arbeitnehmer bedeuten, daß auch bei vertretbaren Arbeitsleistungen die Vollstreckung ausgeschlossen wäre. Denn eine Verpflichtung zur Duldung der Ersatzvornahme wird in der Regel auf der Seite des vertragsbrüchigen Arbeitnehmers fehlen, da dieser nicht unmittelbar der Leistung des Dritten ausgesetzt ist. Eine Ermächtigung des Arbeitgebers nach § 887 ZPO zur Ersatzvornahme in der Weise, daß der Arbeitnehmer die Leistung des Dritten dulden muß und sein Widerstand gegebenenfalls nach § 892 ZPO unter Hinzuziehung eines Gerichtsvollziehers beseitigt werden kann, ist daher regelmäßig weder möglich noch nötig. Zu einem anderen Zweck dürfte aber nach der dargestellten Auffassung keine Ermächtigung nach § 887 ZPO erfolgen.

Eine derartig Begrenzung der Vollziehbarkeit der Leistungsverfügung gegen den vertragsbrüchigen Arbeitnehmer ist aber abzulehnen. Hat der Arbeitgeber die Verurteilung des Arbeitnehmers im Wege der einstweiligen Verfügung erreicht, so ergibt sich aus keinem rechtlichen Gesichtspunkt die Notwendigkeit, dem Arbeitgeber bei vertretbaren Arbeitsleistung die Vollziehung der einstweiligen Verfügung nach § 887 ZPO zu versagen. Führt der Arbeitgeber die Ersatzvornahme ohne Ermächtigungsbeschluß durch, so muß er die (Mehr-) Kosten als Schadensersatz wegen Verzuges oder Nichterfüllung in einem neuen Verfahren einklagen[120], um einen Vollstreckungstitel gegen den Arbeitnehmer zu erlangen. Bei einem ein-

---

117 Jauernig, ZZP 79 (1966), 339; ebenso wohl auch Schilken, S. 148 f.

118 Jauernig, ZZP 79 (1966), 339.

119 Jauernig, ZZP 79 (1966), 339; Schilken, S. 148 f.

120 ErfurterKommArbR-Preis, § 611 BGB RdNr. 985.

deutigen Arbeitsvertragsbruch kann auch dem Arbeitnehmer hieran kaum gelegen sein, da ihm durch die Schadensersatzklage weitere vermeidbare Kosten entstehen. Demgegenüber birgt die Vollstreckung nach § 887 ZPO auch bei einem im summarischen Verfahren ergangenen Titel für den Arbeitnehmer keine unangemessenen Risiken, die es rechtfertigen würden, dem Arbeitgeber die Vollstreckungsmöglichkeit aus der Leistungsverfügung zu versagen. Durch die Ermächtigung nach § 887 ZPO werden keine irreversiblen Zustände geschaffen. Sie bewirkt nur, daß der Arbeitnehmer die Mehrkosten der Ersatzvornahme, die er ansonsten als Schadensersatz zahlen müßte, als Kosten der Zwangsvollstreckung (§ 788 ZPO) zu tragen hat. Selbst wenn der Arbeitnehmer nach § 887 Abs. 2 ZPO zur Vorauszahlung der Mehrkosten verurteilt wird und sich im ungünstigsten Fall später herausstellt, daß die einstweilige Verfügung zu Unrecht erlassen wurde, ist kaum eine Fallgestaltung vorstellbar, in der dem Arbeitnehmer durch die Beitreibung der Mehrkosten der Ersatzvornahme ein irreparabler Schaden entstehen könnte. Die Mehrkosten werden relativ gering einzuschätzen sein, und der Arbeitnehmer erhält mit dem Arbeitgeber regelmäßig einen leistungsfähigen Schuldner für etwaige Schadensersatzansprüche (§ 945 ZPO)[121].

2. Die Auswirkungen des Vollstreckungsverbots des § 888 Abs. 3 ZPO bei unvertretbaren Arbeitsleistungen

§ 888 Abs. 3 ZPO schließt im Falle der Verurteilung zur Leistung von unvertretbaren Diensten aus einem Dienstvertrag die Vollstreckung nach § 888 Abs. 1 ZPO aus. Der Anwendungsbereich des § 888 Abs. 3 ZPO ist nicht auf eine Verurteilung im normalen Erkenntnisverfahren beschränkt, sondern gilt gleichermaßen für eine Verurteilung durch einstweilige Verfügung. Entsprechend sind die Androhung[122] und Anordnung von Zwangsgeld und Zwangshaft im einstweiligen Verfügungsverfahren unzulässig[123]. Wird trotzdem entgegen § 888 Abs. 2 n.F. ZPO ein Zwangsmittel *angedroht*, steht dem Schuldner hiergegen kein Rechtsmittel zu[124]. Abs. 2 soll nicht den Schuldner, sondern den Gläubiger vor einer Verzögerung der Vollstreckung schützen[125]. Wird hingegen unter Verstoß gegen § 888 Abs. 3 ZPO ein Zwangsgeld festgesetzt, so findet - auch im arbeitsge-

121 Dazu § 7 II.

122 § 888 Abs. 2 ZPO n.F.

123 Gumpert, BB 1955, 965; Herget, DB 1969, 2349, Stoffels, S.76.

124 So die h.M. bereits zum alten Recht, vgl. Musielak-Lackmann, § 888 RdNr. 14 m.w.N; a.A. Thomas/Putzo-Putzo, § 888 RdNr. 18.

125 Musielak-Lackmann, a.a.O.

richtlichen Verfahren - gemäß § 793 Abs. 1 ZPO gegen den festsetzenden Beschluß die sofortige Beschwerde statt[126].

II. Der Schadensersatzanspruch nach § 945 ZPO

Wie nach § 717 Abs. 2 ZPO bei der Vollstreckung von vorläufig vollstreckbaren Urteilen kann den Gläubiger nach § 945 ZPO eine verschuldensunabhängige Schadenersatzpflicht gegenüber dem Schuldner treffen[127]. Bei § 945 ZPO handelt es sich um einen Fall der Risikozuweisung, die dem Gläubiger deshalb auferlegt wird, weil er ohne ein vorausgehendes ordentliches Erkenntnisverfahren in einer ungewissen Rechtslage den Schuldner in Anspruch nimmt[128]. Voraussetzung der Schadensersatzpflicht ist nach § 945 ZPO, daß sich die Anordnung der einstweiligen Verfügung im Nachhinein als von Anfang an ungerechtfertigt erweist oder die angeordnete Maßregel aufgrund des § 926 Abs. 2 ZPO oder des § 942 Abs. 3 ZPO aufgehoben wird. Als von Anfang an ungerechtfertigt erweist sich die Maßnahme, wenn der Verfügungsgrund oder der Verfügungsanspruch von vornherein fehlten[129]. Nach §§ 249 ff. BGB zu ersetzen ist der durch die Vollziehung der einstweiligen Verfügung adäquat kausal verursachte unmittelbare und mittelbare Schaden[130]. Ersatzfähig ist damit jede ungünstige Auswirkung, die die Vollziehung der einstweiligen Verfügung hinsichtlich der Vermögenslage des Antragsgegners hinterläßt[131]. Hat der Arbeitgeber dem Arbeitnehmer die einstweilige Verfügung im Parteibetrieb zustellen lassen und ist damit selbst aktiv zum Zweck der Vollziehung tätig geworden, so genügt es, wenn der Arbeitnehmer deswegen die Arbeitsleistung selbst erbracht hat und ihm hieraus ein Schaden entstanden ist[132]. Der Ersatzanspruch läßt sich bereits deshalb, weil im Verfahren über den Ersatzanspruch ein voller Beweis statt einer bloßen Glaubhaftmachung erforderlich ist, nicht im vorläufigen Verfahren durchsetzen; es ist also eine gesonderte Klage erforderlich[133].

---

126 Thomas/Putzo, § 888 RdNr. 18; Germelmann/Matthes/Prütting, § 62 RdNr. 59, 62.

127 Rosenberg/Gaul/Schilken, § 80 Vor I.

128 Rosenberg/Gaul/Schilken, a.a.O.

129 Zöller-Vollkommer, § 945 RdNr. 8 m.w.N.

130 BGH, NJW 1986, 1108; 1993, 2687.

131 Rosenberg/Gaul/Schilken, § 80 II.

132 Vgl. Brox/Walker, RdNr. 1670 m.w.N.

133 Baumbach/Lauterbach-Hartmann, § 945 RdNr. 13.

4. Kapitel

Das Vorgehen nach § 61 Abs. 2 ArbGG

§ 8 Geltungsbereich des § 61 Abs. 2 ArbGG

I. Anwendbarkeit des § 61 Abs. 2 ArbGG im Klageverfahren gegen den vertragsbrüchigen Arbeitnehmer

Der Arbeitgeber kann bei vertretbaren Arbeitsleistungen mit der Klage auf Erfüllung der Arbeitsverpflichtung nach § 61 Abs. 2 Satz 1 ArbGG beantragen, den Arbeitnehmer für den Fall, daß die geschuldete Arbeit nicht binnen einer bestimmten Frist geleistet ist, zur Zahlung einer vom Arbeitsgericht nach freiem Ermessen festzusetzenden Entschädigung zu verurteilen. Dabei ermöglicht § 61 Abs. 2 ArbGG über § 259 ZPO hinausgehend eine Verurteilung zu einer erst in Zukunft fälligen werdenden Entschädigung. Er erleichtert und beschleunigt die Durchsetzung von Schadensersatzansprüchen[1]. Allerdings verliert der Kläger, der hiervon Gebrauch macht, bereits vor dem Ablauf der gesetzten Frist nach § 61 Abs. 2 Satz 2 ArbGG die Möglichkeit, den Titel auf Vornahme der Handlung zu vollstrecken[2].

Die Möglichkeit, nach § 61 Abs. 2 ArbGG vorzugehen, steht dem Arbeitgeber auch bei unvertretbaren Arbeitsleistungen offen; die Regelung gilt wie die des § 510 b ZPO auch für unvertretbare Dienstleistungen[3]. § 888 Abs. 3 ZPO steht einer Verurteilung nach § 61 Abs. 2 ArbGG nicht entgegen. Denn die Verurteilung zur Zahlung einer Entschädigung ist kein vollstreckungsrechtliches Mittel zur Erzwingung der Arbeitsleistung, sondern betrifft den materiellrechtlichen Schadensersatzanspruch des Arbeitgebers[4]. Wie *Isele*[5] zutreffend feststellt, ist dieser Unterschied nicht nur von terminologischer, sondern von eminent praktischer Bedeutung. Dies zeigt sich daran, daß Zwangsgeld und Zwangshaft nach § 888 Abs. 1 ZPO der Staatskasse zufallen und die materielle Rechtslage unberührt lassen[6]. Die Entscheidung über den Entschädigungsanspruch des Arbeitgebers

---

1 MünchKommZPO-Deubner, § 510 b RdNr. 1 (zu § 510 b ZPO).

2 MünchKommZPO-Deubner, § 510 b RdNr. 1.

3 G. Lüke, in: FS E. Wolf, S. 467; Wenzel, JZ 1962, 591; M.Wolf, JZ 1963, 436; Stoffels, S. 164 f.; Germelmann/Matthes/Prütting, § 61 RdNr. 28; Grunsky, ArbGG, § 61 RdNr. 9.

4 G. Lüke, in: FS E. Wolf, S. 468; Marienhagen, BB 1961, 757; Wenzel, JZ 1962, 591; Isele, Anm. SAE 1963, 164 f.; Stoffels, S. 165.

5 Anm. SAE 1963, 164.

6 Isele, Anm. SAE 1963, 164.

nach § 61 Abs. 2 ArbGG erwächst demgegenüber in materielle Rechtskraft[7]. Der Ausspruch über die Schadensersatzpflicht für den Fall der Nichtvornahme der geschuldeten Handlung ist folglich nicht mit den Zwangsmitteln des § 888 Abs. 1 ZPO vergleichbar. Selbst wenn die Entschädigung, zu deren Zahlung der Arbeitnehmer verurteilt wird, seine finanzielle Leistungsfähigkeit übersteigt, läuft eine Verurteilung nach § 61 Abs. 2 ArbGG nicht auf eine Umgehung des § 888 Abs. 3 ZPO hinaus[8]. Auch ohne diese Verurteilung ist der vertragsbrüchige Arbeitnehmer zum Ersatz des dem Arbeitgeber durch die Nichterfüllung entstehenden Schadens verpflichtet. Der Arbeitnehmer befindet sich demnach ohnehin in der "Zwangslage", die geschuldete Arbeit leisten zu müssen, um die Entstehung eines Schadensersatzanspruches zu verhindern. Ist hingegen ein Schaden weder zum Zeitpunkt der Antragstellung entstanden noch zu erwarten, so muß auch der Antrag nach § 61 Abs. 2 ArbGG abgewiesen werden[9]. Die Verurteilung nach § 61 Abs. 2 ArbGG ist kein richterlicher Gestaltungsakt, der eine zusätzliche Verpflichtung des Arbeitnehmers erst zur Entstehung bringt; vielmehr dient sie lediglich der Verfahrensvereinfachung und Beschleunigung[10]. Hat aber demnach der Entschädigungsantrag nur eine ohnehin entstandene oder noch entstehende, einklagbare und in der Zwangsvollstreckung durchsetzbare Verpflichtung zum Gegenstand, so kann auch der Einwand *Fellers*[11] nicht überzeugen, die Verurteilung nach § 61 Abs. 2 ArbGG bedeute eine Verletzung der Menschenwürde des vertragsbrüchigen Arbeitnehmers. Der Versuch Fellers, eine Parallele zu einer "Verurteilung zur Eingehung der Ehe" herzustellen, ist im Hinblick auf § 1297 BGB bereits im Ansatz verfehlt[12].

II. Der Antrag nach § 61 Abs. 2 ArbGG im Verfahren der einstweiligen Verfügung

1. Streitstand

Unterschiedliche Auffassungen werden in Rechtsprechung und Literatur zu der Frage vertreten, ob im Verfahren der einstweiligen Verfügung mit dem Antrag auf Verurteilung des Arbeitnehmers zur Erbringung der

---

7 G. Lüke, in: FS E. Wolf, S. 467 f.

8 G. Lüke, in: FS E. Wolf, S. 467; Germelmann/Matthes/Prütting, § 61 RdNr. 28; Grunsky, § 61 RdNr. 9.

9 Isele, Anm. SAE 1963, 164; G. Lüke, in: FS E. Wolf, S. 468.

10 G. Lüke, in: FS E. Wolf, S. 468; Germelmann/Matthes/Prütting, § 61 RdNr. 25; MünchKommZPO-Deubner, § 510 b RdNr. 1.

11 RdA 1963, 131.

12 G. Lüke, in: FS E. Wolf, S. 464 FN 19.

Arbeitsleistung der Antrag auf Verurteilung zu einer Entschädigungszahlung nach § 61 Abs. 2 Satz 1 ArbGG verbunden werden kann. Nach einem Teil der Rechtsprechung und Literatur soll ein Antrag nach § 61 Abs. 2 ArbGG im einstweiligen Verfügungsverfahren zulässig sein[13]. Demgegenüber wird die Zulässigkeit eines derartigen Antrages von der h.M.[14] verneint.

2. Stellungnahme

Der h.M. ist im Ergebnis zuzustimmen. Den von den Vertretern der h.M. zur Begründung angeführten Argumenten kann allerdings nur zum Teil gefolgt werden. So steht der Festsetzung einer Entschädigung nach § 61 Abs. 2 ArbGG im Verfahren der einstweiligen Verfügung nicht schon alleine der Umstand entgegen, daß dies auf eine volle Verwirklichung des von dem Antragssteller erstrebten Zieles hinausliefe[15], da auch sonst eine auf Befriedigung des Antragsstellers gerichtete einstweiligen Verfügung für zulässig gehalten wird[16]. Auch schließt § 888 Abs. 3 ZPO eine Festsetzung nach § 61 Abs. 2 ArbGG im einstweiligen Verfügungsverfahren ebensowenig aus wie im Hauptsacheverfahren[17].

Ausschlaggebend ist demgegenüber, daß für eine Festsetzung einer Entschädigung nach § 61 Abs. 2 ArbGG durch einstweilige Verfügung regelmäßig ein Verfügungsgrund fehlt[18]. Anders als der Antrag auf Verurteilung des Arbeitnehmers zur Arbeitsleistung selbst, ist der Antrag nach § 61 Abs. 2 ArbGG auf eine Geldleistung des Arbeitnehmers gerichtet. Bezüglich dieser Geldleistung droht dem Arbeitgeber weder ein Rechtsverlust, noch ist der Arbeitgeber sonst auf die sofortige Zahlung dringend angewiesen. Bei dem durch den Vertragsbruch entstandenen und noch entstehenden Schaden handelt es sich um einen Anspruch des Arbeitgebers, des-

---

13 LAG Frankfurt, BB 1961, 678 u. BB 64, 639 f; ArbG Detmold, BB 1961, 901; Marienhagen, BB 1961, 757.

14 Zöller-Vollkommer, § 940 RdNr. 8 „Arbeitsrecht"; Wenzel, JZ 1962, 592; Isele, Anm. SAE 1963, 166; Kraft, NZA 1989, 778; Stoffels, S.170 f.; Schaub, Arbeitsrechts-Handbuch, § 45 VII 2; ders. DB 1966, 1192; LAG Düsseldorf, BB 1963, 144; LAG Mainz, SAE 1963, 163 f.; so jetzt auch LAG Frankfurt, NZA 1990, 614.

15 So aber LAG Mainz, SAE 1963, 164.

16 Isele, Anm. SAE 1963, 166 m.w.N.

17 Daher sind die Ausführungen des LAG Düsseldorf, BB 1963, 144, zu Sinn und Zweck der Regelung des § 888 Abs. 3 ZPO in diesem Zusammenhang zumindest mißverständlich.

18 Ebenso Germelmann/Matthes/Prütting, § 61 RdNr. 28; Grunsky, ArbGG, § 61 RdNr. 9; Isele, Anm. SAE 1963, 166; Schaub, Arbeitsrechts-Handbuch, § 45 VII 2; Stoffels, S. 171.

sen Durchsetzung und Vollstreckung im normalen Urteilsverfahren ausreichen[19]. Keinesfalls überzeugen können die Ausführungen, mit denen sich das *LAG Frankfurt*[20] über das Fehlen eines Verfügungsgrundes für den Antrag nach § 61 Abs. 2 ArbGG hinweggesetzt hat. Durch den Hinweis auf die "Umständlichkeit des Gesetzgebungsverfahrens" und unter Berufung auf eine falsch verstandene Berechtigung und Verpflichtung zur richterlichen Rechtsfortbildung können nicht die berechtigten Argumente gegen einen Antrag nach § 61 Abs. 2 ArbGG im Verfahren der einstweiligen Verfügung für hinfällig erklärt werden[21].

§ 9 Einzelprobleme des Vorgehens nach § 61 Abs. 2 ArbGG

I. Der Antrag des Klägers

Die Verurteilung zur Entschädigungsleistung nach § 61 Abs. 2 ArbGG setzt einen entsprechenden Antrag des Arbeitgebers voraus. Im arbeitsgerichtlichen Urteilsverfahren *ist* über diesen Antrag zu entscheiden, wenn das Urteil die Verpflichtung zur Vornahme einer Handlung ausspricht. Demgegenüber steht die Entscheidung über den Antrag nach § 510 b ZPO im amtsgerichtlichen Verfahren im Ermessen des Gerichts[22]. § 61 Abs. 2 ArbGG modifiziert insoweit die Regelungen in §§ 510 b und 888 a ZPO[23].

Der Antrag hat auch die Fristsetzung zu umfassen, wobei der Arbeitgeber entweder eine feste Frist nennen oder aber die Fristsetzung in das Ermessen des Gerichts stellen kann[24]. Der Antrag muß nicht in der Klageschrift enthalten sein, sondern kann bis zum Schluß der letzten mündlichen

---

19 Isele, Anm. SAE 1963, 166.

20 BB 1964, 640.

21 Die Ausführungen des LAG Frankfurt in dieser Entscheidung sind zu Recht auf heftigen Widerspruch gestoßen; s. G. Lüke, in: FS E. Wolf, S. 472 FN 49 m.w.N. Daß ein Gericht seine Rechtsauffassung auf eine behauptete Unfähigkeit des Gesetzgebers stützt, ist sogar als verfassungswidrig anzusehen; der Richter ist kein Notgesetzgeber, weil angeblich das Parlament versagt (Arndt, NJW 1964, 1777).

22 G. Lüke, in: FS E. Wolf, S. 467; Thomas/Putzo-Thomas, § 510 b RdNr. 6; Zöller-Herget, § 510 b RdNr. 4; MünchKommZPO-Deubner, § 510 b RdNr. 10; Grunsky, § 61 RdNr. 8; Germelmann/Matthes/Prütting, § 61 RdNr. 25; die entgegenstehende Auffassung Hartmanns (Baumbach/Lauterbach, § 510 b RdNr. 5), der auch den Antrag nach § 510 b ZPO für bindend hält, ist wegen des klaren Wortlautes des § 510 b 1.HS ZPO ("kann") abzulehnen.

23 Germelmann/Matthes/Prütting, § 61 RdNr. 25.

24 Germelmann/Matthes/Prütting, § 61 RdNr. 29.

Verhandlung, selbst noch in der Berufungsinstanz gestellt werden[25]. Obwohl mit dem Entschädigungsantrag ein erst in der Zukunft fällig werdender Anspruch geltend gemacht wird, ist die Darlegung einer Besorgnis der Nichterfüllung (§ 259 ZPO) entbehrlich[26]. § 61 Abs. 2 ArbGG und § 510 b ZPO erweitern insoweit den Kreis der zulässigen Klagen auf künftige Leistungen.

1. Bezifferung des Entschädigungsantrages

Umstritten ist, ob der Entschädigungsantrag zu beziffern ist. Teilweise wird ein unbezifferter Antrag für ausreichend gehalten[27]. Nach anderer Auffassung ist eine Bezifferung grundsätzlich notwendig[28]. Nur wenn diese nicht möglich ist und die Voraussetzungen für die Zulässigkeit eines unbestimmten Klageantrages vorliegen, soll davon abzusehen sein.

Der letzgenannten Auffassung ist zuzustimmen. Bei § 61 Abs. 2 ArbGG ist, ebenso wie auch im Anwendungsbereich des § 287 ZPO[29], grundsätzlich ein bezifferter Antrag zu fordern. Dieser Grundsatz ergibt sich aus Wortlaut, Sinn und Zweck des § 253 Abs. 2 Nr. 2 ZPO, der für alle Beteiligten klarstellen soll, worum konkret gestritten wird[30]. Entsprechend ist die Zulassung unbezifferter Anträge restriktiv zu handhaben[31]. Dies gilt auch für den Antrag nach § 61 Abs. 2 ArbGG. Der *BGH* läßt zwar Ausnahmen von dem Erfordernis eines bestimmten Klageantrages zu, wenn die Bestimmung des Betrages von einer gerichtlichen Schätzung nach § 287 ZPO oder von billigem Ermessen des Gerichts abhängig ist[32]. Insbesondere bei Schmerzensgeldansprüchen erkennt der BGH grundsätzlich die Zulässigkeit unbezifferte Klageanträge an. Die Rechtsprechung des BGH läßt aber nicht einen dahingehenden Schluß zu, daß immer dann, wenn die Höhe des Klagebegehrens der Schätzung des Gerichtes unterliegt oder vom dessen billigen Ermessen abhängig ist, dem Kläger eine genaue Bezifferung seiner Forderung nicht möglich oder nicht zuzumuten und

---

25 G. Lüke, in: FS E. Wolf, S. 467; Germelmann/Matthes/Prütting, § 61 RdNr. 29; MünchHandbArbR-Blomeyer, § 50 RdNr. 11; Baumbach/Lauterbach-Hartmann, § 261 RdNr. 21.

26 Zöller-Herget, § 510 b RdNr. 3.

27 Dietz/Nikisch, § 61 RdNr. 30; offenlassend Stoffels, S. 165 f.

28 G. Lüke, in: FS E. Wolf, S. 467; Grunsky, § 61 RdNr. 12; Germelmann/Matthes/Prütting, § 61 RdNr. 31; MünchHandbArbR-Blomeyer, § 50 RdNr. 11.

29 Zöller-Greger, § 287 RdNr. 5.

30 MünchKommZPO-Lüke, § 253 RdNr. 127; Zöller-Greger, § 253 RdNr. 14.

31 MünchKommZPO-Lüke, § 253 RdNr. 128.

32 BGH, NJW 1970, 281 f.; BGH, NJW 1974, 1551 m.w.N.

damit ein unbezifferter Klageantrag zulässig ist[33]. Zwar wird dem Kläger die Bezifferung des Klageantrages dadurch erschwert, daß nach dem Wortlaut des § 61 Abs. 2 ArbGG die Entschädigung "nach freiem Ermessen" festzusetzen ist. Das Gericht hat sich aber an dem zu erwartenden Schaden zu orientieren. Ist nach den Umständen des Einzelfalles abzusehen, welche konkreten Schäden dem Arbeitgeber durch die Nichtleistung entstehen werden, ist der Ermessensspielraum des Gerichts stark eingeengt. In diesem Fall ist es dem Arbeitgeber möglich und zumutbar, seinen Antrag zu beziffern. Bewegt sich die Größenordnung des zu erwartenden Schadens hingegen in einem weiten Rahmen, ist ein unbezifferter Klageantrag zuzulassen. Auch dann müssen sich aber wenigstens aus der Begründung des Antrags zur Höhe Hinweise ergeben, die eine Bewertung durch das Gericht ermöglichen[34]. Im übrigen ist auch zu beachten, daß die Bezifferung zur Begründung einer späteren Rechtsmittelbeschwer zweckmäßig ist[35].

2. Der Antrag nach § 61 Abs. 2 ArbGG als Anwendungsfall der objektiven Klagenhäufung

Der Antrag nach § 61 Abs. 2 ArbGG ist wie der Antrag nach § 510 b ZPO ein Anwendungsfall der objektiven Klagenhäufung (§ 260 ZPO)[36]. Die Gegenmeinung[37], die von einem Inzidentantrag ausgeht, ist abzulehnen. Mit dem Antrag auf Vornahme der Handlung und dem Antrag auf Zahlung einer Entschädigung für den Fall der nicht fristgerechten Vornahme der Handlung werden in einem Prozeß zwei verschiedenartige Anträge gestellt. Dabei ist der Entschädigungsantrag nicht lediglich auf die Klärung einer Frage gerichtet, die in prozessualer oder materieller Hinsicht für die Klage auf Vornahme der Handlung bedeutsam ist[38]. Folglich liegt, unabhängig von dem vertretenen Streitgegenstandsbegriff[39], eine zur objektiven Klagenhäufung führende Mehrheit von Streitgegenständen vor.

---

33 Vgl. BGH, NJW 1967, 1421 m.w.N.

34 Germelmann/Matthes/Prütting, § 61 RdNr. 31.

35 Zöller-Herget, § 510 b RdNr. 3; BGH, NJW 1966, 780.

36 G. Lüke, in: FS E. Wolf, S. 467; MünchKommZPO-Lüke, § 254 RdNr. 4 f. u. § 260 RdNr. 21; Germelmann/Matthes/Prüting, § 61 RdNr. 32; Grunsky, § 61 RdNr. 13; MünchKommZPO-Deubner, § 510 b RdNr. 8; Thomas/Putzo-Thomas, § 510 b RdNr. 5; Zöller-Herget, § 510 b RdNr. 1; LG Köln, MDR 1984, 501.

37 Stein/Jonas-Leipold, § 510 b RdNr. 5; Baumbach/Lauterbach-Hartmann, § 510 b RdNr. 4; LAG Berlin (05.12.1977), AP Nr. 1 zu § 11 SchwbG.

38 MünchKommZPO-Deubner, § 510 b RdNr. 8.

39 Dazu MünchKommZPO-Lüke, Vor § 253 RdNr. 31 ff.

Zu klären bleibt, ob als Unterart der objektiven Klagenhäufung bei § 61 Abs. 2 ArbGG und § 510 b ZPO eine kumulative[40] oder eine uneigentliche eventuelle[41] Klagenhäufung vorliegt. Der Antrag des Arbeitgebers auf Verurteilung zur Zahlung einer Entschädigung wird nicht etwa schon deshalb zum Eventualantrag, weil mit ihm ein Entschädigungsanspruch geltend gemacht wird, der materiell ein künftiger Anspruch und durch die Nichterfüllung des Hauptanspruchs bedingt ist[42]. Dieser Umstand bewirkt lediglich, daß die Vollstreckbarkeit der Verurteilung zur Entschädigungszahlung von der aufschiebenden Bedingung abhängt, daß der Beklagte die Handlung nicht fristgerecht vornimmt[43]. Die Entscheidung über den Entschädigungsantrag nach § 61 Abs. 2 ArbGG soll aber nicht erst dann erfolgen, wenn der Hauptanspruch tatsächlich nicht erfüllt wurde, sondern gleichzeitig mit der Verurteilung zur Leistung der Arbeit.

Für die Annahme einer uneigentlichen eventuellen Klagenhäufung spricht hingegen, daß § 61 Abs. 2 ArbGG nur für den Fall der Verurteilung zur Vornahme der Handlung die Verurteilung zur Entschädigungszahlung zuläßt. Der Erfolg des Hauptantrages ist demnach Voraussetzung für eine positive Entscheidung über den Entschädigungsantrag. Entsprechend kann aber dem Antrag des Klägers nach § 61 Abs. 2 ZPO ein Antrag auf eine Sachentscheidung über den Entschädigungsanspruch für den Fall der Erfolglosigkeit des Hauptantrages nicht entnommen werden. Wird der Hauptantrag als unzulässig oder unbegründet abgewiesen, so ist nach dem Willen des Klägers über den gegenstandslos gewordenen Zweitantrag nicht mehr zu entscheiden[44]. Fraglich ist, ob eine derartige auflösend bedingte Klageerhebung zulässig ist. Die überwiegende Meinung hält grundsätzlich einen weiteren Klageantrag für statthaft, der für den Fall gestellt wird, daß der erste Antrag erfolgreich ist[45]. Gegen die grundsätzliche Statthaftigkeit der uneigentlichen Eventualhäufung wird von *G. Lüke* eingewandt, daß hierdurch von einem Hauptanspruch abhängige Ansprüche, wie z.B. der

---

40 So G. Lüke, in: FS E. Wolf, S. 467; ders. in: MünchKommZPO, § 254 RdNr. 4 f. u. § 260 RdNr. 21; Zöller-Herget, § 510 b RdNr. 1; Thomas/Putzo-Thomas, § 510 b RdNr. 5.

41 So MünchKommZPO-Deubner, § 510 b RdNr. 12; ähnlich auch Germelmann/Matthes/Prütting, § 61 RdNr. 32; offenlassend Stoffels, S. 166, der im Übrigen verkennt, daß es sich auch bei der uneigentlichen Eventualklagenhäufung um eine objektive Klagenhäufung handelt.

42 So zutreffend zu § 510 b ZPO Zöller-Herget, § 510 b RdNr. 1.

43 G. Lüke, in: FS E. Wolf, S. 468.

44 MünchKommZPO-Deubner, § 510 b RdNr. 12.

45 BGH, NJW 1986, 2821; BAG NJW 1965, 1042; RGZ 144, 73, Baumbach/Lauterbach-Hartmann, § 260 RdNr. 8; Thomas/Putzo-Thomas, § 260 RdNr. 8; weitere Nachweise bei G. Lüke/Kerwer, NJW 1996, 2123, FN 15.

Anspruch auf Verzugszinsen, in unzulässiger Weise risikolos klageweise geltend gemacht werden können[46]. Die rechtliche Gleichbehandlung der uneigentlichen und der eigentlichen Eventualhäufung soll sich deswegen verbieten, weil der Hilfsantrag bei der uneigentlichen im Unterschied zu der eigentlichen Eventualhäufung über den Rahmen des Hauptantrages hinausgeht[47]. Dem ist grundsätzlich zuzustimmen. So besteht etwa bei der Geltendmachung erheblicher Verzugszinsen kein Grund, dem Kläger erst dann das Prozeßrisiko für seinen zweiten Antrag aufzuerlegen, wenn er mit dem ersten Antrag Erfolg hatte. Der Kläger macht zwei nebeneinander bestehende Ansprüche geltend. Hat er mit beiden Anträgen Erfolg, erhält er für den Hauptanspruch und die Zinsforderung einen Titel, aus dem er für beide Ansprüche gleichzeitig die Zwangsvollstreckung betreiben kann. Dies rechtfertigt es, dem Kläger von vornherein das volle Prozeßrisiko für beide Anträge aufzuerlegen.

Etwas anderes gilt aber für die Anträge nach § 61 Abs. 2 ArbGG und § 510 b ZPO. Zwar beantragt der Kläger auch hier eine gleichzeitige Verurteilung bezüglich des Haupt- und des Entschädigungsanspruches. Der Unterschied zur Geltendmachung von Verzugszinsen besteht hingegen darin, daß der Entschädigungsanspruch nicht neben, sondern an die Stelle des Hauptanspruchs treten soll[48]. Dieses besondere Verhältnis zwischen Haupt- und Entschädigungsantrag kommt darin zum Ausdruck, daß die Verurteilung zur Entschädigungsleistung vor dem Ablauf der festgesetzten Frist nicht vollstreckbar ist. Auch ist die Zwangsvollstreckung bezüglich des Hauptanspruchs mit der Verurteilung zur Entschädigungsleistung ausgeschlossen (§ 61 Abs. 2 S. 2 ArbGG bzw. § 888 a ZPO). Diese Besonderheit und der Umstand, daß nach der gesetzlichen Regelung der Erfolg des Hauptantrages Voraussetzung für die Verurteilung zur Entschädigungsleistung ist, rechtfertigen es, den Kläger für den Fall, daß der Hauptantrag erfolglos bleibt, von dem Prozeßrisiko des Entschädigungsantrages zu befreien. Der Antrag nach § 61 Abs. 2 ArbGG ist daher, ebenso wie der Antrag nach § 510 b ZPO, als zulässiger Anwendungsfall der uneigentlichen eventuellen Klagenhäufung anzusehen. Die Rechtshängigkeit des Entschädigungsanspruchs ist in der Form auflösend bedingt, daß sie mit der Erfolglosigkeit des Hauptanspruches endet[49].

---

46 MünchKommZPO-Lüke, § 260 RdNr. 16; s.a. G. Lüke/Kerwer, NJW 1996, 2123 f.

47 MünchKommZPO-Lüke, § 260 RdNr. 16; G. Lüke/Kerwer, NJW 1996, 2124.

48 Dietz/Nikisch, ArbGG, § 61 RdNr. 30.

49 Grundlegend zum uneigentlichen Eventualantrag RGZ 144, 73.

3. Der Streitwert

Die *h.M.*[50] geht davon aus, daß durch die Stellung des Antrages nach § 61 Abs. 2 ArbGG trotz des Vorliegens einer objektiven Klagenhäufung keine Addition der Streitwerte nach § 5 ZPO erfolgt. Innerhalb dieser h.M. lassen sich wiederum zwei Ansichten unterscheiden. Teilweise wird die Auffassung vertreten, daß sich der Gesamtstreitwert zwingend nach dem Hauptantrag richtet[51]. Andere hingegen sind der Meinung, der Wert des Zweitanspruches sei maßgebend, wenn dieser höher ist[52].

Nach einer *Mindermeinung* sollen demgegenüber die Streitwerte beider Anträge zusammenzurechnen sein[53].

Wegen der streitwertunabhängigen Zuständigkeit der Arbeitsgerichte im ersten Rechtszug (§ 8 Abs. 1 ArbGG) ist, anders als beim Antrag nach § 510 b ZPO im amtsgerichtlichen Verfahren[54], eine dem § 506 ZPO entsprechende Verweisung bei § 61 Abs. 2 ArbGG von vornherein ausgeschlossen. Der Unterschied zwischen den oben genannten Meinungen ist aber für die Ermittlung des Gebührenstreitwerts und des Rechtsmittelstreitwerts (§ 64 Abs. 2 ArbGG) von Bedeutung[55]. Es bedarf daher einer Entscheidung. Wegen des Vorliegens einer Anspruchshäufung ist zunächst von dem Wortlaut des § 5 ZPO auszugehen. § 5 ZPO ist bei der Ermittlung des Gerichtsgebührenstreitwertes (§§ 1 Abs. 3, 12 Abs. 1 GKG), des Gegenstandswertes der Anwaltsgebühren (§ 8 Abs. 1 Satz 1 BRAGO) und des Wertes des Beschwerdegegenstandes für die Berufung (§ 64 Abs. 2, 4 ArbGG) grundsätzlich anwendbar. Eine Addition der Einzelwerte nach § 5 ZPO hat aber bei der Berechnung des Kostenstreitwertes zu unterbleiben, wenn der zweite Antrag wirtschaftlich keinen selbständigen Wert hat. Denn in diesem Fall wäre es gegenüber dem Kostenschuldner unbillig, aus der Summe der Einzelwerte, die nicht der wirtschaftlichen Bedeutung der Klage entspricht, die Gebühren zu errechnen. Dies gilt auch für den Antrag nach § 61 Abs. 2 ArbGG. Der Arbeitgeber kann hiernach letztlich nur die Vornahme der Handlung oder die Entschädigungsleistung erreichen. Der Anspruch auf Vornahme der Handlung wird durch den Entschädigungsan-

---

50 G. Lüke, in: FS E. Wolf, S. 468; Stoffels, S. 166; Germelmann/Matthes/ Prütting, § 61 RdNr. 33; Grunsky, § 61 RdNr. 13; MünchKommZPO-Deubner, § 510 b RdNr. 27; Thomas/Putzo-Thomas, § 510 b RdNr. 5; Zöller-Herget, § 510 b RdNr. 9.

51 Schneider, MDR 1985, 268; Schneider-Herget, Rdnr. 3968; Zöller-Herget, § 510 b RdNr. 9.

52 LG Köln, MDR 1984, 501; MünchKommZPO-Deubner, § 510 b RdNr. 27.

53 Hillach/Rohs, § 14 III d (S. 64).

54 Dazu G. Lüke, in: FS E. Wolf, S. 468.

55 Germelmann/Matthes/Prütting, § 61 RdNr. 33.

spruch ersetzt[56]. Andererseits ist es auch nicht gerechtfertigt, die Gebühren nach dem Hauptantrag zu berechnen, wenn eine Entscheidung über den Entschädigungsantrag ergeht und der Wert dieses zweiten Antrages den Wert des ersten Antrages übersteigt. Dieser Gedanke kommt in der Regelung des § 19 Abs. 1 Satz 3 GKG n.F. zum Ausdruck. Wird über den Entschädigungsantrag entschieden, so ist demnach der höhere der beiden Streitwerte der Berechnung der Gebühren zugrunde zu legen[57]. Daraus ergeben sich auch dann keine Probleme, wenn der Beklagte fristgerecht den Hauptanspruch erfüllt[58]. Die Ungewißheit, ob der Schuldner rechtzeitig leisten wird, macht nicht etwa eine Kostenentscheidung im Urteil unmöglich[59]. Für die Entscheidung über die Kostenverteilung ist alleine der Umstand maßgebend, ob und inwieweit eine Verurteilung entsprechend der gestellten Anträge ergeht. Hat der Schuldner zum Zeitpunkt der Klageerhebung den Hauptanspruch trotz Fälligkeit nicht erfüllt oder besteht die Besorgnis der Nichterfüllung des erst künftig fällig werdenden Hauptanspruches (§ 259 ZPO), veranlaßt er durch dieses Verhalten auch den zusätzlichen Antrag nach § 61 Abs. 2 ArbGG. Er muß daher die entstehenden Kosten auch dann tragen, wenn er später den Hauptanspruch erfüllt[60].

Nach den gleichen Grundsätzen ist auch die Entscheidung über den Rechtsmittelstreitwert zu treffen. Auch hier steht der Addition beider Streitwerte entgegen, daß der zweite Antrag keinen selbstständigen wirtschaftlichen Wert hat. Wird über den Entschädigungsantrag nicht entschieden, ist für den Wert des Beschwerdegegenstandes der Wert des Hauptantrages maßgebend. Ansonsten ist der höhere Wert beider Anträge ausschlaggebend.

4. Die Darlegungspflicht des Arbeitgebers

Hartmann[61] vertritt die Auffassung, der Antrag nach § 510 b ZPO müsse nicht begründet werden. Dem kann in dieser Allgemeinheit weder für § 510 b ZPO noch für § 61 Abs. 2 ArbGG zugestimmt werden. Nicht zu fordern ist eine *prozessuale* Begründung der Antragstellung, etwa mit der Besorgnis des § 259 ZPO[62]. Entsprechend muß der Kläger das schadenverursachende Ereignis für den Entschädigungsanspruch nicht darle-

---

56 Germelmann/Matthes/Prütting, § 61 RdNr. 33.
57 So MünchKommZPO-Deubner, § 510 b ZPO RdNr. 27 m.w.N.
58 MünchKommZPO-Deubner, § 510 b ZPO RdNr. 27.
59 So aber Schneider, MDR 1984, 268.
60 MünchKommZPO-Deubner, § 510 b RdNr. 27.
61 Baumbach/Lauterbach-Hartmann, § 510 b RdNr. 4.
62 Stein/Jonas-Leipold, § 510 b RdNr.7.

gen, da dieses alleine in der nicht fristgerechten Erfüllung des Hauptanspruches liegt[63]. Demgegenüber muß der Kläger aber darlegen, daß ihm voraussichtlich durch die Nichtvornahme der geschuldeten Handlung ein Schaden entstehen wird[64]. Daß die Entschädigung "nach freiem Ermessen" festgesetzt wird, ändert grundsätzlich nichts an der Darlegungspflicht des Klägers bezüglich der Begründung des Entschädigungsanspruchs. § 61 Abs. 2 ArbGG ist insoweit, ebensowenig wie § 510 b ZPO, ein Hinweis darauf zu entnehmen, daß für den Entschädigungsanspruch der Beibringungsgrundsatz gänzlich unanwendbar sein soll[65]. Eine Einschränkung ergibt sich nur nach Maßgabe des ohnehin anwendbaren § 287 ZPO, auf den die Einräumung des freien Ermessens in § 61 Abs. 2 ArbGG der Sache nach hinweist[66]. Danach wird aber die Darlegungslast nicht aufgehoben, sondern nur erleichtert[67].

II. Art und Umfang der festzusetzenden Entschädigung

Hinsichtlich des Umfangs der nach § 61 Abs. 2 ArbGG festzusetzenden Entschädigung besteht Einigkeit darüber, daß sie den dem Arbeitgeber durch die Nichtleistung der Arbeit entstehenden Schaden nicht überschreiten darf[68]. Dies ergibt sich daraus, daß die Verurteilung nach § 61 Abs. 2 ArbGG den materiellrechtlichen Schadensersatzanspruch des Arbeitgebers betrifft[69]. Hat der Arbeitgeber einen genau bezifferten Klageantrag gestellt, so darf das Gericht auch nicht entgegen § 308 Abs. 1 ZPO über diesen Antrag hinausgehen[70]. Im übrigen ist aber umstritten, welcher Schaden bei der Festsetzung der Entschädigung zu berücksichtigen ist.

Die *h.M.*[71] will bei der Entscheidung über den Entschädigungsantrag den vollständigen Gläubigerschaden berücksichtigen. Zur Begründung

---

63 Germelmann/Matthes/Prütting, § 61 RdNr. 30.

64 Sinn und Zweck der Regelung des § 61 Abs. 2 ArbGG entspricht es aber nicht, wenn Germelmann/Matthes/Prütting (ArbGG § 61 RdNr. 30) fordern, daß der Kläger "wie bei normalen Schadensersatzansprüchen" einen *bereits entstandenen* Schaden darlegt; ähnlich auch Blomeyer (MünchHandbArbR, § 50 RdNr. 11).

65 MünchKommZPO-Deubner, § 510 b RdNr. 7 a.E.

66 G. Lüke, in: FS E. Wolf, S. 468 f. m.w.N. in FN 39.

67 MünchKommZPO-Prütting, § 287 RdNr. 29; Zöller-Herget, § 287 RdNr. 5; BGH, NJW 1994, 663.

68 MünchHandbArbR-Blomeyer, § 50 RdNr. 11; Grunsky, ArbGG, § 61 RdNr. 14; Kraft, NZA 1989, 778.

69 Dazu 4. Kapitel, § 8 I.

70 Stein/Jonas-Leipold, § 510 b RdNr. 15.

71 M.Wolf, JZ 1963, 436; MünchHandbArbR-Blomeyer, § 50 RdNr. 11; Germelmann/Matthes/Prütting, § 61 RdNr. 36; Stoffels, S. 169 f.

wird darauf hingewiesen, die Funktion des § 61 Abs. 2 ArbGG bestehe darin, möglichst schnell den gesamten Rechtsstreit zu erledigen. Eine Anspruchsverfolgung in zwei selbständigen Verfahren laufe der ratio legis des § 61 Abs. 2 ArbGG entgegen[72].

Demgegenüber vertritt *G. Lüke*[73] die Auffassung, nur die Unkosten, die dem Gläubiger durch die anderweitige Beschaffung der Arbeitsleistung entstehen, seien der Verurteilung zugrunde zu legen. Mittelbare Schäden, wie z.B. ein etwaiger Produktiosausfall und Verspätungsschäden, sollen demgegenüber unberücksichtigt bleiben.

Es sprechen zwei erhebliche Gesichtspunkte dagegen, bei der Festsetzung der Entschädigung auf den gesamten Nichterfüllungsschaden abzustellen. Zum einen weist *G. Lüke* zutreffend darauf hin, daß durch die Berücksichtigung des gesamten Nichterfüllungsschadens die mit der hypothetischen Schadensermittlung und -berechnung für Gläubiger und Schuldner verbundenen Risiken erhöht werden[74]. Wird die Entschädigung nämlich zu niedrig angesetzt, schneidet die materielle Rechtskraft des Urteils dem Gläubiger eine spätere Schadensersatzklage zur Geltendmachung des Fehlbetrages ab. Im umgekehrten Fall kann der Schuldner wegen § 767 Abs. 2 ZPO die Höhe der Entschädigung nicht angreifen. Zwar kann der Gläubiger sein Vorgehen auf die für ihn mit dem Antrag nach § 61 Abs. 2 ArbGG verbundenen Risiken einstellen, indem er den Anspruch auf Schadensersatz nicht oder nur teilweise geltend macht, wenn die Höhe des Schadens oder die weiteren Schadensfolgen nur schwer abzuschätzen sind[75]. Die mit der h.M. für den Schuldner verbundenen Gefahren bleiben trotzdem bestehen. Er hat keinen Einfluß darauf, ob der Gläubiger trotz ungewisser Tatsachenlage einen unbeschränkten Entschädigungsantrag stellt.

Der zweite erhebliche Einwand *G. Lükes* gegen die h.M. besteht darin, daß diese zu widersprüchlichen Ergebnissen führt. Erfüllt der Schuldner den Hauptanspruch fristgerecht, so wird die Verurteilung zur Entschädigungsleistung gegenstandslos. Der Gläubiger könnte den ihm bis dahin entstandenen Schaden in einem neuen Prozeß geltend machen. Bei erfolg-

---

72 Stoffels, S. 170.

73 G. Lüke, in: FS E. Wolf, S. 468 ff.

74 G. Lüke, in: FS E. Wolf, S. 469.

75 So Deubner in: MünchKommZPO, § 510 b RdNr. 3, zur Begründung seiner Auffassung, daß der Antrag nach § 510 b ZPO den gesamten Anspruch auf Schadensersatz wegen Nichterfüllung erfasse. Auch Deubner spricht sich allerdings a.a.O. dafür aus, den Verzögerungsschaden unberücksichtigt zu lassen.

losem Fristablauf und zu niedriger Festsetzung der Entschädigung wäre er hingegen an der Geltendmachung seines weiteren Schadens gehindert[76]. Das Ziel der Verfahrensvereinfachung wird demnach gerade nur bei erfolgloser Fristsetzung erreicht. Dieser Widerspruch wird vermieden, wenn man entgegen der herrschende Meinung. nur auf den unmittelbaren Nichterfüllungsschaden abstellt. Entsteht durch die Nichtleistung kein mittelbarere Schaden, so erfüllt § 61 Abs. 2 ArbGG auch bei dieser engen Auslegung seinen Zweck; unabhängig von der fristgerechten Erfüllung ist keine weitere Klage erforderlich. Eine Verfahrensvereinfachung durch § 61 Abs. 2 ArbGG bezüglich der Geltendmachung eines *mittelbaren* Schadens ist demgegenüber bei der engen Auslegung in jedem Fall ausgeschlossen. Nur diese Auslegung ist konsequent und vermeidet die mit der weiten Auslegung der h.M. verbundenen zusätzlichen Risiken. Der Auffassung *G. Lükes* ist daher gegenüber der h.M. der Vorzug zu geben.

III. Die Risiken des Vorgehens nach § 61 Abs. 2 ArbGG und ihre Auswirkungen auf die Bedeutung der Vorschrift in der Praxis

Obwohl durch die hier zur Festsetzung der Entschädigung nach § 61 Abs. 2 ArbGG vertretene enge Auslegung die Gefahr des Eintritts materieller Nachteile für die Parteien vermindert wird, verbleiben für das Vorgehen nach § 61 Abs. 2 ArbGG verfahrensrechtliche Risiken.

1. Die Risiken für den Arbeitgeber

Der Arbeitgeber verliert nach § 61 Abs. 2 ArbGG die Vollstreckungsbefugnis für den Hauptanspruch. Daneben verbleibt auch bei enger Auslegung des § 61 Abs. 2 ArbGG das bereits erwähnte Risiko, daß aufgrund hypothetischer Schadensermittlung und -berechnung durch das Gericht die Entschädigung zu gering festgesetzt wird und die materielle Rechtskraft des Urteils eine spätere Schadensersatzklage ausschließt[77].

2. Die Risiken für den Arbeitnehmer

Eine Gefährdung des Arbeitnehmers durch das Vorgehen nach § 61 Abs. 2 ArbGG besteht darin, daß die Vorschrift für den Entschädigungsantrag das Vorliegen der Voraussetzungen des § 259 ZPO entbehrlich macht[78]. Obwohl zumindest ein Teil des Entschädigungsanspruchs noch

---

[76] G. Lüke, in: FS E. Wolf, S. 469 f.
[77] Isele, SAE 1963, S. 165; G. Lüke, in: FS E. Wolf, S. 469.
[78] G. Lüke, in: FS E. Wolf, S. 470.

nicht entstanden ist, kann der Arbeitnehmer insoweit verklagt und verurteilt werden, auch wenn keine Besorgnis gerechtfertigt ist, er werde sich der rechtzeitigen Zahlung entziehen. Erbringt der Arbeitnehmer nach der Verurteilung die geschuldete Arbeitsleistung, muß er eine Vollstreckungsabwehrklage erheben, um die Vollstreckung bezüglich der Verurteilung zur Entschädigungszahlung abzuwenden[79]. Gleiches gilt, wenn der Schuldner die Nichtvornahme nicht zu vertreten hat (§§ 283 Abs. 1 Satz 3, 325 BGB)[80]. Auch auf die Gefahr einer zu hohen Festsetzung der Entschädigung wurde bereits hingewiesen[81].

3. Auswirkungen

Die aufgezeigten Risiken für den Gläubiger mögen bewirkt haben, daß der Weg des § 61 Abs. 2 ArbGG bisher kaum beschritten wurde[82]. In Anbetracht der übrigen dem Arbeitgeber zur Verfügung stehenden Sanktionsmaßnahmen ist das Vorgehen nach § 61 Abs. 2 ArbGG nur selten zweckmäßig[83]. Ist der Arbeitgeber primär an der Erfüllung der Arbeitspflicht interessiert, so kann ihn bei vertretbaren Arbeitsleistungen die Verurteilung des Arbeitnehmers im Wege der einstweiligen Verfügung oder im normalen Urteilsverfahren ohne die oben dargestellten Risiken des Vorgehens nach § 61 Abs. 2 ArbGG zum Ziel führen. Nach der hier vertretenen Auffassung hat der Arbeitgeber die Möglichkeit der Vollstreckung im Wege der Ersatzvornahme (§ 887 ZPO). Die (Mehr-)Kosten für die anderweitige Beschaffung der Arbeitsleistung kann er in diesem Fall als Kosten der Zwangsvollstreckung nach § 788 ZPO beitreiben. Ist der Arbeitgeber primär an dem Ersatz des mittelbaren Nichterfüllungsschadens interessiert, so wird er den Arbeitnehmer unmittelbar auf Schadensersatz verklagen.

---

79 Grunsky, § 61 RdNr. 16 m.w.N.
80 G. Lüke, in: FS E. Wolf, S. 468 FN 38.
81 § 9 II.
82 G. Lüke, in: FS E. Wolf, S. 470.
83 Stoffels, S. 171.

5. Kapitel

Die gerichtliche Durchsetzung von Unterlassungsansprüchen des Arbeitgebers gegen den vertragsbrüchigen Arbeitnehmer und dritte Arbeitgeber

Die Ursache dafür, daß ein Arbeitnehmer ein Arbeitsverhältnis unter Verstoß gegen seine arbeitsvertraglichen Pflichten nicht antritt oder sich ohne Einhaltung der Kündigungsfrist aus dem bestehenden Arbeitsverhältnis löst, wird häufig darin liegen, daß der Arbeitnehmer ein neues Arbeitsverhältnis eingegangen ist. Es liegt daher die Frage nahe, ob ein Anspruch des Arbeitgebers gegen den Arbeitnehmer dahingehend besteht, daß dieser die Tätigkeit bei dem neuen Arbeitgeber unterläßt. Wird diese Frage bejaht, so ist zu prüfen, ob der Unterlassungsanspruch gerichtlich geltend gemacht werden kann und eine Vollstreckung nach § 890 ZPO zuläßt. Hinsichtlich der Vollstreckbarkeit verdichtet sich die Fragestellung darauf, ob das Vollstreckungsverbot des § 888 Abs. 3 ZPO entsprechend anwendbar ist. Neben den Möglichkeiten eines Vorgehens gegen den vertragsbrüchigen Arbeitnehmer ist zu klären, ob auch ein gerichtlich durchsetzbarer Unterlassungsanspruch gegen den dritten Arbeitgeber, bei dem der vertragsbrüchige Arbeitnehmer eine neue Arbeit aufnehmen will oder bereits aufgenommen hat, besteht. Da regelmäßig keine vertraglichen Beziehungen zwischen dem verlassenen und dem neuen Arbeitgeber bestehen werden, interessiert hier insbesondere die Frage nach gesetzlichen Anspruchsgrundlagen.

§ 10 Der Unterlassungsanspruch des Arbeitgebers gegen den vertragsbrüchigen Arbeitnehmer

I. Bestehen eines klagbaren Unterlassungsanspruchs

1. Streitstand

Weitgehend Einigkeit herrscht in Literatur[1] und Rechtsprechung[2] darüber, daß aus einem gesetzlichen oder vertraglichen Wettbewerbsverbot

---

1 G. Lüke, in: FS E. Wolf, S. 472; Brox/Walker, RdNr. 1604; Schaub, Arbeitsrechts-Handbuch, § 57 IV 1; MünchHdb-ArbR-Blomeyer, § 50 RdNr. 6; Grunsky, Arbeitsgerichtsgesetz, § 62 RdNr. 21; Soergel-Kraft, § 611 RdNr. 79; Kraft, NZA 1989, 778; Baur, BB 1964, 613; Monjau, DB 1961, 101.

ein gerichtlich durchsetzbarer Anspruch gegen den Arbeitnehmer folgt, wonach dieser es zu unterlassen hat, eine konkurrierende Tätigkeit bei einem anderen Arbeitgeber aufzunehmen. Ob hingegen darüber hinaus ein allgemeiner, von dem Bestehen eines Wettbewerbsverbots unabhängiger Unterlassungsanspruch gegen den Arbeitnehmer besteht, der auch vor Gericht geltend gemacht werden kann, erscheint bis heute nicht hinreichend geklärt. Von besonderer Bedeutung sind in diesem Zusammenhang zwei Entscheidungen des *Reichsgerichts* aus den Jahren 1907 und 1910:

Der *Dritte Senat des Reichsgerichts*[3] vertrat in seiner Entscheidung vom 20.09.1907 die Auffassung, daß dem Prinzipal für die Dauer des Dienstverhältnisses gegen den Handlungsgehilfen, der ihm die versprochenen Dienste infolge Eintritts in den Dienst eines anderen nicht leiste, ein Unterlassungsanspruch gegen den Handlungsgehilfen zustehe. Zur Begründung führte das Reichsgericht aus, der Erfüllungsanspruch des Prinzipals gegen den Handlungsgehilfen beschränke sich nicht auf das Verlangen, daß der Handlungsgehilfe seine Vertragspflichten positiv durch Leistung der versprochenen Dienste erfülle. Vielmehr umfasse der Erfüllungsanspruch auch *negativ* die Forderung auf Unterlassung jedes Verhaltens, das diesen Pflichten zuwiderlaufe[4]. Der Unterlassungsanspruch folge aus § 611 BGB, weil der Handlungsgehilfe danach während der Dauer des Vertragsverhältnisses zur Leistung der versprochenen Dienste verpflichtet sei. Der Gehilfe müsse seine Arbeitskraft während der Geschäftszeit zur Verfügung des Prinzipals halten. Er dürfe daher, solange er dem Prinzipal aus irgendeinem Grund, insbesondere infolge unbefugten Verlassens seiner Stellung, die versprochenen Dienste nicht wirklich leiste, nicht einem anderen Dienste leisten. Der bestehende Unterlassungsanspruch sei auch einklagbar[5].

Genau zum entgegengesetzten Ergebnis kamen dann wenig später die *Vereinigten Zivilsenate des Reichsgerichts*[6] in ihrer Entscheidung vom 24.01.1910. In diesem Beschluß heißt es, daß zwar jede Verpflichtung zu einem positiven Tun die selbstverständliche Verpflichtung in sich trage, alles mit diesem positiven Tun Unvereinbare zu unterlassen. Diese negati-

---

2 RGZ 72 (1910), 395; LAG Hamburg (24.09.1955), AP Nr. 1 zu § 611 BGB - Anspruch auf Arbeitsleistung; ArbG Düsseldorf, NZA 1995, 552.

3 RGZ 67 (1907), 3 ff.

4 RGZ 67 (1907), 4.

5 RGZ 67 (1907), 4.

6 RGZ 72 (1910), 393 ff.

ve Seite der Verpflichtung zu einem positiven Tun sei aber nicht Inhalt der Leistung im Sinn des § 241 BGB; jedenfalls kenne unser Recht bei den auf ein Tun gerichteten Schuldverhältnissen keinen klagbaren und nach § 890 ZPO vollstreckbaren Anspruch auf Unterlassung des mit der Verpflichtung zum Tun Unvereinbaren. Der Prinzipal könne mit der Vertragserfüllungsklage die Verurteilung des Handlungsgehilfen zur Leistung der von ihm vertraglich übernommenen Dienstpflichten herbeiführen. Hingegen habe der Prinzipal *keinen klagbaren Anspruch* darauf, daß der Handlungsgehilfe seine Arbeitskraft brach liegen lasse, indem er es während der Vertragsdauer unterlasse, irgend einem anderen Prinzipal die Dienste eines Handlungsgehilfen zu leisten[7].

In den fünfziger Jahren wichen einige Arbeitsgerichte bewußt von der Auffassung der Vereinigten Zivilsenate ab und bejahten - wie zuvor der Dritte Senat des Reichsgerichts in der zitierten Entscheidung vom 20.09.1907 - eine allgemeine und klagbare Verpflichtung des Arbeitnehmers, während der Dauer des Arbeitsverhältnisses eine andere Betätigung zu unterlassen[8]. Das *ArbG Hamburg*[9] hat in seinem Urteil vom 14.07.1955 ausgeführt, an der Auffassung der Vereinigten Zivilsenate könne angesichts der wesentlich veränderten Auffassung über den Inhalt des Arbeitsverhältnisses[10] nicht mehr festgehalten werden; die Bindung des Arbeitgebers an seinen Arbeitnehmer sei vor allem durch die Kündigungsschutzgesetzgebung wesentlich enger geworden. Das Arbeitsgericht hat es für nicht gerechtfertigt gehalten, wenn der Arbeitnehmer diese Vorteile ohne entsprechende eigene Verpflichtung in Anspruch nehmen könne; es sei vielmehr davon auszugehen, daß eine *erhöhte Treuepflicht* des Arbeitnehmers bestehe, mit der ein klagbarer Unterlassungsanspruch des Arbeitgebers einhergehe[11]. Der Vorstoß der Arbeitsgerichte ist in der zweiten Instanz durch die *Landesarbeitsgerichte*[12] nahezu einhellig zurückgewiesen wor-

---

7 RGZ 72 (1910), 394.

8 Z.B. ArbG Hamburg (14.07.1955), AP Nr. 2 zu § 611 BGB - Anspruch auf Arbeitsleistung; ArbG Wetzlar (28.10.1955), AP Nr. 4 zu § 611 BGB - Anspruch auf Arbeitsleistung; weitere Nachweise bei Stoffels, S. 85 FN 319.

9 Arbeitsgericht Hamburg (14.07.1955), AP Nr. 2 zu § 611 BGB - Anspruch auf Arbeitsleistung.

10 Dazu 1. Kapitel, § 2 II 1.

11 ArbG Hamburg (14.07.1955), AP Nr. 2 zu § 611 BGB - Anspruch auf Arbeitsleistung.

12 Z.B. LAG Hamburg (24.09.1955), AP Nr. 1 zu § 611 BGB - Anspruch auf Arbeitsleistung; weitere Nachweise bei Stoffels, S. 86 FN 320. Das LAG Bremen, BB 1955, 1089, hat einen Unterlassungsanspruch bejaht, die Frage nach dessen selb-

den. Zur Begründung wurde vom *LAG Hamburg*[13] angeführt, der Hinweis auf die Treuepflicht des Arbeitnehmers sei zwar berechtigt; hingegen sei nicht einzusehen, warum aus dieser Treuepflicht des Arbeitnehmers ein klagbarer Unterlassungsanspruch des Arbeitgebers neben seinem Anspruch auf Leistung der Dienste bestehen solle. Die Verletzung der Treuepflicht des Arbeitnehmers liege bereits in der Arbeitsniederlegung; sie werde durch die Aufnahme einer anderen Beschäftigung nicht verstärkt[14].

In der *Literatur*[15] wird ebenfalls überwiegend ein allgemeiner klagbarer Anspruch gegen den Arbeitnehmer auf Unterlassung einer anderweitigen Tätigkeit verneint. Es findet sich das Argument, eine Verurteilung des vertragsbrüchigen Arbeitnehmers, anderweitig nicht zu arbeiten, bedeute eine Umgehung des § 888 Abs. 3 ZPO[16]. Es wird betont, die Überlegungen, ob eine derartige Verurteilung möglich ist, wären nie zur Erörterung gestellt worden, wenn bei Dienstleistungen nicht die Zwangsvollstreckung gemäß § 888 Abs. 3 ZPO ausgeschlossen wäre[17]. Eine Klage auf Unterlassung anderweitiger Arbeit wird unter Berufung auf den Gesichtspunkt der Umgehung von § 888 Abs. 3 ZPO zum Teil für unzulässig[18], zum Teil für unbegründet[19] gehalten.

---

ständiger Klagbarkeit aber unter Hinweis darauf, daß jedenfalls der Erlaß einer einstweiligen Verfügung nicht in Betracht komme, offengelassen.

13 LAG Hamburg (24.09.1955), AP Nr. 1 zu § 611 - Anspruch auf Arbeitsleistung.

14 LAG Hamburg, a.a.O.

15 Soergel-Kraft, § 611 RdNr. 79; Schaub, Arbeitsrechts-Handbuch, § 45 VII 3; Baur, BB 1964, 613; Feller, RdA 1963, 131 ff.; Herget, DB 1969, 2349; Hueck, Anmerkung, AP Nr. 1 zu § 611 BGB - Anspruch auf Arbeitsleistung; Lufft, RdA 1962, 262 ff.; Marienhagen, BB 1961, 757 ff.; Schaub, DB 1966, 1192 f.; Wenzel, JZ 1962, 593 ff.

16 Soergel-Kraft, § 611 RdNr. 79; Stein/Jonas-Grunsky, Vor § 935 RdNr. 68; § 935 RdNr. 38; Kraft, NZA 1989, 778; so auch LAG Hamburg (24.09.1955), AP Nr. 1 zu § 611 BGB - Anspruch auf Arbeitsleistung.

17 So Wenzel, DB 1966, 2029, der gleichwohl die materiellrechtliche Grundlage von Unterlassungsansprüchen des Arbeitgebers gegen den vertragsbrüchigen Arbeitnehmer untersucht.

18 LAG Hamburg (24.09.1955), AP Nr. 1 zu § 611 BGB - Anspruch auf Arbeitsleistung.

19 Kraft, NZA 1989, 778.

2. Stellungnahme

a. Fehlende Bedeutung des Vollstreckungsverbots des § 888 Abs. 3 ZPO für die Frage nach einem klagbaren Unterlassungsanspruch

Die Behauptung, daß die Frage nach einem Unterlassungsanspruch gegen den Arbeitnehmer nur wegen § 888 Abs. 3 ZPO gestellt werde[20], kann nach der hier vertretenen Auffassung allenfalls für unvertretbare Arbeitsleistungen zutreffen. Für vertretbare Arbeitsleistungen ist dem Arbeitgeber die Möglichkeit der Vollstreckung gemäß § 887 ZPO eröffnet; diese Möglichkeit wird durch § 888 Abs. 3 ZPO nicht berührt[21].

Unabhängig davon verbietet es sich aber sowohl für unvertretbare als auch für vertretbare Arbeitsleistungen, aus der Regelung des § 888 Abs. 3 ZPO auf das Nichtbestehen eines materiellrechtlichen Unterlassungsanspruchs oder auf die Unzulässigkeit einer Unterlassungsklage gegen den vertragsbrüchigen Arbeitnehmer zu schließen. Die Entscheidung der Frage, ob *materiellrechtlich* ein Unterlassungsanspruch besteht, ist unabhängig von der Ausgestaltung der Regelung des § 888 Abs. 3 ZPO zu entscheiden[22]. Nichts anderes gilt für die Möglichkeit, einen derartigen Anspruch einzuklagen. Wird ein materiellrechtlicher Unterlassungsanspruch bejaht, so steht § 888 Abs. 3 ZPO einer entsprechenden Unterlassungsklage ebensowenig entgegen wie einer Klage auf Arbeitsleistung[23]. Allein das mögliche Bestehen eines Unterlassungsanspruchs des Arbeitgebers gegen den Arbeitnehmer kann keine Zwangslage begründen, die der Situation, die durch das Vollstreckungsverbot des § 888 Abs. 3 ZPO verhindert werden soll, vergleichbar ist. Der Wortlaut und die systematische Stellung des § 888 Abs. 3 ZPO verbieten auch die Annahme, daß der Gesetzgeber die Zulässigkeit einer Unterlassungsklage gegen den Arbeitnehmer ausschließen wollte. Die Frage nach einer entsprechenden Anwendung des § 888 Abs. 3 ZPO kann sich erst im Rahmen der Überprüfung von Vollstreckungsmöglichkeiten stellen.

---

20 So Wenzel, DB 1966, 2029.

21 Dazu oben 1. Kapitel.

22 Ebenso MünchHdbArbR-Blomeyer, § 50 RdNr. 5; Stoffels, S. 83 f.; vgl.a. G. Lüke, AcP 178, 8, zu Unterlassungsansprüchen gegen den anderen Ehegatten oder den Ehestörer.

23 Dazu 1. Kapitel, § 1 I; ebenso MünchHdbArbR-Blomeyer, § 50 RdNr. 5.

b. Besteht ein klagbarer Unterlassungsanspruch, der von einem Wettbewerbsverbot unabhängig ist ?

Nach § 611 Abs. 1 HS. 1 BGB ist der Arbeitnehmer verpflichtet, die versprochenen Dienste zu leisten. Die Verpflichtung zur Arbeitsleistung, also zu einem *positiven Tun*, gibt dem Arbeitsvertrag sein wesentliches Gepräge. Eine Verpflichtung des Arbeitnehmers, jede seine volle Arbeitskraft in Anspruch nehmende andere Arbeit zu unterlassen, ergibt sich jedenfalls nicht unmittelbar aus dem Gesetz[24]. § 241 BGB bestimmt lediglich, daß der Gläubiger aus dem Schuldverhältnis berechtigt ist, von dem Schuldner eine Leistung zu fordern. Ob der Gläubiger von einem Schuldner, der ein positives Tun schuldet, zugleich fordern kann, alles mit diesem Tun Unvereinbare zu unterlassen, geht aus dem Wortlaut des § 241 BGB nicht hervor[25]. Die Frage ist aus § 242 BGB zu beantworten, der die Verpflichtung des Schuldners festlegt, die Leistung so zu bewirken, wie Treu und Glauben es mit Rücksicht auf die Verkehrssitte erfordern. Aus § 242 BGB ergibt sich nicht nur die Verpflichtung des Schuldners, alles zu tun, um den Leistungserfolg vorzubereiten, herbeizuführen und zu sichern; er hat auch alles zu unterlassen, was den Vertragszweck oder den Leistungserfolg beeinträchtigen oder gefährden könnte[26]. Übt der Arbeitnehmer vor Ablauf der ordnungsgemäßen Kündigungsfrist eine Vollzeittätigkeit bei einem anderen Arbeitgeber aus, so kann er nicht gleichzeitig die dem ersten Arbeitgeber vertraglich geschuldete Arbeitsleistung erbringen. Seine Verpflichtung aus dem ersten Arbeitsvertrag umfaßt die Verbindlichkeit, die Tätigkeit für den neuen Arbeitgeber, die ihm die Arbeitsleistung für den ersten Arbeitgeber unmöglich macht, zu unterlassen[27].

Es bleibt zu prüfen, ob die vorgenannte Verpflichtung selbständig einklagbar ist. Die *Klagbarkeit* ist nicht etwa eine Frage der materiellrechtlichen Begründetheit der Klage, sondern Prozeßvoraussetzung[28]. In Litera-

---

24 Wenzel, JZ 1962, 594.

25 Der häufig zu findende Hinweis, daß eine derartige Verbindlichkeit *"selbstverständlich"* sei (so etwa RGZ 72, 394), kann nicht als zulässige Begründung angesehen werden.

26 MünchHdbArbR-Blomeyer, § 50 RdNr. 5; Palandt-Heinrichs, § 242 RdNr. 27 m.w.N.

27 Staudinger-Richardi, § 611 RdNr. 352; MünchKommBGB-Kramer, § 241 RdNr. 10; Palandt-Heinrichs, § 241 RdNr. 5; MünchHdbArbR-Blomeyer, § 50 RdNr. 5; Kraft, NZA 1989, 778; Lufft, RdA 1962, 264; Wenzel, JZ 1962, S. 594; Mein, RdA 1956, 330; Savaète, AuR 1956, 6; Essling, DB 1955, 1188; Gumpert, BB 1955, 965.

28 Thomas/Putzo-Thomas, Vor § 253 RdNr. 33; Lenzen, NJW 1967, 1261.

tur[29] und Rechtsprechung[30] ist die Klagbarkeit mit der Begründung abgelehnt worden, beim Dienstvertrag habe der verlassene Arbeitgeber regelmäßig kein selbständiges Interesse daran, daß der untreue Arbeitnehmer einem anderen Arbeitgeber keine Dienste leiste; die Interessen des ersten Arbeitgebers seien nur dadurch betroffen, daß ihm infolgedessen die ihm versprochenen Dienste entgingen. Dem ist zuzustimmen. Die Verpflichtung zur Unterlassung jeglicher anderer Vollzeittätigkeit vor ordnungsgemäßer Beendigung des Arbeitsverhältnisses betrifft kein selbständig zu dem bloßen Leistungsinteresse des Arbeitgebers hinzutretendes, über das eigentliche Leistungsinteresse hinausgehendes Interesse; es geht vielmehr ausschließlich um das Interesse des Arbeitgebers an dem vertraglich geschuldeten positiven Tun. Es existiert mithin keine entsprechende, selbständig einklagbare Unterlassungspflicht, da sie nichts weiter ist, als der zur negativen Seite hin ausgedachte Teil einer Gebotsnorm[31]. Erschöpft sich der Zweck der Unterlassungspflicht in der Sicherung des Gebots zum positiven Handeln, so ist dieser Unterlassungspflicht die selbständige Klagbarkeit abzusprechen[32]. Ließe man die Klagbarkeit einer derartigen Unterlassungsverpflichtung zu, so würde man zu einer unabsehbaren Ausdehnung der Klagemöglichkeiten gelangen[33]. Dem Arbeitnehmer könnte nicht nur die Tätigkeit bei einem neuen Arbeitnehmer untersagt werden, sondern auch jede andere Beschäftigung vor Ablauf der ordentlichen Kündigungsfrist, also beispielsweise der Bau eines Eigenheims, die Aufnahme eines Studiums oder der Antritt einer Reise[34]. Entsprechende Ansprüche würden zwar eine Erstbegehungs- oder Wiederholungsgefahr voraussetzen. Wäre diese Voraussetzung im konkreten Fall erfüllt, ließe sich aber nicht begründen, wieso hier etwas anderes gelten sollte als für die Aufnahme einer neuen Beschäftigung; ein klagbarer Unterlasungsanspruch müßte auch für die oben genannten Beispiele bejaht werden. Eine derartige

29 Nikisch, § 26 IV 3; Lufft, RdA 1962, 264; Soergel-Teichmann, § 242 RdNr. 174.

30 LAG Hamburg (24.09.1955), AP Nr. 1 zu § 611 BGB - Anspruch auf Arbeitsleistung; weitere Nachweise bei Lufft, RdA 1962, S. 263 FN 10.

31 Lehmann, S. 9 ff. ; Stein/Jonas-Grunsky, vor § 935 RdNr. 68; Schaub, DB 1966, 1193; Lufft, RdA 1962, 264; a.A. Mein, RdA 1956, 330.

32 Brox/Walker, RdNr. 1604; Staudinger-Richardi, § 611 RdNr. 352; Stein/Jonas-Grunsky, vor § 935 RdNr. 68; Soergel-Teichmann, § 242 RdNr. 174; MünchHdbArbR-Blomeyer, § 50 RdNr. 5; Schaub, DB 1966, 1193; Baur, BB 1964, 613; Lufft, RdA 1962, 264; Marienhagen BB 1961, 758; Monjau, DB 1961, 101.

33 Wenzel, JZ 1962, 594.

34 Stoffels, S. 88.

Ausweitung der Klagemöglichkeiten des Arbeitgebers, dem es letztlich nur um die Leistung der geschuldeten Arbeit geht, ist danach abzulehnen.

Einer gesonderten Betrachtung bedürfen die Fälle, in denen eine Unterlassungsverpflichtung vertraglich vereinbart wurde oder in denen die Beschäftigung des Arbeitnehmers bei dem neuen Arbeitgeber über das Erfüllungsinteresse des früheren Arbeitgebers hinaus dessen sonstige Interessen betrifft.

c. Der Unterlassungsanspruch aus vertraglicher Vereinbarung

Bereits in der grundlegenden Entscheidung der *Vereinigten Zivilsenate des Reichsgerichts* vom 24.01.1910[35] wurde klargestellt, daß durch die Ablehnung eines allgemeinen klagbaren Unterlassungsanspruchs nicht der Entscheidung tatsächlich anders gelagerter Fälle vorgegriffen werde, in denen *„auf Grund ausdrücklicher oder aus den Umständen zu entnehmender stillschweigender Vereinbarung ein Anspruch des Prinzipals hergeleitet wird, dem Handlungsgehilfen die Dienstleistung bei einem bestimmten anderen Prinzipale oder in bestimmten Arten von Geschäften zu verbieten*“. Aus dem Umstand, daß auf einen *bestimmten anderen Prinzipal* bzw. auf eine *bestimmte Art von Geschäften* abgestellt wurde, kann darauf geschlossen werden, daß die Vereinigten Zivilsenate derartige Vereinbarungen mit konkurrierenden Tätigkeiten in Verbindung gebracht haben[36]. Wäre es möglich, daß wirksam eine entsprechende vertragliche Unterlassungsverpflichtung begründet wird, so könnte der Arbeitgeber versuchen, auf diesem Wege Vertragsbrüchen entgegenzuwirken.

Im Schrifttum der 50er und 60er Jahre haben es z.B. *Essling*[37], *Marienhagen*[38] und *Herget*[39] ohne weiteres für zulässig gehalten, einen umfassenden Unterlassungsanspruch zugunsten des Arbeitgebers im Arbeitsvertrag festzulegen. Schon damals wurde aber darauf hingewiesen, daß solche Abreden in der Praxis relativ selten vorkommen[40]. *Schaub*[41] und *Stof-*

35 RGZ 72 (1910), 394 f.

36 Stoffels, S. 89.

37 DB 1955, 1190.

38 BB 1961, 759.

39 DB 1969, 2349.

40 Marienhagen, BB 1961, 759; Wenzel, DB 1966, 2030; Herget, DB 1969, 2349. Auch in der heutigen Praxis stellt die Vereinbarung eines umfassenden und selbständigen Unterlassungsanspruchs eine Ausnahme dar, vgl. Stoffels, S. 96 f.

41 Schaub, Arbeitsrechts-Handbuch, § 45 VII 4.

fels[42] kommen demgegenüber zu dem Ergebnis, daß jedenfalls solchen Vertragsbestimmungen die Anerkennung zu versagen sei, die unzweifelhaft darauf abzielten, dem Arbeitnehmer im Falle eines Vertragsbruchs generell die Möglichkeit zu nehmen, für andere zu arbeiten. In diesem Fall liege ein Verstoß gegen Art. 12 GG und eine zu weitgehende Knebelung im Sinn des § 138 BGB vor[43].

Die Beantwortung der Frage, ob eine vertragliche Vereinbarung eines Unterlassungsanspruchs im Arbeitsvertrag wirksam erfolgen kann, ist am Einzelfall zu entscheiden. Es wird ohne das Hinzutreten besonderer Umstände nicht als sittenwidrig im Sinn des § 138 BGB angesehen werden können, wenn der Arbeitgeber vertraglich eine Verpflichtung des Arbeitnehmers festlegt, daß dieser bis zur ordnungsgemäßen Beendigung des Arbeitsverhältnisses keine Tätigkeit bei einem neuen Arbeitnehmer aufnimmt. Hierbei ist zu beachten, daß der Arbeitgeber mit dieser Regelung lediglich einem Vertragsbruch des Arbeitnehmers entgegenwirken will und daß das Verbot zeitlich begrenzt ist. Erst recht wird es als zulässig anzusehen sein, wenn lediglich eine konkurrierende Tätigkeit untersagt werden soll.

d. Der Unterlassungsanspruch aus §§ 60, 61 HGB

Für den Handlungsgehilfen sehen die §§ 60, 61 HGB ein *gesetzliches* Wettbewerbsverbot vor. Dieses wird als Ausprägung der aus § 242 BGB abzuleitenden Treuepflicht angesehen[44]. Das gesetzliche Wettbewerbsverbot gilt nur während der Vertragszeit[45]. Nach heute einhelliger Ansicht gilt es auch dann bis zum Zeitpunkt der ordnungsgemäßen Beendigung des Arbeitsverhältnisses, wenn der Handlungsgehilfe - wie in den hier interessierenden Fällen - vertragswidrig den Dienst nicht antritt oder vorzeitig einstellt[46]. Für die Zeit nach Vertragsende gelten die §§ 74 ff. HGB. Das Wettbewerbsverbot des § 60 HGB ist nach h.M. in verfassungskonformer Auslegung auf solche Betätigungen des Handlungsgehilfen einzuschrän-

---

42 Stoffels, S. 96 ff.

43 Schaub, Arbeitsrechts-Handbuch, § 45 VII 4; Stoffels, S. 96 ff.

44 Heymann-Henssler, § 60 HGB RdNr. 1.

45 Koller, in: Koller/Roth/Morck, § 60 RdNr. 1; MünchKommHGB-v.Hoyningen-Huene, § 60 RdNr. 12; Heymann-Henssler, § 60 RdNr. 6; Baumbach/Hopt, § 60 HGB RdNr. 4; Schlegelberger, § 60 RdNr. 3.

46 Koller, in: Koller/Roth/Morck, § 60 RdNr. 1; MünchKommHGB-v.Hoyningen-Huene, § 60 RdNr. 14; Baumbach/Hopt, § 60 HGB RdNr. 4; .

ken, die dem Arbeitgeber schädlich werden können, also auf Geschäfte im Handelszweig des Arbeitgebers[47].

Die Regelung erfaßt nach ihrem Wortlaut nur kaufmännische Angestellte im Sinn von § 59 HGB[48]. Hingegen ist anerkannt, daß auch auf sonstige Arbeitnehmer inhaltlich gleiche Maßstäbe anzuwenden sind[49]. Nach wohl überwiegender Ansicht[50] wird dieses Ergebnis unter Rückgriff auf § 242 BGB begründet.

Besteht eine Erstbegehungs- oder Wiederholungsgefahr für einen Verstoß gegen § 60 HGB, kann der Arbeitgeber Unterlassung des wettbewerbswidrigen Verhaltens verlangen[51].

II. Die gerichtliche Durchsetzung des Unterlassungsanspruchs im Fall der Verletzung von Wettbewerbsverboten

1. Die Unterlassungsklage gegen den Arbeitnehmer

Der Arbeitgeber kann, sofern die oben dargestellten materiellen Voraussetzungen erfüllt sind, den Unterlassungsanspruch gegen den Arbeitnehmer im Wege der Leistungsklage vor dem Arbeitsgericht geltend machen[52]. Voraussetzung für eine derartige Unterlassungsklage ist, wie für jegliche gerichtliche Geltendmachung von Ansprüchen, das Bestehen eines *Rechtsschutzbedürfnisses*; fehlt es, so ist die Klage als unzulässig abzuweisen[53]. Für eine Leistungsklage ergibt sich das Rechtsschutzbedürfnis grundsätzlich aus der Nichterfüllung des geltend gemachten materiellen

---

47 Baumbach/Hopt, § 60 HGB RdNr. 1.; Heymann-Henssler, § 60 RdNr. 9; MünchKommHGB-v.Hoyningen-Huene, § 60 RdNr. 32 m.w.N.

48 Heymann-Henssler, § 60 HGB RdNr. 5; MünchKommHGB-v.Hoyningen-Huene, § 60 RdNr. 7.

49 Heymann-Henssler, § 60 HGB RdNr. 5; MünchKommHGB-v.Hoyningen-Huene, § 60 RdNr. 8; Stoffels, S. 91 m.w.N.

50 Heymann-Henssler, § 60 HGB RdNr. 5; MünchKommHGB-v.Hoyningen-Huene, § 60 RdNr. 7; Stoffels, S. 91 m.w.N. Nach anderer Ansicht soll in Anlehnung an die Praxis bei den nachvertraglichen Wettbewerbsverboten § 60 HGB analog anwendbar sein, Schaub, Arbeitsrechts-Handbuch, § 56 3.

51 Stoffels, S. 95 m.w.N.

52 Stoffels, S. 101.

53 MünchKommZPO-Lüke, Vor § 253 RdNr. 10; Rosenberg/Schwab/Gottwald, § 92 IV 1; Buß, NJW 1998, 338; Baumbach/Hefermehl, Einl UWG RdNr. 261.

Anspruchs, bedarf also normalerweise keiner besonderen Darlegung[54]. Entsprechend ist grundsätzlich bei Bestehen eines gesetzlichen Wettbewerbsverbotes oder eines vertraglichen Unterlassungsanspruchs das Rechtsschutzbedürfnis des Arbeitgebers, sich gegen den unzulässigen Wettbewerb durch den Arbeitnehmer oder gegen den Vertragsbruch gerichtlich zur Wehr zu setzen, zu bejahen.

Fraglich ist, ob die Unterlassungsklage des Arbeitgebers eine Klage auf künftige Leistung im Sinn des *§ 259 ZPO* ist, deren prozessuale Zulässigkeit von dem Vorliegen eines besonderen Rechtsschutzbedürfnisses abhängt.

Der *BGH* ist davon ausgegangen, die Unterlassungsklage sei stets eine Klage auf künftige Leistung; § 259 ZPO finde daher generell auf die Unterlassungsklage Anwendung[55]. Für die Vergangenheit und Gegenwart könne ein Unterlassungsanspruch nicht klageweise geltend gemacht werden; soweit der Unterlassungsanspruch sich auf die Vergangenheit und Gegenwart beziehe, sei er entweder erfüllt oder könne, sofern ihm zuwidergehandelt worden sei, rückwirkend nicht mehr erfüllt werden[56]. Von *Baumbach/Hefermehl* wird hingegen die Auffassung vertreten, daß derjenige, der zur Unterlassung verpflichtet sei, weil die Gefahr einer Beeinträchtigung unmittelbar drohe, bereits eine gegenwärtige Leistung schulde, die für die Gegenwart erfüllt werden könne[57]. Nach *Thomas/Putzo* soll § 259 ZPO nicht auf gesetzliche, hingegen aber auf vertragliche Unterlassungsansprüche anwendbar sein[58]. *G. Lüke* lehnt die Anwendung von § 259 ZPO auf gesetzliche Unterlassungsansprüche mit der Begründung ab, daß die Wiederholungsgefahr, die sich der Sache nach mit der Besorgnis nicht rechtzeitiger Leistung decke, zu den Anspruchsvoraussetzungen gehöre[59]. Bei in die Zukunft wirkenden vertraglichen Unterlassungsansprüchen begründe die erstmalige Verletzung der Pflicht im allgemeinen auch die Wiederholungsgefahr, so daß der Unterlassungsanspruch unabhängig von § 259 ZPO geltend gemacht werden könne; liege noch keine Verlet-

---

54 Rosenberg/Schwab/Gottwald, § 92 IV 1.

55 BGH, GRUR 1956, 240; offenlassend BGH, NJW-RR 1989, 263; BGH, GRUR 1960, 307 und OLG Köln, NJW-RR 1987, 360.

56 BGH, GRUR 1956, 240.

57 Baumbach/Hefermehl, Einl UWG RdNr. 261 m.w.N.

58 Thomas/Putzo-Thomas, § 259 RdNr. 4 m.w.N.

59 MünchKommZPO-Lüke, § 259 RdNr. 6.

zung der Unterlassungspflicht vor, so bleibe es bei der Anwendung von § 259 ZPO[60].

Gegen die vom BGH vertretene Auffassung[61] spricht, daß sowohl die Wirkung vertraglicher als auch gesetzlicher Unterlassungsansprüche nicht auf die Zukunft beschränkt ist. Der *fällige* Unterlassungsanspruch umfaßt ein gegenwärtiges Verbot, das solange bestehen bleibt, bis sich die maßgebenden Umstände ändern; eine klare zeitliche Aufteilung in gegenwärtige und künftige Unterlassung ist nicht möglich[62]. Im Gegensatz zu sonstigen Ansprüchen besteht die Besonderheit gesetzlicher Unterlassungsansprüche gerade darin, daß sie materiellrechtlich von der Besorgnis künftiger Verletzungen abhängig sind. Da diese Besorgnis ohnehin im Rahmen der Begründetheit zu prüfen ist, besteht keine Veranlassung, die Besorgnis der Nichterfüllung auch zum Gegenstand der Zulässigkeitsprüfung zu machen[63]. Für fällige vertragliche Unterlassungsansprüche ist zu unterscheiden: Wurde noch nicht gegen die Unterlassungspflicht verstoßen, bedarf es einer besonderen Begründung für die gerichtliche Geltendmachung des Unterlassungsanspuchs. In diesem Fall ist das Vorliegen der Voraussetzungen des § 259 ZPO zu fordern, um eine unnötige Inanspruchnahme der Gerichte zu vermeiden[64]. Den Umständen nach muß die Besorgnis gerechtfertigt sein, daß der Schuldner sich der rechtzeitigen Leistung entziehen, also der Unterlassungspflicht zuwiderhandeln wird[65]. Die Darlegungs- und Beweislast dafür trägt der Kläger, obwohl das Gericht von Amts wegen über das Vorliegen der Voraussetzungen des § 259 ZPO zu entscheiden hat[66]. Wurde hingegen bereits gegen eine fällige, in die Zukunft wirkende Verpflichtung verstoßen, wird eine Wiederholungsgefahr zu bejahen sein, ohne daß § 259 ZPO zu einer weiteren Differenzierung führen kann[67].

---

60 MünchKommZPO-Lüke, § 259 RdNr. 7.
61 BGH, GRUR 1956, 240.
62 MünchKommZPO-Lüke, § 259 RdNr. 7.
63 Ähnlich wohl auch Berneke, RdNr. 6.
64 Im Ergebnis ebenso MünchKommZPO-Lüke, § 259 RdNr. 7.
65 BGH, GRUR 1956, 240.
66 MünchKommZPO-Lüke, § 259 RdNr. 12.
67 MünchKommZPO-Lüke, § 259 RdNr. 7.

2. Die Vollstreckung aus dem Unterlassungstitel gegen den Arbeitnehmer

Soweit die Unterlassungsklage wegen der fehlenden Klagbarkeit des Unterlassungsanspruchs unzulässig ist, stellt sich die Frage nach der Zwangsvollstreckung nicht. Fraglich ist, ob in den übrigen Fällen einer Vollstreckung nach § 890 ZPO die Regelung des § 888 Abs. 3 ZPO entgegensteht. Insoweit ist zu unterscheiden, ob lediglich ein Konkurrenzverbot tituliert wurde oder ob die Verurteilung sich auf eine weitergehende vertragliche Verpflichtung bezieht.

Im Falle eines Konkurrenzverbotes bestehen keine Bedenken gegen eine Zwangsvollstreckung nach § 890 ZPO[68]. Dem Arbeitnehmer verbleibt die Möglichkeit, bei einem nicht konkurrierenden Arbeitgeber tätig zu werden und sich dadurch seinen Lebensunterhalt zu verdienen. Eine Zwangslage, die eine analoge Anwendung von § 888 Abs. 3 ZPO gebieten könnte, besteht nicht.

Ist das titulierte Unterlassungsverbot hingegen weiter gefaßt, könnte eine analoge Anwendung von § 888 Abs. 3 ZPO der Vollstreckung nach § 890 ZPO entgegenstehen[69]. Das *ArbG Wetzlar*[70] hat den Gesichtpunkt einer Umgehung des § 888 Abs. 3 ZPO mit der Begründung abgelehnt, der Arbeitnehmer werde nicht gezwungen, seinen ersten Arbeitsvertrag fortzusetzen. Es bleibe dem Arbeitnehmer überlassen, ob er seiner Verpflichtung zur Arbeitsleistung gegenüber dem ersten Arbeitgeber nachkomme oder in Verzug bleibe. Es könne auch nicht entgegengehalten werden, daß dem Arbeitnehmer, wenn er den zweiten Arbeitsvertrag nicht fortsetzen könne, letztlich nichts anderes übrigbleibe, als an seinen früheren Arbeitsplatz zurückzukehren, weil er ja zum "Broterwerb" gezwungen sei. Wenn der Arbeitnehmer sich in die Gefahr der wirtschaftlichen Not bringe, habe er die Auswirkungen eines solchen Nachteils selbst zu vertreten, weil er vertragsbrüchig geworden sei[71].

Der Auffassung des ArbG Wetzlar ist zuzustimmen. Vollstreckungsrechtlicher Beugezwang wird gegen den Arbeitnehmer im Wege der

---

68 MünchHdbArbR-Blomeyer, § 50 RdNr. 7; Monjau, DB 1961, 101 m.w.N.

69 So Kraft, NZA 1989, 778.

70 ArbG Wetzlar (1955), AP Nr. 4 zu § 611 - Anspruch auf Arbeitsleistung; ebenso Mein, RdA 1956, 331.

71 ArbG Wetzlar (28.10.1955), AP Nr. 4 zu § 611 - Anspruch auf Arbeitsleistung.

Zwangsvollstreckung nach § 890 ZPO nur dahingehend ausgeübt, das er bis zum Ablauf der ordentlichen Kündigungsfrist die Tätigkeit bei dem neuen Arbeitgeber unterläßt. Leistet er der Unterlassungsverpflichtung Folge, können gegen ihn keine Ordnungsmittel festgesetzt werden. Zwar kann nicht in Abrede gestellt werden, daß durch das Beschäftigungsverbot eine wirtschaftliche Zwangslage für den Arbeitnehmer entstehen kann. Es ist durchaus denkbar, daß der Arbeitnehmer sich hierdurch veranlaßt sieht, seine frühere Tätigkeit wieder aufzunehmen. Diese Situation unterscheidet sich aber nicht wesentlich von der Möglichkeit der Inanspruchnahme des Arbeitnehmers auf Schadensersatz oder auf Zahlung der Kosten der Ersatzvornahme. Die finanzielle Zwangslage, die für den Schuldner entstehen kann, ist die Folge des von ihm begangenen Vertragsbruchs. Eine planwidrige Regelungslücke liegt nicht vor.

Handelt der Arbeitnehmer der titulierten Unterlassungsverpflichtung schuldhaft[72] zuwider und wurden ihm bereits in dem Urteil Ordnungsmittel angedroht, so können gegen ihn demnach gemäß § 890 ZPO Ordnungsgeld oder Ordnungshaft festgesetzt werden. *Zuständig* ist gemäß § 890 Abs. 1 Satz 1 ZPO das Prozeßgericht des ersten Rechtszuges. Die Festsetzung eines Ordnungsmittels erfolgt nur auf *Antrag*. Ein über das bei jeder Rechtsverfolgung geforderte Rechtsschutzbedürfnis hinausgehendes Rechtsschutzbedürfnis ist weder für den Zeitpunkt der Zuwiderhandlung noch für den Zeitpunkt des Erlasses des Verurteilungsbeschlusses zu fordern[73].

3. Die Unterlassungsverfügung gegen den Arbeitnehmer

Im Fall von Verstößen gegen ein vertragliches oder gesetzliches Wettbewerbsverbot wird häufig ein Urteil im normalen Klageverfahren zu spät kommen. Der betroffene Arbeitgeber ist in der Regel auf eine schnelle Durchsetzung seines Anspruchs angewiesen. Soweit nach den oben dargestellten Grundsätzen ein Unterlassungsanspruch aus einem Wettbewerbsverbot besteht, kann bei Vorliegen der weiteren Voraussetzungen eine einstweilige Verfügung gegen den Arbeitnehmer ergehen. Für die einstweilige Verfügung im Fall einer weitergehenden vertraglichen Unterlassungsverpflichtung gilt grundsätzlich nichts anderes.

---

72 BVerfG, NJW 1967, 195.

73 Zöller-Stöber, § 890 Rdnr. 11.

Sowohl im Fall eines vertraglichen als auch im Fall eines gesetzlichen Beschäftigungsverbots handelt es sich um eine Leistungsverfügung. Grundsätzlich sind bei der Leistungsverfügung an den Verfügungsgrund strenge Anforderungen zu stellen[74]. Wenn sich im nachhinein herausstellt, daß der Unterlassungsanspruch nicht bestand, können die unterlassenen Handlungen für die Vergangenheit nicht mehr nachgeholt werden[75]. Entweder die eine oder die andere Partei erleidet für die Zeit bis zur Entscheidung der Hauptsache eine Einbuße, die allenfalls im Wege des Schadensersatzes ausgeglichen werden kann[76]. Eine Unterlassungsverfügung in Erfüllung des Hauptsacheanspruchs ist nur zulässig, wenn der Verfügungsgrund in einer ansonsten eintretenden irreparablen Schädigung beruht[77].

§ 11 Unterlassungsansprüche des urspünglichen Arbeitgebers gegen den neuen Arbeitgeber

I. Die materiellrechtlichen Grundlagen für Ansprüche gegen den neuen Arbeitgeber

1. Ausgangslage

Bleibt ein Arbeitnehmer während eines bestehenden Arbeitsverhältnisses seinem Arbeitsplatz fern, um bei einem Dritten tätig zu werden, so kann dies unterschiedliche Ursachen haben. Der Arbeitnehmer kann von sich aus an den neuen Arbeitgeber herangetreten sein. Umgekehrt kann sich aber auch der neue Arbeitgeber unaufgefordert mit dem Arbeitnehmer in Verbindung gesetzt haben. Auch die sonstigen Umstände, unter denen der Arbeitsplatzwechsel stattfindet, können von Fall zu Fall erhebliche Unterschiede aufweisen. Dies gilt etwa für die von dem neuen Arbeitgeber eingesetzten Mittel oder für das von ihm angestrebte Ziel. Ob und gegebenenfalls welche einzelnen Fallkonstellationen oder Fallgruppen Unterlassungsansprüche des verlassenen Arbeitgebers gegen den neuen Arbeitgeber begründen, ist Gegenstand der nachfolgenden Prüfung.

---

74 Baumbach/Lauterbach-Hartmann, Grdz § 916 RdNr. 9; Thomas/Putzo-Reichold, § 940 RdNr. 6; Brox/Walker, RdNr. 1616; s.a. 3. Kapitel § 6 II.

75 Berneke, RdNr. 29.

76 MünchKommZPO-Heinze, Vor § 935 RdNr. 24 ff.

77 MünchKommZPO-Heinze, Vor § 935 Rdnr. 27; s.a. 3. Kapitel § 6 II.

Zur Abwerbung[78] wird in der Literatur und in der Rechtsprechung ganz überwiegend die Auffassung vertreten, diese könne nicht untersagt werden, wenn die Wahl der angewandten Mittel und das angestrebte Ziel weder rechtswidrig noch sittenwidrig seien[79]. Dies gelte auch in den Fällen, in denen der abgeworbene Arbeitnehmer nur schwer ersetzt werden könne und der Arbeitgeber durch seinen Wechsel z.B. zu einem Mitbewerber stark betroffen werde[80]. Unzulässig werde die Abwerbung erst dann, wenn die besonderen Umstände sie als rechts- oder sittenwidrig erscheinen ließen[81].

Dem ist zuzustimmen. Zwar ist es denkbar, daß dem verlassenen Arbeitgeber durch den Wechsel seines Arbeitnehmers zu einem neuen Arbeitgeber erheblicher Schaden entsteht; eine Abwerbung wird für den ursprünglichen Arbeitgeber in der Regel unerwünscht und mit Nachteilen verbunden sein. Es existiert aber keine Generalklausel, auf die sich für jedwede (Mit-)Verursachung eines Schadens, der einem Dritten entsteht, ein Schadensersatz- und Unterlassungsanspruch stützen läßt; ebensowenig besteht eine umfassende *deliktische* Generalklausel[82]. Lassen sich Schadensersatz- und Unterlassungspflichten nicht aus einer vertraglichen Beziehung zwischen dem ursprünglichen und dem neuen Arbeitgeber begründen, ist zu prüfen, ob nach den näheren Umständen des Einzelfalls die Voraussetzungen einer konkreten gesetzlichen Anspruchsgrundlage erfüllt sind.

2. Vertragliche Vereinbarungen zwischen Arbeitgebern als Grundlage für Schadensersatz- oder Unterlassungsansprüche

Nicht selten treffen Arbeitgeber mit anderen Arbeitgebern - durch Vertragsstrafe gesicherte - Vereinbarungen, die ihnen verbieten, bei einem

78 Diese wird als eine ernstliche und beharrliche Einflußnahme eines Dritten auf einen durch Arbeitsvertrag gebundenen Arbeitnehmer zur Beendigung seines Arbeitsverhältnisses bzw. als Arbeitsplatzwechsel auf Veranlassung eines Dritten definiert (Arbeitsrechtslexikon-Bengelsdorf, Abwerbung I.).

79 Z.B. Arbeitsrechtslexikon-Bengelsdorf, Abwerbung I.; Baumbach/Hefermehl, § 1 UWG RdNr. 583; Schaub, Arbeitsrechts-Handbuch, § 51 IV 1; Gumpert, BB 1955, 964; Herget, DB 1969, 2342; BGH, GRUR 1984, 130 f.; LAG Rheinland-Pfalz, DB 1992, 789.

80 Arbeitsrechtslexikon-Bengelsdorf, Abwerbung I.; Herget, DB 1969, 2342.

81 Arbeitsrechtslexikon-Bengelsdorf, Abwerbung I.; Schaub, Arbeitsrechts-Handbuch, § 51 IV 2; Gumpert, BB 1955, 964; Herget, DB 1969, 2342.

82 MünchKommBGB-Mertens, Vor §§ 823-853 RdNr. 2 m.w.N..

der beteiligten Arbeitgeber beschäftigte Arbeitnehmer abzuwerben und selbst einzustellen[83]. Die rechtliche Wirksamkeit und gerichtliche Durchsetzbarkkeit solcher Vereinbarungen sind umstritten[84]. An dieser Stelle können nur einige grundsätzliche Überlegungen angestellt werden. Die Prüfung, ob und gegebenenfalls mit welchem Inhalt eine Sperrabrede zwischen Arbeitgebern zu empfehlen ist oder ob eine geschlossene Vereinbarung wirksam und durchsetzbar ist, kann wegen der Vielzahl möglicher Fallgestaltungen nur unter Berücksichtigung der näheren Gegebenheiten des Einzelfalls erfolgen[85].

Unwirksam gemäß § 138 BGB werden jedenfalls Vereinbarungen sein, die eine Anstellung vertragsbrüchiger Arbeitnehmer ohne weitere Einschränkung, insbesondere hinsichtlich der Dauer, verbieten[86]. Würden solche Vereinbarungen in größerem Umfang geschlossen, könnte dem Arbeitnehmer eine weitere Berufstätigkeit in einer gegen die guten Sitten verstoßenden Weise erschwert oder gar unmöglich gemacht werden[87]. Erst recht gilt dies für Vereinbarungen, die ein uneingeschränktes Anstellungsverbot für ordnungsgemäß ausgeschiedene Arbeitnehmer festlegen.

Hingegen zeigt die Vorschrift des § 75 f HGB, daß der Gesetzgeber Sperrabreden unter Arbeitgebern nicht generell als nichtig angesehen hat[88]. Die Einräumung eines Rücktrittsrechts durch § 75 f Satz 1 HGB wäre unnötig, wenn alle Sperrabreden von vornherein sittenwidrig und damit gemäß § 138 Abs. 1 BGB nichtig wären. Eine Vereinbarung, durch die ausschließlich Vertragsbrüchen von Arbeitnehmern entgegengewirkt werden soll, indem etwa deren Anstellung und Beschäftigung vor Ablauf der

---

83 Weiland, BB 1976, 1179.

84 Für Teilbereiche bejaht wird die gerichtliche Durchsetzbarkeit von Weiland (BB 1976, 1179 ff.) und Henssler (Heymann, § 75 f HGB RdNr. 4). Bengelsdorf hingegen verneint die Durchsetzbarkeit ausnahmslos (Arbeitsrechtslexikon, Abwerbung IV.). Der BGH hat in einem Urteil vom 27.09.1983 (DB 1984, 111 ff.) die Gültigkeit einer Sperrabrede zwischen Arbeitgebern bejaht, die gerichtliche Durchsetzbarkeit hingegen verneint. Weitere Nachweise bei Gumpert, BB 1955, 966 f.

85 Hierbei kann auch eine nähere Auseinandersetzung mit den Vorschriften des GWB und der Art. 85, 86 EUV zum Schutz des freien Wettbewerbs erforderlich sein. Regelmäßig werden sich allerdings kollektive Unternehmensabsprachen zur Unterbindung von Abwerbungen nicht auf gewerbliche Leistungen beziehen und insoweit nicht unter § 1 GWB fallen (Baumbach/Hefermehl, § 1 UWG RdNr. 583).

86 Ähnlich Gumpert, BB 1955, 967.

87 Gumpert, BB 1955, 967.

88 Gumpert, BB 1955, 966.

Kündigungsfrist untersagt werden, kann nicht ohne weiteres als sittenwidrig angesehen werden[89].

Eine erhebliche Einschränkung des Nutzens einer Sperrabrede für den Arbeitgeber könnte sich zum einen aus dem jederzeitigen Rücktrittsrecht nach § 75 f Satz 1 HGB, zum anderen aus § 75 f Satz 2 HGB ergeben. Letztgenannte Vorschrift bestimmt, daß Sperrabreden im Sinn des § 75 f Satz 1 HGB weder im Wege der Klage noch einredeweise geltend gemacht werden können.

Die Regelung des § 75 f HGB soll über ihren Wortlaut hinaus nicht nur auf Abreden bezüglich der Anstellung von Handlungsgehilfen, sondern entsprechend auch auf Abreden hinsichtlich der Anstellung sonstiger Arbeitnehmer - Arbeiter und technische Angestellte - anzuwenden sein[90]. Ob die Voraussetzungen einer analogen Anwendung des § 75 f HGB auf nicht-kaufmännische Arbeitnehmer erfüllt sind, bedarf einer Überprüfung.

Eine *Regelungslücke* besteht; für nicht-kaufmännische Arbeitnehmer existiert keine den §§ 74 bis 75 d HGB und auch keine § 75 f HGB vergleichbare Regelung. Zur Beurteilung der *Planwidrigkeit* der bestehenden Regelungslücke ist es erforderlich, näher auf die Funktion des § 75 f HGB einzugehen. § 75 f HGB ist im Zusammenhang mit den in §§ 74 bis 75 d HGB getroffenen Regelungen zu sehen[91]. Diese verschaffen dem Grundsatz Geltung, daß Wettbewerbsverbote, die den Handlungsgehilfen für die Zeit nach Beendigung seines Dienstverhältnisses in seiner gewerblichen Tätigkeit beschränken (§ 74 Abs. 1 HGB), nur verbindlich sein sollen, wenn dieser dafür eine angemessene Entschädigung erhält (§ 74 Abs. 2 HGB)[92]. Weiterhin müssen solche Verbote dem Schutz eines berechtigten geschäftlichen Interesses des Arbeitgebers dienen und dürfen das Fortkommen des Handlungsgehilfen nicht unbillig erschweren (§ 74 a Abs. 1 HGB). Die Funktion des § 75 f HGB ist es, daß die vorgenannten Schutzregelungen für Handlungsgehilfen durch Sperrabreden des Arbeitgebers mit anderen Arbeitgebern nicht umgangen werden[93]. Dafür, daß der Ge-

---

89 Ähnlich Gumpert, BB 1955, 966 f.

90 BGH, DB 1984, 111; Arbeitsrechtslexikon-Bengelsdorf, Abwerbung IV; Heymann-Henssler, § 75 f HGB RdNr. 3; MünKommHGB-v.Hoyningen-Huene, § 75 f RdNr. 3.

91 BGH, DB 1984, 112.

92 BGH, DB 1984, 112.

93 BGH, NJW 1974, 1330; DB 1984, 112.

setzgeber für nicht-kaufmännische Arbeitnehmer eine abweichende Wertentscheidung getroffen und bewußt keine entsprechenden Schutzregelungen geschaffen hat, sind keine Anhaltspunkte ersichtlich. Die bestehende Regelungslücke ist planwidrig. Auch ist eine *vergleichbare Interessenlage* gegeben. Der Konflikt zwischen den Geschäftsinteressen des Arbeitgebers und dem Schutzbedürfnis des Arbeitnehmers besteht für nicht-kaufmännische Arbeitnehmer ebenso wie für kaufmännische Angestellte. Die gesetzgeberische Wertentscheidung, die den §§ 74 ff. HGB und mit ihnen auch dem § 75 f HGB zugrunde liegt, kann auch für nicht-kaufmännische Arbeitsverhältnisse Geltung beanspruchen[94]. § 75 f HGB ist demnach auf Sperrabreden zu Lasten kaufmännischer Angestellter direkt und auf solche zulasten sonstiger Arbeitnehmer analog anzuwenden[95].

Aus dem zuvor gewonnenen Ergebnis könnte der Schluß gezogen werden, daß § 75 f HGB generell für Sperrvereinbarungen zwischen Arbeitgebern ein jederzeitiges Kündigungsrecht einräumt und weder Klage noch Einrede zuläßt. Sperrabreden könnten in diesem Fall kaum als wirksamer Schutz gegen Abwerbungen angesehen werden[96]. In der Literatur wird versucht, dieses für den betroffenen Arbeitgeber unbefriedigende Ergebnis wie folgt zu korigieren: Ein Abwerbungsverbot mit Vertragsstrafeversprechen soll für die Fälle einklagbar vereinbart werden können, in denen die Abwerbung gegen § 1 UWG verstößt[97]. Auch in einem Urteil des BGH vom 30.04.1974 wird angedeutet, daß es für die Anwendbarkeit von § 75 f HGB darauf ankommen kann, ob eine unlautere oder sittenwidrige Abwerbung vorliegt[98]. Bei der Überprüfung dieser Auffassung wird wiederum auf den Zweck des § 75 f HGB abzustellen sein.

Wie bereits ausgeführt wurde, besteht die Funktion des § 75 f HGB darin, eine Umgehung der §§ 74 bis 75 d HGB zu verhindern[99]. Die auf

---

94 BGH, DB 1984, 112.

95 Dieses Ergebnis steht im Einklang mit Judikatur des BAG, das in ständiger Rechtsprechung auch den Schutz der §§ 74 bis 75 d HGB auf alle Arbeitnehmer ausdehnt (BGH, DB 1984, 112 m.w.N.).

96 So wohl Arbeitsrechtslexikon-Bengelsdorf, Abwerbung IV.

97 Weiland, BB 1976, 1179 ff.

98 NJW 1974, 1283; in der Entscheidung wird wörtlich ausgeführt: "Anhaltspunkte dafür, daß die Beklagte diesen früheren Arbeitnehmer zum Vertragsbruch verleitet oder in anderer Weise unter Verletzung von Regeln des lauteren Wettbewerbs oder der guten Sitten abgeworben hat, hat die Klägerin nicht aufgezeigt. Der in § 75 f HGB zum Ausdruck gekommene Rechtsgedanke trifft daher auch auf eine Fallgestaltung wie die vorliegende zu."; ausführlich dazu Weiland, BB 1976, 1180.

99 BGH, DB 1984, 112.

die Zeit *nach Beendigung des Dienstverhälnisses* abstellenden Regelungen der §§ 74 bis 75 d HGB dienen dem Schutz des Arbeitnehmers[100]. Daher darf einerseits der Regelungsumfang des § 75 f HGB nach dem Willen des Gesetzgebers nicht hinter dem Schutzzweck der Regeln der §§ 74 bis 75 d HGB zurückbleiben; zum anderen besteht aber auch keine Veranlassung, die Durchsetzbarkeit wirksamer Vereinbarungen zwischen Arbeitgebern weitergehend einzuschränken, als es der Schutz des Arbeitnehmers gebietet.

Wegen der Funktion des § 75 f HGB, *den Arbeitnehmer* zu schützen, ist entgegen der Auffassung *Weilands*[101] für die Durchsetzbarkeit einer Sperrabrede weniger darauf abzustellen, ob dem neuen Arbeitgeber ein Verstoß gegen § 1 UWG vorwerfbar ist. Ein derartiger Verstoß kann ausschließlich in dem Verhalten des neuen Arbeitgebers zu sehen sein, ohne daß damit auf seiten des Arbeitnehmers ein seine Schutzwürdigkeit einschränkendes vorwerfbares Verhalten einhergeht. Vielmehr ist für die Anwendbarkeit von § 75 f HGB entscheidend, ob die Sperrabrede einer Mitwirkung des neuen Arbeitgebers an einem nicht schutzwürdigen *rechtswidrigen Verhalten des Arbeitnehmers* entgegenwirken soll[102]. Liegt diese Voraussetzung vor, wie z.B. im Fall einer strafbewehrten Vereinbarung zwischen Arbeitgebern, vertragsbrüchige Arbeitnehmer *bis zum Ablauf der Kündigungsfrist* nicht zu *beschäftigen*, steht § 75 f HGB der gerichtlichen Durchsetzbarkeit der Vereinbarung nicht entgegen[103]. Das Schutzbedürfnis des Arbeitnehmers wird hierdurch nicht unterlaufen; ein durch § 75 f HGB geschütztes Interesse an der Durchführung eines Vertragsbruchs kann dem Arbeitnehmer nicht zugebilligt werden[104].

Demgegenüber wird eine Vereinbarung, die den *Abschluß* eines neuen Arbeitsvertrages vor Ablauf der Kündigungsfrist untersagt, nicht gerichtlich durchsetzbar sein. Denn auch ein - in zulässiger Weise - vor Beendigung des früheren Arbeitsvertrages geschlossener neuer Arbeitsvertrag betrifft das spätere berufliche Fortkommen des Arbeitnehmers und wird damit von dem Schutzzweck des § 74 f HGB erfaßt. Solange der Arbeit-

---

100 BGH, DB 1984, 112.

101 Weiland, BB 1976, 1180.

102 Regelmäßig wird eine Mitwirkung des neuen Arbeitgebers an einem rechtswidrigen Verhalten des Arbeitnehmers allerdings gegen § 1 UWG verstoßen; dazu unten § 11 I 3.

103 Offenlassend Baumbach/Hopt, § 75 f HGB RdNr. 1.

104 Im Ergebnis ähnlich Weiland, BB 1976, 1180.

nehmer die neue Arbeitsstelle erst nach ordnungsgemäßer Beendigung seines früheren Arbeitsverhältnisses antritt, liegt ohne das Hinzutreten besonderer Umstände allein in dem Abschluß eines neuen Arbeitsvertrages kein Vertragsbruch des Arbeitnehmers.

Zusammenfassend bleibt festzuhalten, daß Vereinbarungen zwischen Arbeitgebern, die ihnen verbieten, bei einem der beteiligten Arbeitgeber beschäftigte Arbeitnehmer *einzustellen*, regelmäßig wegen § 75 f HGB nicht gerichtlich durchsetzbar sind. § 75 f HGB ist nicht nur auf Handlungsgehilfen, sondern entsprechend auch auf sonstige Arbeitnehmer anzuwenden. Gerichtlich durchsetzbar sind nach hier vertretener Auffassung hingegen solche Vereinbarungen, die die beteiligten Arbeitgeber daran hindern sollen, an einem rechtswidrigen Verhalten des Arbeitnehmers mitzuwirken, insbesondere, diesen vor ordnungsgemäßer Auflösung des ursprünglichen Arbeitsverhältnisses zu *beschäftigen*.

3. Ansprüche aus § 1 UWG

Gemäß § 1 UWG kann auf Unterlassung und Schadensersatz in Anspruch genommen werden, wer im geschäftlichen Verkehr zu Wettbewerbszwecken Handlungen vornimmt, die gegen die guten Sitten verstoßen. Der Tatbestand setzt ein Wettbewerbsverhältnis zwischen den Beteiligten voraus[105]. Ein solches kann, wenn es - wie beim Abwerben von Arbeitnehmern - um die Arbeitskraft schlechthin geht, auch bei Branchenverschiedenheit bestehen; der Abwerbende und der frühere Arbeitgeber stehen sich hier als Mittbewerber um die Arbeitskraft des Arbeitnehmers gegenüber[106].

Bei der wettbewerbsrechtlichen Beurteilung des Verhaltens des Abwerbenden ist im übrigen zu unterscheiden, ob auf seiten des Arbeitnehmers ein Vertragsbruch oder eine ordnungsgemäße Vertragslösung vorliegt[107].

---

105 Baumbach/Hefermehl, § 1 UWG RdNr. 583 und Einl UWG RdNr. 216.
106 Schaub, Arbeitsrechts-Handbuch, § 51 IV 3; Baumbach/Hefermehl, § 1 UWG RdNr. 583; Herget, DB 1969, 2342.
107 Baumbach/Hefermehl, § 1 UWG RdNr. 583.

Das Abwerben fremder Arbeitnehmer mittels *Verleitung zum Vertragsbruch* ist sittenwidrig im Sinn des § 1 UWG[108]. Der Vertragsbruch besteht dabei regelmäßig darin, daß der Arbeitnehmer seine Arbeit ohne Einhaltung der Kündigungsfrist einstellt oder sie überhaupt nicht aufnimmt; dem steht es gleich, wenn der Arbeitnehmer durch sein Verhalten bewußt die fristlose Kündigung durch den Arbeitgeber provoziert[109]. Für den Begriff des *Verleitens* ist es gleichgültig, ob die erste Anregung von dem neuen Arbeitgeber ausgeht; ein Verleiten kann selbst dann noch in Betracht kommen, wenn der Arbeitnehmer bereits zum Vertragsbruch entschlossen ist[110]. Maßgeblich für die Beurteilung der *Sittenwidrigkeit* im Sinn des § 1 UWG ist das Anstandsgefühl des verständigen und anständigen Durchschnittsgewerbetreibenden[111]. Gegen dieses Anstandsgefühl verstößt das Verleiten zum Vertragsbruch. Das Vertragsverhältnis zwischen früherem Arbeitgeber und Arbeitnehmer bindet zwar nur die Vertragsparteien, in der Verleitung zum Vertragsbruch liegt aber ein unmittelbarer Angriff auf die wettbewerbliche Betätigung des Mitbewerbers, der mit Kündigung, nicht aber mit Vertragsbruch seines Beschäftigten rechnen muß[112]. *Subjektiv* genügt auf seiten des Verleitenden bedingter Vorsatz, fahrlässige Unkenntnis reicht hingegen nicht aus[113]. Nicht auf Unkenntnis berufen kann sich allerdings, wer sich der Kenntnis eines Umstandes, der sich ihm aufdrängt, bewußt verschließt[114].

Außer einem Verleiten zum Vertragsbruch kann auch das *Ausnutzen eines Vertragsbruchs*, der bereits vollzogen ist, den Tatbestand des § 1 UWG erfüllen[115]. Dies ist z.B. der Fall, wenn es dem Abwerbenden darum geht, Kenntnis von Betriebs- und Geschäftsgeheimnissen (§ 17 UWG) des früheren Arbeitgebers zu erlangen[116].

---

108 Z.B. Baumbach/Hefermehl, § 1 UWG RdNr. 584; Schaub, Arbeitsrechts-Handbuch, § 51 IV 3; ders. DB 1966, 1191; Herget, DB 1969, 2342; BGH, GRUR 1956, 273; GRUR 61, 482 f.

109 Baumbach/Hefermehl, § 1 UWG RdNr. 584.

110 Baumbach/Hefermehl, § 1 UWG RdNr. 584.

111 Arbeitsrechtslexikon-Bengelsdorf, II 2 b.

112 Baumbach/Hefermehl, § 1 UWG RdNr. 584.

113 Baumbach/Hefermehl, § 1 UWG RdNr. 584.

114 BGH, GRUR 1975, 557.

115 Herget, DB 1969, 2342.

116 Herget, DB 1969, 2342.

Selbst die Verleitung zur ordnungsgemäßen Vertragsauflösung kann sittenwidrig sein z.B. bei *planmäßiger Abwerbung*[117] oder im Fall der Abwerbung durch *herabsetzende Äußerungen* oder *unwahre Behauptungen* über den anderen Arbeitgeber[118]. Veranlaßt der andere Arbeitgeber den Arbeitnehmer lediglich durch das Angebot eines höheren Lohns und besserer Arbeitsbedingungen dazu, das ursprüngliche Arbeitsverhältnis ordnungsgemäß zu lösen, und verfolgt er hierbei weder den Zweck, den früheren Arbeitgeber zu schädigen, noch den Zweck, diesen auszubeuten, begründet dieses Verhalten keine Schadensersatz- oder Unterlassungsansprüche nach § 1 UWG[119]. Eine erschöpfende Darstellung dessen, was jeweils auf unlautere Behinderung des Mittbewerbers hinzielt oder noch mit guter kaufmännischer Sitte zu vereinbaren ist, ist wegen der Vielzahl möglicher Fallgestaltungen nicht durchführbar[120].

Liegen die Voraussetzungen des § 1 UWG vor, bleibt zu klären, welche Rechtsfolgen sich hieran anknüpfen. Die Frage, ob die Abwerbung selbst oder wenigstens die Tätigkeit des Arbeitnehmers bei dem neuen Arbeitgeber untersagt werden kann, wird für den betroffenen Arbeitgeber häufig von größerer Bedeutung sein als die Forderung eines Schadensersatzes in Geld[121]. Aus § 1 UWG folgt zunächst ein Anspruch auf Unterlassung sittenwidriger Abwerbungsmaßnahmen, sofern sich aus dem Verhalten des konkurrierenden Arbeitgebers eine entsprechende Erstbegehungs- oder Wiederholungsgefahr ergibt[122]. Fraglich ist, ob von dem Abwerbenden die Auflösung des neu eingegangenen Arbeitsvertrages gefordert werden kann, wenn der Arbeitnehmer seinen früheren Arbeitsplatz bereits verlassen und einen neuen Arbeitsvertrag abgeschlossen hat. Als Schadensersatz für die dem früheren Arbeitgeber bis zum Ablauf der ordentlichen Kündigungsfrist entgehende Arbeitskraft kann eine derartige Vertragsauflösung durch den neuen Arbeitgeber nicht beansprucht werden. Nach § 249 Satz 1 BGB hat der zum Schadensersatz Verpflichtete den Zustand herzustellen, der bestehen würde, wenn der zum Ersatz verpflichtende Umstand nicht eingetreten wäre. Für die Abwerbung bedeutet dies, daß

---

117 Planmäßiges Abwerben liegt vor, wenn zielbewußt und systematisch ohne Rücksicht auf sonstige Möglichkeiten des Arbeitsmarktes darauf hingewirkt wird, die Arbeitskräfte eines bestimmten Konkurrenten abspenstig zu machen, um hierdurch den Wettbewerber zurückzudrängen, Gierke, RdA 1972, 18.

118 Gumpert, BB 1955, 967; Herget, DB 1969, 2342.

119 Baumbach/Hefermehl, § 1 UWG RdNr. 586; Gierke, RdA 1972, 17.

120 Herget, DB 1969, 2342; Gierke, RdA 1972, 18.

121 Gierke, RdA 1972, 18.

122 Arbeitsrechtslexikon-Bengelsdorf, Abwerbung, II 2 d; Herget, DB 1969, 2343.

der neue Arbeitgeber dafür Sorge tragen müßte, daß der Arbeitnehmer die seinem früheren Arbeitgeber geschuldete Arbeitsleistung bis zum Zeitpunkt der ordnungsgemäßen Vertragsauflösung erbringt; dies würde dem Zustand entsprechen, der ohne die Abwerbung bestünde. Allein durch die Auflösung des neuen Arbeitsvertrages würde dieser Zustand aber nicht erreicht. Letztlich hängt es von dem Willen des Arbeitnehmers ab, ob er die geschuldete Arbeit erbringt. Besteht der Schaden des früheren Arbeitgebers darin, daß der Arbeitnehmer Geschäfts- oder Betriebsgeheimnisse in dem Unternehmen des neuen Arbeitgebers verwertet, begründet dies ebenfalls keinen Anspruch auf Auflösung des neuen Arbeitsvertrages[123]. Der dem früheren Arbeitgeber entstandene Schaden kann hierdurch nicht beseitigt werden. Um den durch die Abwerbung erzielten Wettbewerbsvorsprung zu beseitigen, kann aber dem Abwerbenden *für eine begrenzte Zeit* verboten werden, den Abgeworbenen zu *beschäftigen*[124]. Die Dauer des Beschäftigungsverbotes ist von Fall zu Fall zu ermitteln[125]; sie kann bei Vertragsbruch des Arbeitnehmers der einzuhaltenden Kündigungsfrist entsprechen[126]. Das Beschäftigungsverbot kann nicht länger dauern, als bis nach dem gewöhnlichen Lauf der Dinge der betroffene Arbeitgeber den Wettbewerbsvorsprung des Abwerbenden wieder eingeholt hat[127].

4. Ansprüche aus § 823 Abs. 2 BGB in Verbindung mit § 1 UWG

Da Wettbewerbsverstöße zugleich gegenüber den von ihnen betroffenen Wettbewerbern unerlaubte Handlungen sind, können neben der spezialgesetzlichen Regelung des § 1 UWG auch die Vorschriften des allgemeinen zivilrechtlichen Deliktsrechts (§§ 823 ff. BGB) eingreifen; anders als § 1 UWG setzen diese Vorschriften keine Handlung im Wettbewerb voraus[128]. § 1 UWG ist Schutzgesetz im Sinn des § 823 Abs. 2 BGB, so daß eine sittenwidrige Abwerbung im Sinn dieser Vorschrift grundsätzlich zugleich die Voraussetzungen des § 823 Abs. 2 BGB erfüllt[129]. Da aber § 823 Abs. 2 BGB keine weitergehenden Ansprüche als § 1 UWG gewährt,

---

123 Im Ergebnis ebenso Gierke, RdA 1972, 18.

124 BGH, GRUR 1961, 483; 67, 429; Baumbach/Hefermehl, § 1 UWG RdNr. 596.

125 Gloy-Melullis, § 20 RdNr. 54.

126 Arbeitsrechtslexikon-Bengelsdorf, Abwerbung II 2 c.; Essling, DB 1955, 1190.

127 Gierke, RdA 1972, 18; ähnlich Arbeitsrechtslexikon-Bengelsdorf, Abwerbung II 2 c.

128 Gloy-Melullis, § 20 RdNr. 3.

129 Gierke, RdA 1972, 19.

ist die Vorschrift hier ohne größere Bedeutung[130], zumal die Rechtsprechung insbesondere des BGH dazu tendiert, in den Sondervorschriften des UWG eine abschließende Regelung zu sehen[131].

5. Ansprüche aus § 826 BGB

Wenn der Abwerbende den Vorsatz hat, den anderen Arbeitgeber zu schädigen, und Sittenwidrigkeit gegeben ist, bestehen Schadensersatz- und Unterlassungsansprüche auch aus § 826 BGB[132]. Auch § 826 BGB setzt im Gegensatz zu § 1 UWG keine wettbewerbliche Beziehung voraus[133]. Der Begriff der Sittenwidrigkeit in § 826 BGB deckt sich im Kern mit dem Begriff in § 1 UWG[134]. Allerdings ist für § 826 BGB als Maßstab das Anstandsgefühl aller billig und gerecht Denkenden heranzuziehen, wohingegen bei § 1 UWG unter Berücksichtigung der Funktion des Wettbewebs und des Schutzzwecks des Wettbewerbsrechts auf das Anstandsgefühl des verständigen und anständigen Durchschnittsgewerbetreibenden abzustellen ist[135]. Subjektiv muß dem Abwerbenden bewußt sein, daß die Abwerbung einen schädlichen Erfolg haben kann; fahrlässiges Handeln genügt nicht[136]. Das Bewußtsein der Sittenwidrigkeit ist hingegen nicht erforderlich[137]. Sachlich führt die Anwendung von § 826 BGB im wesentlichen zu den gleichen Ergebnissen wie die Anwendung von § 1 UWG[138].

6. Eingriff in den eingerichteten und ausgeübten Gewerbebetrieb

Schadensersatz- und Unterlassungsansprüche gegen den Abwerbenden können sich auch aus §§ 823 Abs. 1, 1004 BGB ergeben, wenn die Beschäftigung des Arbeitnehmers einen rechtswidrigen Eingriff in den Gewerbebetrieb des früheren Arbeitgebers darstellt[139]. Das Recht am einge-

---

130 Gierke, RdA 1972, 19; Gloy-Melullis, § 20 RdNr. 5.
131 BGHZ 41, 317; BGH, NJW 1983, 2493; ebenso Baumbach/Hefermehl, Einl UWG RdNr. 61.
132 Gierke, RdA 1972, 17; Gumpert, BB 1955, 967; Herget, DB 1969, 2342.
133 Baumbach/Hefermehl, § 1 UWG RdNr. 583.
134 Arbeitsrechtslexikon-Bengelsdorf, Abwerbung II 2 b; Gierke, RdA 1972, 17.
135 Dazu Baumbach/Hefermehl, § 1 UWG RdNr. 2; Arbeitsrechtslexikon-Bengelsdorf, Abwerbung II 2 b.
136 Arbeitsrechtslexikon-Bengelsdorf, Abwerbung II 2 a.
137 Arbeitsrechtslexikon-Bengelsdorf, Abwerbung II 2 a.
138 Baumbach/Hefermehl, § 1 UWG RdNr. 583.
139 Gierke, RdA 1972, 19; Lufft, NJW 1961, 2003 f.

richteten und ausgeübten Gewerbebetrieb wird definiert als das subjektive Recht, das den Interessen des Unternehmers an den im Unternehmen verkörperten wertvollen Ergebnissen der unternehmerischen Leistung und an der ungestörten unternehmerischen Betätigung innerhalb des bestehenden Unternehmens Schutz gewährt[140]. Ein Eingriff in dieses Recht kann angenommen werden, wenn eine Abwerbung auf Schädigung oder Verdrängung des Wettbewerbers gerichtet ist und Schlüsselkräfte oder ganze Gruppen von Arbeitnehmern systematisch abgeworben werden und dadurch die Funktionsfähigkeit des Unternehmens beinträchtigt wird[141].

7. Ansprüche aus § 125 GewO

Verleitet ein Arbeitgeber einen gewerblichen Arbeitnehmer oder technischen Angestellten, seinen Arbeitsplatz vor rechtmäßiger Beendigung des Arbeitsverhältnisses zu verlassen, haftet er gemäß §§ 125, 133 e GewO neben dem vertragsbrüchigen Arbeitnehmer für den dem früheren Arbeitgeber entstandenen Schaden als Gesamtschuldner[142]. Die Anwendung des § 125 GewO auf andere Arbeitsverhältnisse z.B. kaufmännischer Angestellter ist nicht zulässig[143]. Der Anwendungsbereich des §125 GewO wird zudem dadurch eingeschränkt, daß die Vorschrift nur die Abwerbung erfaßt, die zum Vertragsbruch führt[144]. Nachdem § 124 b GewO als verfassungswidrige Grundlage einer Pauschalentschädigung weggefallen ist, besteht die Haftung des vorsätzlich abwerbenden Arbeitgebers allein für den *konkret nachzuweisenden* Schaden[145].

II. Die gerichtliche Durchsetzung des Unterlassungsanspruchs gegen den neuen Arbeitgeber

1. Unterlassungsklage

Zuständig für die Entscheidung über Unterlassungs- und Schadensersatzansprüche des früheren Arbeitgebers gegen den neuen Arbeitgeber sind

140 Lufft, NJW 1961, 2003.
141 Lufft, NJW 1961, 2003 f.
142 Arbeitsrechtslexikon-Bengelsdorf, Abwerbung, II.; Gierke, RdA 1972, 17.
143 Schaub, Arbeitsrechts-Handbuch, § 51 IV 4.; Monjau, DB 1961, 99.
144 Arbeitsrechtslexikon-Bengelsdorf, Abwerbung II 1.
145 BAG, BB 1984, 1940; Arbeitsrechtslexikon-Bengelsdorf, Abwerbung, II 1.

die *ordentlichen Gerichte*[146]. Stehen dem Arbeitgeber hinsichtlich einer Abwerbung sowohl Ansprüche gegen den Arbeitnehmer als auch gegen den neuen Arbeitgeber zu, so kann er die Ansprüche im Wege der Zusammenhangklage gemäß § 2 Abs. 3 ArbGG beim *Arbeitsgericht* geltend machen[147].

Sollen dem Beklagten Abwerbungshandlungen untersagt werden, so ist bei der Formulierung des *Klageantrages* auf die vorgenommenen Handlungen abzustellen, wobei allerdings eine gewisse Verallgemeinerung zulässig ist[148]. Es empfiehlt sich wegen § 890 Abs. 2 ZPO, bereits mit dem Klageantrag die Androhung von Ordnungsmitteln zu beantragen[149].

Wenn mit der Klage ein Anspruch auf Unterlassung der Beschäftigung eines Arbeitnehmers aus § 1 UWG geltend gemacht wird, kann das Gericht gemäß *§ 287 ZPO* den Zeitpunkt schätzen, bis zu dem sich das schadenstiftende Ereignis auswirkt[150].

2. Die Vollstreckung des Unterlassungsanspruchs gegen den Arbeitgeber

Eine entsprechende Anwendung von *§ 888 Abs. 3 ZPO* kommt nicht in Betracht. Da kein materiellrechtlicher Anspruch des früheren Arbeitgebers auf eine Vertragsauflösung durch den neuen Arbeitgeber besteht[151], kann der abgeworbene Arbeitnehmer durch die *gegen den Abwerbenden* gerichtete Zwangsvollstreckung nach § 890 ZPO kaum einer wirtschaftlichen Zwangslage ausgesetzt werden, die mit dem Zwang des § 888 Abs. 1 ZPO gleichzusetzen ist.

---

146 Schaub, Arbeitsrechts-Handbuch, § 51 IV 2; Arbeitsrechtslexikon-Bengelsdorf, Abwerbung, II 4; Herget, DB 1969, 2343.

147 Schaub, Arbeitsrechts-Handbuch, § 51 IV 2; Arbeitsrechtslexikon-Bengelsdorf, Abwerbung, II 4; Monjau, DB 1961, 100.

148 Gierke, RdA 1972, 18.

149 Zur Androhung G. Lüke, Zwangsvollstreckungsrecht, Nr. 288.

150 Arbeitsrechtslexikon-Bengelsdorf, Abwerbung, II 2 c.; Gierke, RdA 1972, 18.

151 Dazu oben § 11 I 3.

3. Die Geltendmachung des Unterlassungsanspruchs im Wege der einstweiligen Verfügung

a. Problemstellung und Streitstand

Erfährt der Arbeitgeber von einer bevorstehenden Abwerbung oder wurde ihm bereits ein Arbeitnehmer abgeworben, entfaltet ein möglicher materiellrechtlicher Unterlassungsanspruch für ihn nur dann seine volle rechtliche und wirtschaftliche Wirkung, wenn er schnell durchgesetzt werden kann[152]. Unlautere Abwerbungshandlungen erfolgen - wie sonstige Wettbewerbsverstöße - häufig plötzlich, treffen den Konkurrenten unvorbereitet und zwingen ihn, zur Abwendung von Nachteilen sofort Maßnahmen zu ergreifen, die einen Schadenseintritt verhindern und nach Möglichkeit zugleich auch den Störungszustand beseitigen[153]. Jede Verzögerung mehrt die dem Verletzer zukommenden Vorteile und den Schaden, den der Betroffene aufgrund der Verletzung erleidet. Sind Schäden erst einmal eingetreten, lassen sich ihre Folgen meist nur schwer, manchmal überhaupt nicht mehr, beseitigen[154]. Besonders deutlich wird dies am Beispiel eines unlauteren Abwerbungsversuchs durch einen Konkurrenten gegenüber einem besonders qualifizierten und eingearbeiteten Arbeitnehmer, der in einem arbeitsteiligen Produktionsvorgang eine Schlüsselstellung einnimmt. Gelingt es dem betroffenen Arbeitgeber nicht, die Abwerbung rechtzeitig zu verhindern, kann es zu einem erheblichen Produktionsausfall kommen. Der Arbeitgeber kann in Lieferverzug geraten; er muß möglicherweise Schadensersatz leisten und Vertragsstrafen zahlen. Im ungünstigsten Fall kann durch die Abwerbung die wirtschaftliche Existenz eines Unternehmens gefährdet sein. Ein Urteil im normalen Klageverfahren kommt häufig zu spät. Dies gilt auch, wenn es darum geht, einen abgeworbenen Arbeitnehmer bis zum Ablauf der ordentlichen Kündigungsfrist nicht zu beschäftigen. Die Frage nach der Möglichkeit, die Abwerbung oder wenigstens den durch sie drohenden Schaden im Wege der einstweiligen Verfügung zu verhindern, ist für den betroffenen Arbeitgeber von erheblichem Interesse.

Ob eine Unterlassungsverfügung gegen den neuen Arbeitgeber erlassen werden kann, ist streitig; insbesondere ist nicht geklärt, ob und in welchen

---

[152] Ebenso Gloy-Spätgens, § 78 RdNr. 1.

[153] Gloy-Spätgens, § 78 RdNr. 1.

[154] Baumbach/Hefermehl, § 25 UWG RdNr. 1.

Fällen die Durchsetzung eines Beschäftigungsverbotes im Wege der einstweiligen Verfügung zulässig ist.

Die *Rechtsprechung* ist uneinheitlich. Das *ArbG Detmold*[155] hat einem abwerbenden Arbeitgeber im Wege der einstweiligen Verfügung unter Androhung eines Ordnungsgeldes verboten, einen vertragsbrüchigen Arbeitnehmer bis zum Ablauf der Kündigungsfrist zu beschäftigen. Auch das *OLG Frankfurt*[156] hat die Möglichkeit einer einstweiligen Verfügung gegen die Abwerbung von Mitarbeitern eines Unternehmens bejaht. Demgegenüber hat das *OLG Celle*[157] die Zulässigkeit einer einstweiligen Verfügung gegen den Abwerbenden mit der Begründung verneint, daß ein Beschäftigungsverbot durch einstweilige Verfügung die Hauptsache vorwegnehme.

Blomeyer[158] verneint ein *berechtigtes Interesse* des Arbeitgebers für eine Unterlassungsverfügung gegen den Dritten, wenn keine Unterlassungsverfügung gegen den Arbeitnehmer zu erlangen ist. *Heinze*[159] spricht sich ebenfalls gegen die Zulässigkeit einer einstweiligen Verfügung auf Unterlassung der Beschäftigung eines vertragsbrüchigen Arbeitnehmers aus. Zur Begründung führt er an, daß eine derartige Verfügung regelmäßig unzulässigerweise auf die Durchsetzung des Schadensersatzanspruchs mittels Naturalrestitution gerichtet sei. Nur in Ausnahmefällen könne dann etwas anderes gelten, wenn auf seiten des neuen Arbeitgebers eine eigenständige, sittenwidrige Wettbewerbshandlung im Sinn des § 1 UWG liege und das Interesse des früheren Arbeitgebers wegen ansonsten eintretender, irreparabeler Schäden ganz eindeutig überwiege[160]. Auch *Essling*[161] und *Gierke*[162] vertreten die Auffassung, daß jedenfalls bei sittenwidriger Abwerbung, die zum Vertragsbruch führe, der Erlaß einer einstweiligen Verfügung gegen den Abwerbenden möglich sei.

---

[155] ArbG Detmold, BB 1961, 901 f.

[156] OLG Frankfurt, BB 1994, 376. Die Entscheidung betrifft einen Antrag der Adam Opel AG und der General Motors Corp., ein auf ein Jahr befristetes Beschäftigungsverbot gegen Mitarbeiter der Volkswagen AG, die zuvor bei den Antragstellerinnen beschäftigt waren, auszusprechen.

[157] OLG Celle, DB 1960, 295.

[158] MünchHandbArbR-Blomeyer, § 50 RdNr. 10.

[159] MünchKommZPO-Heinze, § 935 RdNr. 39.

[160] MünchKommZPO-Heinze, § 935 RdNr. 39.

[161] Essling, DB 1955, 1190.

[162] Gierke, RdA 1972, 20.

b. Stellungnahme

Zunächst ist klarzustellen, daß eine auf Unterlassung gerichtete einstweilige Verfügung gegen den abwerbenden Arbeitgeber nicht in Betracht kommt, wenn die materiellrechtlichen Voraussetzungen eines Unterlassungsanspruchs gegen diesen nicht vorliegen, etwa weil es sich um einen Fall der zulässigen Abwerbung ohne Hinzutreten unlauterer Umstände handelt[163]. Ist das Verhalten des neuen Arbeitgebers rechtmäßig, kann er nicht von dem früheren Arbeitgeber im Wege der einstweiligen Verfügung zur Sicherung von Ansprüchen gegen den Arbeitnehmer in Anspruch genommen werden. Es fehlt im Verhältnis zwischen dem früheren und dem neuen Arbeitgeber an einem Verfügungsanspruch.

Entgegen der Auffassung *Blomeyers*[164] kommt es für die Zulässigkeit der Unterlassungsverfügung gegen den abwerbenden Arbeitgeber nicht darauf an, ob der Erlaß einer Unterlassungsverfügung gegen den Arbeitnehmer erreicht werden kann. Entscheidend ist allein, ob im Verhältnis zwischen dem früheren Arbeitgeber und dem Abwerbenden ein Verfügungsanspruch besteht und ob ein Verfügungsgrund gegeben ist. Besteht ein Unterlassungsanspruch, steht es der Verurteilung des abwerbenden Arbeitgebers nicht entgegen, daß eine einstweilige Verfügung regelmäßig die Hauptsache vorwegnimmt und endgültige Zustände schafft[165]. Auch Ansprüche auf Schadensersatz in Form der Naturalrestitution, die der Beseitigung eines durch rechtswidrige Abwerbung erzielten Wettbewerbsvorsprungs dienen, können - unter strengen Voraussetzungen - im einstweiligen Verfügungsverfahren geltend gemacht und zugesprochen werden[166]. Für die Zulässigkeit des Eilbegehrens auch in diesen Fällen spricht, daß diese Form des Schadensersatzes dann nicht mehr in Betracht kommt, wenn infolge der Veränderung der Verhältnisse das Ziel der Naturalrestitution nicht mehr erreicht werden kann[167]. Droht ein solcher Rechtsverlust durch Zeitablauf, läuft die Verweisung auf das ordentliche Verfahren auf die Verweigerung effektiven Rechtsschutzes hinaus[168]. Nichts anderes gilt, wenn ein Schaden zwar noch nicht eingetreten ist, der Arbeitsplatzwechsel des Arbeitnehmers infolge von Abwerbungshandlungen eines

---

163 Dazu oben § 11 I.
164 MünchHandbArbR-Blomeyer, § 50 RdNr. 10.
165 S. 3. Kapitel, § 5 II.
166 OLG Frankfurt, BB 1994, 376.
167 OLG Frankfurt, BB 1994, 376.
168 OLG Frankfurt, BB 1994, 376.

Konkurrenten aber unmittelbar bevorsteht. Ist der neue Arbeitsvertrag geschlossen und hat der Arbeitnehmer seine neue Tätigkeit aufgenommen, kann die Auflösung des neuen Arbeitsvertrages nicht mehr gefordert werden[169]. Die praktischen Folgen einer Abwerbung können für den betroffenen Arbeitgeber so einschneidend sein, daß die Klage im ordentlichen Verfahren unzureichend oder wegen der Verfahrensdauer sinnlos ist[170]. Der Erlaß einer Unterlassungsverfügung gegen den abwerbenden Arbeitgeber ist zulässig. Die im Fall des Bestehens eines Unterlassungsanspruchs und bei Vorliegen der weiteren Voraussetzungen zu erlassende Unterlassungsverfügung ist eine Leistungsverfügung. Die Verfügung dient nicht der Sicherung, sondern der Erfüllung des Unterlassungsanspruchs des Arbeitgebers gegen den Abwerbenden.

Zu klären bleibt, ob sich gegenüber den oben für die Leistungsverfügung *gegen den Arbeitnehmer*[171] dargestellten Grundsätzen Besonderheiten daraus ergeben, daß die Unterlassungsansprüche *gegen den Abwerbenden* häufig aus § 1 UWG folgen[172]. Nach § 25 UWG können zur Sicherung der im UWG bezeichneten Unterlassungsansprüche einstweilige Verfügungen erlassen werden, "auch wenn die in den §§ 935, 940 der Zivilprozeßordnung bezeichneten Voraussetzungen nicht zutreffen". Trotz der mißverständlichen Fassung[173] des § 25 UWG ist heute allgemein anerkannt, daß die Vorschrift lediglich eine *widerlegbare gesetzliche Tatsachenvermutung* der Dringlichkeit, also des Verfügungsgrundes beinhaltet[174]. Aus § 25 UWG läßt sich nicht herleiten, daß der Verfügungsgrund entbehrlich ist[175]. Von *Baumbach/Hefermehl*[176] wird zu Recht darauf hingewiesen, daß die Entscheidung des Gerichts ansonsten willkürlich wäre. Die Erfordernisse an den Verfügungsanspruch werden durch § 25 UWG nicht berührt; dieser ist also nach den allgemeinen Regeln des Verfügungsverfahrens darzulegen und glaubhaft zu machen[177].

---

169 Dazu § 11 I 3.
170 Gierke, RdA 1972, 20.
171 Dazu § 10 II 3.
172 Dazu § 11 I 3.
173 Ausführlich dazu MünchKommZPO-Heinze, § 935 Rdnr. 152.
174 Gloy-Spätgens, § 81 RdNr. 26 mit zahlreichen Rechtsprechungsnachweisen.
175 Gloy- Spätgens, § 81 RdNr. 27; Baumbach/Hefermehl, § 25 RdNr. 6.
176 Baumbach/Hefermehl, § 25 UWG RdNr. 6.
177 Baumbach/Hefermehl, § 25 UWG RdNr. 6 ff.

Hat der betroffene Arbeitgeber Umstände dargelegt und glaubhaft gemacht, die einen Unterlassungsanspruch gegen den Abwerbenden begründen, ist zu unterscheiden: Waren die Abwerbungsversuche des anderen Arbeitgebers noch nicht erfolgreich, ist dem Antragsgegner unter Strafandrohung die Abwerbung zu verbieten[178]. Wie bei der Formulierung des Antrages für die Unterlassungsklage kann auf die vorgenommenen oder sich bereits abzeichnenden Handlungen abgestellt werden. Auch hierbei wird in einem begrenzten Rahmen eine Verallgemeinerung unschädlich sein. Es muß aber hinreichend klar erkennbar sein, welches Verhalten dem anderen Arbeitgeber verboten wird[179]. Ist der Arbeitnehmer bereits zu dem neuen Arbeitgeber gewechselt, ist diesem - ebenfalls unter Strafandrohung - die Beschäftigung des Arbeitnehmers zu verbieten[180]. Die Formulierung des Verbots ist von dem jeweiligen Unterlassungsanspruch abhängig. Ob es erforderlich ist, dem anderen Arbeitgeber für einen begrenzten Zeitraum jegliche Beschäftigung des abgeworbenen Arbeitnehmers zu untersagen, oder ob es ausreicht, wenn das Verbot nur bestimmte Tätigkeiten betrifft, ist am Einzelfall zu entscheiden.

---

[178] Herget, DB 1969, 2343.

[179] G. Lüke, in Lüke/Prütting, S. 492.

[180] Herget, DB 1969, 2343.

Literaturverzeichnis

Arand, Marion / Faecks, Friedhelm
Gegenstandswert der Freistellung eines Arbeitnehmers bei Beendigung des Arbeitsverhältnisses, NZA 1998, 281 ff.

Arndt, Adolf
Umwelt und Recht, NJW 1964, 1776 ff.

Ballerstedt, Kurt
Probleme einer Dogmatik des Arbeitsrechts, RdA 1976, 5 ff.

Baumbach, Adolf / Hopt, Klaus J.
Handelsgesetzbuch, 30. Aufl., 2000

Baumbach, Adolf / Lauterbach, Wolfgang / Albers, Jan / Hartmann, Peter
Zivilprozeßordnung, 59. Aufl., 2001
(zit.: Baumbach/Lauterbach-Bearbeiter)

Baumbach, Adolf / Hefermehl, Wolfgang
Wettbewerbsrecht, 21. Aufl., 1999

Baur, Fritz
Arrest und einstweilige Verfügung in ihrem heutigen Anwendungsbereich, BB 1964,
607 ff.

Baur, Fritz / Stürner, Rolf
Zwangsvollstreckungs-, Konkurs- und Vergleichsrecht, Band I, 12. Aufl., 1995

Beck'sches Personalhandbuch
Band I, Arbeitsrechtslexikon, Stand Mai 2000
(zit.: Arbeitsrechtslexikon-Bearbeiter)

Bernecke, Wilhelm
Die einstweilige Verfügung in Wettbewerbssachen, 1995

Beuthien, Volker / Häuser, Franz
Der geschädigte Arbeitgeber, JuS 1971, 478 ff.

Beuthien, Volker
Das Nachleisten versäumter Arbeit, RdA 1972, 20 ff.

Bobrowski, Paul
Anmerkung, BB 1956, 1200 ff.

Bobrowski, Paul
Die Anordnung zur Arbeitsleistung im Wege der einstweiligen Verfügung bei Arbeits-vertragsbruch, Der Arbeitgeber 1956, 747 ff.

Brox, Hans / Walker, Wolf-D.
Zwangsvollstreckungsrecht, 6. Aufl., 1999

Bruns, Rudolf / Peters, Egbert
Zwangsvollstreckungsrecht, 3. Aufl., 1987

Buß, Thomas
De minimis non curat lex, NJW 1998, 337 ff.

Dersch, Hermann / Volkmar, Erich
Arbeitsgerichtsgesetz, 6. Aufl., 1955

Dietz, Rolf / Nikisch, Arthur
Arbeitsgerichtsgesetz, 1954

Dütz, Wilhelm
Arbeitsrecht, 5. Aufl., 2000

Erfurter Kommentar zum Arbeitsrecht
2. Aufl., 2000
(zit.: ErfKommArbR-Bearbeiter)

Essling, Herbert
Rechte des Arbeitgebers bei Arbeitsvertragsbruch, DB 1955, 1188 ff.

Fabricius, Fritz
Leistungsstörungen im Arbeitsverhältnis, 1970

Feller, Hans
Die Ansprüche des Arbeitgebers gegen den vertragsbrüchigen Arbeitnehmer und die Möglichkeiten ihrer Durchsetzung, RdA 1963, 128 ff.

Funke, Rainer
Die 2. Zwangsvollstreckungsnovelle - ein Beitrag zur Verbesserung der Durchsetzung der Gläubigerrechte und zur Entlastung der Rechtspflege, NJW 1998, 1029 ff.

Geißler, Markus
Der Befreiungsanspruch des Bürgen und seine vollstreckungsrechtliche Durchsetzung, JuS 1988, 452 ff.

Germelmann, Claas-Hinrich, / Matthes, Hans-Christoph / Prütting, Hanns
Arbeitsgerichtsgesetz, 3. Aufl., 1999

von Gierke, Otto
Deutsches Privatrecht, Dritter Band, 1917

Gierke, Wolfgang
Ansprüche des Arbeitgebers bei Abwerbung seiner Arbeitnehmer gegen den Abwerbenden, RdA 1972, 17 ff.

Gloy, Wolfgang
Handbuch des Wettbewerbsrechts, 2. Aufl., 1997
(zit.: Gloy-Berabeiter)

Götz, Hilmar
Grundzüge des Arbeitsrechts, Band I, 2. Aufl., 1991

Grunsky, Wolfgang
Arbeitsgerichtsgesetz
Kommentar, 6. Aufl., 1990
Kommentar, 7. Aufl., 1995

Grunsky Wolfgang
Grundzüge des Zwangsvollstreckungs- und Insolvenzrechts, 5. Aufl., 1996

Gumpert, Jobst
Rechtsbehelfe gegen Abwerbung von Arbeitnehmern und Ausscheiden von Arbeit-nehmern unter Vertragsbruch, BB 1955, 964 ff.

Hanau, Peter
Die Arbeitsrechtsklausur, JuS 1975, 505 ff.

Hanau, Peter / Adomeit, Klaus
Arbeitsrecht, 11. Aufl., 1994

Heinze, Meinhard
Einstweiliger Rechtsschutz im arbeitsgerichtlichen Verfahren, RdA 1986, 273 ff.

Heinze, Meinhard
Konventionalstrafe und andere Sanktionsmöglichkeiten in der arbeitsrechtlichen Praxis, NZA 1994, 244

Herget, Rudolf
Der Vertragsbruch des Arbeitnehmers und seine Folgen, DB 1969, 2340 ff.

Heymann
Handelsgesetzbuch, Band 1, 1. Buch, 2. Aufl. 1995
(zit.: Heymann-Bearbeiter)

Hillach, Alexander / Rohs, Gerhard
Handbuch des Streitwerts in Zivilsachen, 9. Aufl. 1995

Hueck, Alfred
Anmerkung, AP Nr. 5 zu § 611 BGB - Anspruch auf Arbeitsleistung

Hueck, Alfred
Deutsches Arbeitsrecht, Ein Grundriß, 1938

Hueck, Alfred
Deutsches Arbeitsrecht, Ein Grundriß, 2. Aufl., 1944

Hueck, Alfred / Nipperdey, Hans Carl
Grundriß des Arbeitsrechts, 4. Aufl., 1968

Hueck, Alfred / Nipperdey, Hans Carl
Lehrbuch des Arbeitsrechts, 3. - 5. Aufl., 1931

Hueck, Alfred / Nipperdey, Hans Carl
Lehrbuch des Arbeitsrechts, Band 1, 7. Aufl., 1963

Hueck, Alfred / Nipperdey, Hans Carl / Dietz, Rolf
Gesetz zur Ordnung der nationalen Arbeit, 3. Aufl., 1939

Isele, Hellmut Georg
Anmerkung, SAE 1963, 164 ff.

Jauernig, Othmar
Der zulässige Inhalt einstweiliger Verfügungen, ZZP 79 (1966), 321 ff.

Jauernig, Othmar
Zwangsvollstreckungs- und Insolvenzrecht, 20. Aufl., 1996

Jobs, Friedhelm
Die Bedeutung Otto von Gierkes für die Kennzeichnung des Arbeitsverhältnisses als personenrechtliches Gemeinschaftsverhältnis, ZfA 1972, 305 ff.

Kaskel, Walter
Arbeitsrecht, 1. Aufl., 1925

Kaskel, Walter / Dersch, Herrmann
Arbeitsrecht, 4. Aufl., 1932

Kasper, Franz
Die Kunst forensischer Prophetie als Darlegungs- und Beweismittel bei krankheitsbedingten Kündigungen des Arbeitgebers, NJW 1994, 2979 ff.

Kerwer, Christof
Die Erfüllungswirkung in der Zwangsvollstreckung, 1995

Koller, Ingo / Roth, Wulf-Henning / Morck, Winfried
Handelsgesetzbuch, 2. Aufl., 1999

Kraft, Alfons
Sanktionen im Arbeitsverhältnis, NZA 1989, 777 ff.

Lehmann, Heinrich
Die Unterlassungspflicht im Bürgerlichen Recht, 1906

Lenzen, Elmar
Sind unselbständige Unterlassungsansprüche klagbar?, NJW 1967, 1260 f.

Löwisch, Manfred
Rechtsschutzversicherung und Weiterbeschäftigungsanspruch, VersR 1986, 404 ff.

Lüke, Gerhard
Die Vollstreckung des Anspruchs auf Arbeitsleistung, Festschrift für Ernst Wolf, 1985, 459 ff.

Lüke, Gerhard
Grundsätzliche Veränderungen im Familienrecht durch das 1. EheRG, AcP 178, 1 ff.

Lüke, Gerhard
Abschlußschreiben und Schutzschrift bei Unterlassungsverfügungen, Festschrift für Günther Jahr, 1993, 293 ff.

Lüke, Gerhard
Fälle zum Zivilprozeßrecht, 2. Aufl., 1993

Lüke, Gerhard
Zwangsvollstreckungsrecht, 2. Aufl., 1993

Lüke, Gerhard
Betrachtungen zum Prozeßrechtsverhältnis, ZZP 108 (1995), 427 ff.

Lüke, Gerhard / Kerwer, Christof
Eine "neuartige" Klagenhäufung, NJW 1996, 2121 ff.

Lüke, Gerhard / Prütting, Hanns
Lexikon des Rechts, Zivilverfahrensrecht, 2. Aufl., 1995

Lüke, Wolfgang
Zivilprozeßrecht, 7.Aufl., 1999

Lufft, Dieter
Planmäßiges Abwerben von Arbeitskräften, NJW 1961, 2000 ff.

Lufft, Dieter
Der Anspruch auf Unterlassung anderweitiger Tätigkeit bei Vertragsbruch von Arbeitnehmern, RdA 1962, 262 ff.

Marienhagen, Rolf
Einstweilige Verfügungen gegen vertragsbrüchige Arbeitnehmer, BB 1961, 756 ff.

Marienhagen, Rolf
Anmerkung, BB 1961, 901 f.

Mein, Heinz
Der Anspruch des Arbeitnehmers auf Unterlassung anderweitiger Dienstleistung bei Vertragsbruch und seine Erzwingbarkeit, RdA 1956, 329 ff.

Molitor, Erich
Das Wesen des Arbeitsvertrages, 1925

Monjau, H.
Die Abwerbung von Arbeitskräften (Teil I), DB 1961, 98 ff.

Münchener Handbuch Arbeitsrecht
Band 1, Individualarbeitsrecht I, 2. Aufl., 2000
(zit.: MünchHdbArbR-Bearbeiter)

Münchener Kommentar zum Bürgerlichen Gesetzbuch
Band 2, Schuldrecht Allgemeiner Teil (§§ 241 - 432), 3. Aufl., 1994
Band 4, Schuldrecht Besonderer Teil II (§§ 607 - 704), 3. Aufl., 1997
Band 5, Schuldrecht Besonderer Teil III (§§ 705 - 853), 3. Aufl., 1997
Band 7, Familienrecht I (§§ 1297 - 1588), 4. Aufl., 2000
(zit.: MünchKommBGB-Bearbeiter)

Münchener Kommentar Handelsgesetzbuch
Band 1 (§§ 1 - 104), 1996
(zit.: MünchKommHGB-Bearbeiter)

Münchener Kommentar zur Zivilprozeßordnung
Band 1 (§§ 1 - 354), 2. Aufl., 2000
Band 2 (§§ 355 - 802), 2. Aufl., 2000
Band 3 (§§ 803 - 1048), 1992
(zit.: MünchKommZPO-Bearbeiter)

Musielak, Hans-Joachim
Kommentar zur Zivilprozeßordnung, 2. Aufl., 2000
(zit.: Musielak-Bearbeiter)

Nikisch, Arthur
Probleme des Urlaubsrechts der nationalsozialistischen Ordnung der Arbeit,
Zeitschriften der Akademie für Deutsches Recht 1938, 41 ff.

Nikisch, Arthur
Arbeitsrecht, Band I, 3. Aufl., 1961

Oehmann, Werner
Arbeitsvertragsbruch und Einstweilige Verfügung, DB 1956, 1061 f.

Palandt, Otto
Bürgerliches Gesetzbuch, 60. Aufl. 2001
(zit.: Palandt-Bearbeiter)

Pastor, Wilhelm / Ahrens, Hans-Jürgen
Der Wettbewerbsprozeß, 4. Aufl., 1999
(zit.: Pastor/Ahrens-Bearbeiter)

Radbruch, Gustav / Zweigert, Konrad
Einführung in die Rechtswissenschaft, 12. Aufl., 1969

Rewolle, Hans-Dietrich
Tätigkeit bei einem anderen Arbeitgeber nach Arbeitsvertragsbruch, BB 1955, 1030 f.

Rosenberg, Leo / Gaul, Hans Friedhelm / Schilken, Eberhard
Zwangsvollstreckungsrecht, 11. Aufl., 1997

Rosenberg, Leo / Schwab, Karl Heinz / Gottwald, Peter
Zivilprozeßrecht, 15. Aufl., 1993

Savaète, Eugen
Der Vertragsbruch beim gewerblichen Arbeits- und Lehrvertrag, AuR 1956, 5 ff.

Schaub, Günter
Die Rechte des Arbeitgebers bei Vertragsbruch des Arbeitnehmers, DB 1966, 1187 ff.

Schaub, Günter
Arbeitsrechts-Handbuch, 9. Aufl., 2000

Schilken, Eberhard
Die Befriedigungsverfügung, 1976

Schlegelberger
Handelsgesetzbuch, 2. Band (§§ 48 - 104), 5. Aufl., 1973

Schneider, Egon
Die neuere Rechtsprechung zum Streitwertrecht, MDR 1985, 265 ff.

Schneider, Egon / Herget, Kurt
Streitwertkommentar, 11. Aufl. 1996

Schünemann, Wolfgang B.
Befriedigung durch Zwangsvollstreckung, JZ 1985, 49 ff.

Schwerdtner, Peter
Fürsorgetheorie und Entgelttheorie im Recht der Arbeitsbedingungen, 1970

Schwerdtner, Peter
Grenzen der Vereinbarungsfähigkeit von Vertragsstrafen in Einzelarbeitsverhältnissen,
in: Festschrift für Marie Luise Hilger und Hermann Stumpf, 1983, 631 ff.

Siber, Heinrich
Der Rechtszwang im Schuldverhältnis nach deutschem Reichsrecht, 1903

Söllner, Alfred
"Ohne Arbeit kein Lohn", AcP 167 (1967), 132 ff.

Söllner, Alfred
Grundriß des Arbeitsrechts, 12. Aufl., 1998

Soergel
Bürgerliches Gesetzbuch
Band 2, Schuldrecht I (§§ 241 - 432), 12. Aufl., 1990
Band 4/1, Schuldrecht III/1 (§§ 516 - 651), 12. Aufl., 1997
(zit.: Soergel-Bearbeiter)

Staudinger
Kommentar zum Bürgerlichen Gesetzbuch, Zweites Buch, Recht der Schuldverhältnisse
(§§ 611 - 619), 13. Aufl., 1999
(zit.: Staudinger-Bearbeiter)

von Stebut, Dietrich
Leistungsstörungen im Arbeitsverhältnis, RdA 1985, 66 ff.

Stein / Jonas
Kommentar zur Zivilprozeßordnung
Band III (§§ 253 - 299 a), 21. Aufl., 1997
Band IV 2 (§§ 348 - 510b), 21. Aufl., 1999
Band VI (§§ 704 - 863), 21. Aufl., 1995
Band VII 1 (§§ 864 - 945), 21. Aufl. 1996
(zit.: Stein/Jonas-Bearbeiter)

Stoffels, Markus
Der Vertragbruch des Arbeitnehmers, 1994

Stürner, Rolf
Prinzipien der Einzelzwangsvollstreckung, ZZP 99 (1986), 291 ff.

Thomas, Heinz / Putzo, Hans
Zivilprozeßordnung, 22. Aufl., 1999
(zit.: Thomas/Putzo-Bearbeiter)

Vogg, Stefan
Einstweilige Feststellungsverfügung, NJW 1993, 1357 ff.

Weber, Hansjörg
Die Nebenpflichten des Arbeitgebers, RdA 1980, 289 ff.

Weiland, H.
Zur Durchsetzbarkeit vertraglicher Abwerbungsverbote, BB 1976, 1179 ff.

Wenzel, Leonhard
Die Durchsetzung der Arbeitspflicht des Arbeitnehmers im Falle des Vertragsbruchs,
JZ 1962, 590 ff.

Wenzel, Leonhard
Die einstweilige Verfügung gegen den vertragsbrüchigen Arbeitnehmer, DB 1966,
2024 ff.

Weth, Stephan
Besonderheiten der Arbeitsgerichtsbarkeit, NZA 1998, 680 ff.

Wieczorek, Bernhard
Zivilprozeßordnung und Nebengesetze
Band IV (§§ 704 - 1048), 2. Aufl, 1981
Band IV 2 (§§ 808 - 915 h), 3. Aufl., 1999
(zit.: Wieczorek-Bearbeiter)

Wolf, Ernst
Das Arbeitsverhältnis, 1970

Wolf, Ernst
Allgemeiner Teil des Bürgerlichen Rechts, 1. Aufl., 1973

Wolf, Manfred
Die Vollstreckung des Anspruchs auf Arbeitsleistung, JZ 1963, 434 ff.

Zöller, Richard
Zivilprozeßordnung, 22. Aufl., 2001
(zit.: Zöller-Bearbeiter)

Zöllner, Wolfgang / Loritz, Karl-Georg
Arbeitsrecht, 5. Aufl., 1998

Kolibri 360 GmbH
Ferdinand-Jühlke-Straße 7
99095 Erfurt, Deutschland
produktsicherheit@kolibri360.de

Druck:
CPI Druckdienstleistungen GmbH
im Auftrag der
Kolibri 360 GmbH
Ferdinand-Jühlke-Str. 7
99095 Erfurt